LORENZ GYÖMÖREY

AUF DEN SPUREN DER MÜTTER

IMPROVISATIONEN ÜBER DEN SUBJEKTIVEN FAKTOR, DIE GRIECHEN, DAS MATRIARCHAT UND DEN UNTERGANG DES ABENDLANDES

PAUL ZSOLNAY VERLAG
WIEN · HAMBURG

Umschlag und Einband: Werner Sramek
Druck: Agens-Werk Geyer + Reisser, Wien
Bindearbeit: Wiener Verlag, Wien
Printed in Austria
ISBN 3-552-02922-2

CIP-Kurztitelaufnahme der Deutschen Bibliothek
Gyömörey, Lorenz
Auf den Spuren der Mütter: Improvisationen über den subjektiven Faktor, die Griechen, das Matriarchat und den Untergang des Abendlandes.
Wien, Hamburg: Zsolnay, 1977.
ISBN 3-552-02922-2

Für W.

Inhalt

Zur Information des Lesers:

Die Erscheinungsformen der Welt, soweit sie Gegenstand des Zählens und Messens sind, werden von den Naturwissenschaften beschrieben. Soweit es sich um Erscheinungsformen der menschlichen Präsenz in der Welt handelt, werden sie von den Humanwissenschaften behandelt, und in einem weiteren Umfang von den sogenannten Geisteswissenschaften. So sehr sich die Human- und Geisteswissenschaften auch bemühen, mit der Exaktheit der Naturwissenschaften zu arbeiten, es gelingt ihnen nicht: Was sich schon in den feinsten Bereichen der Naturwissenschaft als Unschärferelation zwischen das Beobachtete und den Beobachter schiebt, die Subjektivität des Beobachters, vereitelt im menschlichen Bereich die grundsätzliche Objektivität vollends.

Eine objektive Auseinandersetzung mit der Situation des Subjekts in der Welt des Atomzeitalters, der Technologischen Revolution, des Spätkapitalismus, oder wie auch immer die Bezeichnungen heißen mögen, ist letztlich Sache des Subjekts. Die Wissenschaften bieten ihm zwar manche Hilfe, zugleich verweigern sie ihm jedoch den Zugang zu dieser Hilfe, weil das Subjekt für die wissenschaftliche Methode im Rahmen des behandelten Allgemeinen bloß der Einzelfall ist. So erweisen sich die Wissenschaften für das Subjekt als belanglos. (Das gilt auch dort, wo die Wissenschaft vorgibt, dem Subjekt zu helfen, wie in der Medizin und der Psychologie: In der „Therapie“ wird das Subjekt vollends zum Objekt der jeweiligen Wissenschaft!) Daher tragen sie bloß dazu bei, das Subjekt in die bestehenden Herrschaftsformen besser einzuordnen. Der Teufelskreis ist von der „objektiven" Wissenschaft her nicht zu durchbrechen. Damit ihn das betroffene Subjekt von sich aus durchbrechen kann, muß es mit den Mitteln des wissenschaftlichen Denkens das wissenschaftliche Denken selbst überwinden.

Diese Gedankenkette ist gleichsam die Zusammenfassung jener Motive und Erkenntnisse, die zur Abfassung der folgenden Überlegungsversuche geführt haben. Das Hauptmotiv ist die Unmöglichkeit, in der gegebenen gesellschaftlichen und geschichtlichen Situation meinen Ort als Subjekt zu finden: als denkendes und fühlendes Subjekt, gemessen am Rahmen der Gesellschaft, wie sie sich dem einzelnen als Beschränkung des Denkens und Fühlens aufzwingt. Das Kontrastmittel des Erkennens bot mir jene Erfahrungswelt, die sich als sprachliche Gemeinschaft als „griechisch" bezeichnet: Hier fand ich eine Präsenz des autonomen Subjekts, wie sie weder in den europäischen Organisationsformen der gesellschaftlichen Entwicklung noch auch in anderen, nunmehr von der Industriellen und Technologischen Revolution beeinflußten Formen je möglich gewesen zu sein scheint.

Da nun das Subjekt als bewußte Möglichkeit von keiner Wissenschaft als Objekt akzeptiert wird, kann sich der vorliegende Versuch auch keiner streng „wissenschaftlichen" Methode bedienen, höchstens einer willkürlichen Hilfskonstruktion aus den Erkenntnissen der Anthropologie, der Geschichtsforschung, der Soziologie und der Tiefenpsychologie, ohne auch nur im geringsten Anspruch auf „Fachlichkeit" zu erheben. Diese Abkehr vom „wissenschaftlichen" Arbeiten erscheint schon deshalb notwendig, weil die „wissenschaftliche" Behandlung von Erkenntnissen eine jener Formen ist, in der sich der Mythos des bürgerlichen Rationalismus als Statussymbol der „Objektivität" verewigt, auch dort, wo letztlich der

„subjektive Faktor" entscheidend ist: bei politischen, kulturellen, allgemein persönlichen Bekenntnissen. Sie werden in der Form „objektiver", „wissenschaftlicher" Analysen präsentiert, weil das „Subjektive" diskreditiert und daher in den Konsum-Bereich der „Kunst" verbannt ist. So ist die betonte Subjektivität dieser Versuche, als dezidierte Absage an das Statussymbol des „wissenschaftlichen Denkens", zugleich die Voraussetzung ihrer Objektivität: weil der subjektive Ausdruck ebenso rational und analytisch ist — nur, daß er dabei nichts vorgeben will. „Rational" ist keine ausschließliche Eigenschaft des Rationalismus, im Gegenteil; gerade der Rationalismus ist in seiner mythisch-psychologischen Zwangsrolle irrational.

Die beiden Maximen, die gleichsam als Einleitung und Nachsatz am Beginn und am Ende des Rationalismus stehen, Sokrates' „ich weiß, daß ich nichts weiß" und Wittgensteins „Wovon man nicht sprechen kann, darüber muß man schweigen", scheinen keine allgemeine Gültigkeit zu haben: Das Wissen, daß man nichts weiß, ist bereits Wissen, das vom Gefühl der Beschränkung keineswegs aufgehoben wird; und darüber, wovon man nicht sprechen kann, muß man keineswegs schweigen, sondern zu sprechen versuchen, wie es zu allen Zeiten der Menschheitsgeschichte immer wieder versucht wurde.

Vorwort

Als ich vor vierzehn Jahren zum erstenmal nach Griechenland fuhr, kam ich am ersten Tag durch Agrinion, eine Kleinstadt in Ätolien. Es war ein heißer Juninachmittag, gegen sechs Uhr. Die Leute begannen nach der Siesta die Straße zu bevölkern, die Kaffeehäuser auf dem Hauptplatz hatten soeben wieder geöffnet, einige der Besitzer besprühten den Gehweg vor ihrem Lokal mit Wasser. Von der Reise benommen, hielt ich, um einen Kaffee zu trinken. Die erste Begegnung mit der griechischen Landschaft, mit der Antike — unterwegs hatte ich die Ruinen von Dodona besucht — war ganz anders verlaufen als ich erwartet hatte, ich mußte mich allmählich zurechtfinden. Kaum hatte ich mich hingesetzt, kam der einzige Gast zu mir herüber, setzte sich an meinen Tisch und begann auf mich einzureden. Ich sprach damals noch nicht Griechisch, holte daher mein Taschenwörterbuch hervor, um wenigstens einiges zu verstehen. Mein Gesprächspartner begann daraufhin einige englische Brocken einzuflechten, und so konnten wir uns irgendwie verständigen. Er war Tabakarbeiter. Er erkundigte sich nach meiner Heimat, meinem Beruf, meinem Familienstand, meinen Eltern, der Zahl meiner Geschwister und der politischen Situation in meiner Heimat. Während des Gesprächs bezahlte er unauffällig meinen Kaffee, und zum Abschied bot er mir noch eine Zigarette an.

Das war meine erste entscheidende Begegnung mit Griechenland. Nicht mit der Landschaft, nicht mit der Antike, sondern mit dem Griechen. Und diese Begegnung war für mich sozusagen ein „soziologischer Schock". Wie war es möglich, daß ein Arbeiter sich ganz selbstverständlich, souverän an den Tisch eines Ausländers setzt, der offensichtlich ein Intellektueller ist, mit ihm ein Gespräch beginnt, von gleich zu gleich, ohne die Unterwürfigkeit oder die feindselige Ablehnung, die im übrigen Europa in einer ähnlichen Situation das Normale ist?

Diese erste Erfahrung blieb nicht die einzige. Wo immer ich hinkam, traf ich stets auf die gleiche Bereitschaft zur Kommunikation, ohne Rücksicht auf Klassenunterschiede: Immer wieder begegnete ich dieser Neugier, die sich für mich interessierte, ohne an mir ein Interesse zu haben. Selbst ohne Kenntnis der Sprache lernte ich sprechen, persönlicher als je zuvor, ohne jene augenzwinkernde Konfidenz der falschen Intimität, die bei uns von Liebespaaren über Freundeskreise bis Cliquen und Klüngel alles beherrscht und letztlich nur die Gaunersprache der Klassen ist. Als ich allmählich auch Griechisch zu sprechen begann, bemerkte ich mit Staunen, daß diese Sprache tatsächlich eine „Volkssprache" ist, die vom Arbeiter und vom Bauern ebenso bewußt gesprochen und gepflegt wird wie vom Intellektuellen.

All das war verwirrend, zugleich aber ermutigend. Ich fing an, nach den Gründen dieser Verhaltensformen zu fragen. So begann ich mich mit der Geschichte des neuen Griechenland zu befassen, hierauf mit dessen byzantinischen Wurzeln, bis sich mir dann ein ganz neuer Zugang zur griechischen Antike eröffnete.

Mein historisches Weltbild schien auf den Kopf gestellt worden zu sein. Wie ich später erkannte, stand es nun auf den Füßen.

Die Erscheinungsformen der europäischen Kultur, die seit geraumer Zeit immer radikaler in Frage gestellt werden, ohne daß man an ihre Grundlagen selbst rührt, wurden für mich durch das „Griechische" in ein neues Licht gerückt: weil ja das „Griechische“ angeblich der Ursprung und der wichtigste Prägestock des „Abendländischen“ ist. Während ich im „Griechischen“, in der Sprache und in den Verhaltensformen, immer klarer die unzweifelhafte Fortsetzung seiner verschiedenen historischen Formen entdeckte, sah ich auch immer deutlicher, daß dieses „Griechische“ nichts mit dem zu tun hat, was wir daraus rückwirkend gemacht haben, ja daß die griechische Antike erst von den Bewußtseins- und Verhaltensformen der heutigen Griechen her verständlich wird, soweit sie unserem Verständnis überhaupt zugänglich ist.

So wurde Griechenland für mich das Kontrastmittel zum Abendland, das mich hervorgebracht hatte und in dem ich mich seit meiner Kindheit eigentlich nie hatte zurechtfinden können. Ich habe mich nirgends wirklich daheim gefühlt, weder in der Familie, noch im Staat, noch in der Nation, noch in der Kirche. Trotzdem habe ich nie rebelliert — ich habe laviert und versucht, zu überlegen. Ich fühlte instinktiv, daß jede Rebellion zur Verknöcherung sowohl des Bekämpften als auch dessen Gegenteils führt und damit zur negativen Verewigung. Daher begnügte ich mich damit, die Dialektik der Phänomene am eigenen Dasein zu registrieren, darüber hinaus aber keiner Interpretation der Welt Glauben zu schenken, die mir entweder vormachen wollte, alles sei in bester Ordnung oder durch Anwendung irgendeines Revolutions-Rezeptes in Ordnung zu bringen. Ich hörte aber auch nie auf zu glauben, daß eine kritische Auseinandersetzung mit der Realität dem unartikulierten Gefühl vernünftige Dimensionen verleihen könne: dem Gefühl, daß die Welt nicht zu ertragen sei; aber auch dem Gefühl, daß diese Welt die beste ist, weil sie real ist.

Für alle diese Überlegungen wurde das Studium Griechenlands zum Katalysator. Dies zeigte sich auch im politischen Bereich. Nach dem Putsch der Obristen im Jahr 1967 erlebte ich, wie das ganze Volk, anfangs zögernd und unsicher, nach zwei Jahren aber in voller Eintracht, sich gegen die Diktatur wandte. Mit Staunen registrierte ich, daß fast die gesamte konservative Rechte, an der Spitze der von der Junta gestürzte Ministerpräsident P. Kanellopoulos, in den aktiven Widerstand ging, ja daß sogar mittlere und größere Unternehmer an der passiven Resistenz teilnahmen. War das nicht ein politischer Widerspruch? Als sich 1973 die Studenten erhoben, solidarisierten sich mit ihnen ihre Familien, aber auch Bauern und Arbeiter; ein Phänomen, das bei keiner anderen Studentenerhebung zu verzeichnen war, insbesondere, was die Familien anlangt.

All das deutet darauf hin, daß für die Griechen politisches Bewußtsein anders realisierbar ist als für die übrigen traditionellen Demokratien des Westens. Und ich begann zu begreifen, daß sich hinter dem von romantischer Urlaubsfreude verklärtem Tavernenzauber mit tanzenden Bauern und Fischern andere Denk- und Verhaltensmuster verbergen als jene, die unser gesellschaftliches Benehmen regeln; daß die Begegnung mit Bäuerinnen, die dem vorübergehenden Fremden eine Handvoll Feigen oder eine Traube schenken, oder, wenn sie gar nichts anderes haben, einen Zweig wohlriechendes Basilikum, um ihm in der Mittagshitze zu einer kleinen Labung zu verhelfen, aber auch die Durchtriebenheit des Händlers, die irrationale Sturheit der Bürokratie, die plötzlich in Menschenfreundlichkeit umschlagen kann — kurz, alle Formen, in denen hier menschliches Leben frei und mit Würde, spontan und oft irrational in Erscheinung tritt —, eine grundsätzliche politische Bedeutung haben. Und nach all der marxistischen Kloster-Askese der Alten und der Neuen Linken, die einen ähnlich papierenen Haß atmet wie die Kloster-Askese der mittelalterlichen Ketzer- und Hexenjäger, ging mir zum erstenmal auf, worin der Sinn der Revolution liegt: jener Revolution, die die lebenden Menschen meint, auch wenn sie von Produktionsverhältnissen und Klassenstrukturen spricht.

Ich begann zu verstehen, daß die seltsame Wirkung der Griechen auf ihre Besucher, die sie oft für sich einnehmen oder mit Ablehnung, ja mit Abscheu erfüllen, letztlich einer politischen Enthüllung gleichkommt, einem psychologischen Test der Bewußtseinsform der Europäer.

Insbesondere die negativen Reaktionen bewußter „Mitteleuropäer" haben mich aufmerken lassen. Da gab es zunächst den grundsätzlichen Vorwurf der „Arbeitsscheu", die sich aber bei näherem Hinsehen bloß als ein Zeichen von Unabhängigkeitssinn entpuppte, der Arbeit als etwas Relatives, jederzeit durch etwas Wichtigeres, etwa durch ein Gespräch, zu Ersetzendes ansieht. Ähnlich steht es um die „Unverläßlichkeit", in der sich bloß die Weigerung zeigt, sich als Rädchen anonymen Mechanismen unterzuordnen. In persönlichen Beziehungen und wichtigen Angelegenheiten sind die Griechen alles andere als unzuverlässig. Auch das Klischee der „Unehrlichkeit" muß differenziert gesehen werden: Dieses Spiel im Geschäftsleben, das letztlich immer auf die persönliche Geschicklichkeit und Aufgewecktheit abzielt, enthüllt eine Haltung, die man etwas gewagt einen „anarchischen Spontan-Marxismus" nennen könnte, weil ihr das gesamte Handelswesen als gigantischer Schwindel bewußt ist, als ein Riesenbetrug, der durch persönliche Aufmerksamkeit und Geschicklichkeit geregelt werden muß und nicht durch die verlogenen Konventionen von „Recht" und „Gesetzen", die bloß die wahren Verhältnisse verschleiern und die allgemeine Gültigkeit der „Ehrlichkeit“ vortäuschen. So offenbarte mir die Kritik des Mitteleuropäers am Griechen jene Werte, die — als Kriterien dieser Kritik — die geheiligten Grundlagen des Abendlandes darstellen.

Schon vor sieben Jahren versuchte ich, ein Resümee zu ziehen. Der geschichtliche Überblick in meinem Buch „Griechenland, ein europäischer Fall“ war das Ergebnis. Ich konnte darin viele Gedanken formulieren, und in vagen Umrissen fand schon dort die Konfrontation zwischen Abendland und Griechenland und Griechentum als abendländischer Anspruch ihren Ausdruck. Dies wäre noch stärker durch den Titel unterstrichen worden, den mein Freund Michael Guttenbrunner vorgeschlagen hatte, „Auf den Fersen Europas“, der aber dann leider fallengelassen wurde.

Immer wieder versuchte ich seither, meine „griechische Erfahrung“ klarer, eindeutiger zu formulieren, in Wort und Schrift. In vielen Gesprächen mit Griechen und Nichtgriechen reiften Formulierungen, die ich in Notizen, Briefen und Entwürfen festhielt. Immer war es aber der Dialog, der die Konfrontation vorantrieb. Es fehlte allerdings ein Rahmen, ein System für alle diese Gedanken — bis ich dann eines Tages entdeckte, daß mein Vorhaben am System selbst scheitern mußte: weil ja gerade die abendländische Systematisierung, das „wissenschaftliche Denken“, das sich so gerne auf das „griechische Erbe“ beruft, so ungriechisch ist wie nur irgend möglich.

1973 hörte ich zum erstenmal die „18 Volkslieder vom bitteren Vaterland“ des Dichters Yannis Ritsos in der Vertonung durch Mikis Theodorakis. Im selben Jahr übersetzte ich diese achtzehn Vierzeiler. Während der Übersetzung wurde mir immer klarer, daß sich hier, in dieser fast kargen Bildersprache, eine vollkommene Zusammenfassung des Griechentums spiegelt. So kam mir der Gedanke, diese Gedichte gleichsam als Ordnungsprinzip für die „Improvisationen“ über das Griechentum und das Abendland zu verwenden. Nicht im Sinne eines Kommentars zu diesen Gedichten, sondern bloß als eine Art Motto für die lockere Folge der „Improvisationen“; aus einem Gefühl der Entsprechung, aus dem Wunsch heraus, alles, was ich in diesem Zusammenhang erfahren, erkannt, gedacht habe, unter die Patenschaft eines Textes zu stellen, in dem das „Griechische“, so wie es sich mir dargestellt hat, unmittelbaren Ausdruck findet.

I

Konzentrationslager

„Diese Gedichte wurden alle an einem Tag geschrieben . . . am 16. September 1968, im Konzentrationslager PARTHENI, auf der Insel LEROS . . .“

Yannis Ritsos
(aus dem Vorwort zu den „18 Volksliedern vom bitteren Vaterland“)

Das Konzentrationslager ist das eigentliche Symbol des zwanzigsten Jahrhunderts. Hinter der Frustration des Zeitalters steht sein Schrecken: der Faschismus. *Nicht in jener engen historischen Bedeutung, wie wir, die wir den Zweiten Weltkrieg erlebten, ihn nennen lernten. Wir haben damals nicht begriffen, daß es sich um den Wesensausdruck des Jahrhunderts handelt,* der sich seit der Französischen Revolution in einem langen Prozeß entwickelt hat. Nach dem Ersten Weltkrieg erreichte der Faschismus im Nationalsozialismus der Deutschen und in verschiedenen anderen Ländern, vor allem in Italien, seinen Höhepunkt.

Nach dem Zweiten Weltkrieg war Griechenland das erste Land Westeuropas, in dem Konzentrationslager errichtet wurden. Griechenland war auch das erste Land, in dem ein Dichter und ein Musiker das Konzentrationslager der Nationalsozialisten zum Gegenstand ihrer Kunst genommen haben: Jakovos Kampanelis und Mikis Theodorakis im Liederzyklus „Mauthausen". Vielleicht ist diese Art der „Bewältigung der Vergangenheit" eng mit der Forsetzung des Schreckens in der Nachkriegsgegenwart verbunden; damit, daß die Opfer, die gestern in Auschwitz, Mauthausen und Belsen soeben noch der Vernichtung entgangen waren, oder jene, die den Deutschen entkommen konnten und in den Bergen am Widerstand teilgenommen hatten, nun im Bürgerkrieg von den eigenen Landsleuten in Konzentrationslager verschleppt wurden. Diese Erfahrung am eigenen Leib lehrte sie, daß der Schrecken nicht vorbei ist, sie erkannten, daß es sich nicht um eine einmalige furchtbare Verirrung in der Geschichte gehandelt hat, sondern um den Ausdruck des Wesens dieses Zeitalters. Deshalb konnten sie darüber schreiben und singen, anders als ihre Genossen in Europa, die sich in die Legende verkrampften, daß der Spuk vorüber sei, daß die Freiheit, die Menschenwürde, die Demokratie gesiegt hätten. So ist bei uns in Europa dieses schiefe Schweigen entstanden, inmitten von stummen Gedenkstätten und Denkmälern, von Prozessen und Büchern, die von der Allgemeinheit — gleichgültig, ob es sich um durch Stillhalten Mitschuldige, um Opfer oder um bloß unbeteiligte und verständnislose Nachfahren handelt — wie eine Obszönität angesehen wird: die „unbewältigte Vergangenheit".

Denn nach dem Zweiten Weltkrieg wurde der Faschismus in das System integriert und bildet seither ein bestimmendes Element der gegenwärtigen Weltpolitik. Konzentrationslager und Folter sind gleichermaßen seine Mittel, seine Symbole. Es ist ein Irrtum zu glauben, daß die Ideologie ein wesentlicher Bestandteil des Faschismus sei: Die Ideologie dient bloß der Verschleierung des Mechanismus und ist in jedem Fall bewußte Lüge.

Die Mischung von Gewalttätigkeit und Lüge scheint eine spezifische Eigenart der „abendländischen" Kultur zu sein.

Die organisierte Gewalttätigkeit ist als Wirkursache in der gesamten Geschichte der Menschheit vorhanden. Alle großen Reiche, von deren Existenz wir wissen, beruhen im wesentlichen auf organisierter Gewalttätigkeit. Dies wurde auch nie verschleiert, ein Mißverständnis war da nicht möglich: Es wurde erobert, unterjocht, massakriert, einzig mit der Begründung, daß es sich um das Recht des Stärkeren handle. Auch in der religiösen Begründung der Gewalttätigkeit, dieser ältesten Form der Ideologie, herrschte stets volle Klarheit: Es handelte sich immer um den Auftrag und den Sieg des stärkeren, mächtigeren Gottes, nicht des „besseren“.

Die erste Ideologisierung der organisierten Gewalttätigkeit begegnet uns im antiken Rom: Hier wurde zum erstenmal der Traum von der Weltherrschaft mit einem Sendungsbewußtsein verbunden, mit der arroganten Prätention, den Unterjochten die „Humanitas“ und den römischen „Frieden“ zu bringen.

Nach der Christianisierung des Reichs hörte diese Art imperialistischer Eroberungspolitik auf. Die Kriegführung beschränkte sich auf die Verteidigung, nur Justinian versuchte, verlorene Gebiete zurückzuerobern. Wirkliche Eroberungs- und Kolonialkriege hat das byzantinische Reich nie geführt. Daß Byzanz auch in der Religions- und Kulturpolitik nicht imperialistisch war, zeigt die Art der Christianisierung der Slawen, denen es die Liturgie und die Bibel in ihrer eigenen Sprache übermittelte. Anders im Westen: Hier blieb der imperialistische Geist Roms lebendig, in der römischen, lateinischen Kirche. Die germanischen Völker wurden allesamt mit einem lateinischen Christentum christianisiert, und wo sich schüchterne Ansätze einer eigenen Entwicklung erhalten hatten (auf der Grundlage, die von den iro-schottischen Mönchen gelegt worden war), wurden diese ausgemerzt. Darin bestand eine der Hauptaufgaben des „Germanenapostels“, des hl. Bonifazius.

Die Verbindung des römischen Imperialismus mit germanischer Gewalttätigkeit zeigte sich bald von einer noch schlimmeren Seite: die „Bekehrung“ der Sachsen durch Karl den Großen kostete vielen Tausenden das Leben.

Ein solcherart verformtes Christentum eignete sich hervorragend als Ideologie für jene Manifestation des Abendlandes, die man vielleicht als „Urfaschismus“ bezeichnen könnte: die Kreuzzüge. Hier wurden Eroberungsfeldzüge, die keine anderen Motive hatten als jene der alten Ägypter, der Assyrer oder Perser, mit dem Deckmantel des christlichen Glaubens versehen. Das Erschreckende dabei ist, daß diese Motivation, die zum mindesten bei einem Teil der Führung bewußte Lüge gewesen sein muß (zum Beispiel bei dem Normannenfürsten Bohemund), von der großen Masse geglaubt wurde. Die Greuelgeschichte der Kreuzzüge, des Massakers von Jerusalem, da keine Menschenseele geschont wurde, bis zur Eroberung Konstantinopels auf Veranlassung Venedigs, das die ehemalige Mutterstadt und nunmehr stärkste Handelsrivalin ausschalten wollte, sind bekannt. Nach dieser Vorübung des „christlichen“ Kolonialismus bot die Entdeckung Amerikas und die Entwicklung der Seefahrt die Gelegenheit zur totalen Expansion: Alle Mächte wetteifern in der „Verbreitung des Glaubens“, um sich die Reichtümer der neuen Gebiete anzueignen. In der Behandlung der eingeborenen Bevölkerung wirft Auschwitz seinen Schatten voraus.

Vielleicht ist es übertrieben, bereits diese Vorgeschichte des europäisch-christlichen Größenwahns „faschistisch“ zu nennen — wenngleich die geglaubte Lüge überall wesensbestimmend ist —, denn es fehlt in diesem Stadium noch ein wesentliches Element: der blinde Glaube an die Vernunft.

Will man die Wurzeln des Faschismus in der Entwicklung der Gesellschaft zurückverfolgen, muß man ein Ereignis untersuchen, dem die gängige Geschichtsauffassung mythischen Charakter zumißt: die Französische Revolution. Was hier passiert ist, kann durchaus mit den Maßstäben des Faschismus gemessen werden. Nicht, als wäre die Revolution falsch gewesen: es war höchste Zeit, daß das feudalistische System abgeschafft wurde. Die Art und Weise jedoch, *wie* die Revolution vom Sturm auf die Bastille über alle Zwischenstationen des Irrationalen und der Bestialität zum Kaiserreich Napoleons degenerierte, zeigt das Gesicht der neuen Klasse, der Bourgeoisie. Die Ideologie dieser neuen Klasse war die Aufklärung, der Einsatz der Vernunft gegen den mittelalterlichen Obskurantismus. Aber die Macht des Obskurantismus in den unkontrollierten Gefühlen war größer: nur wurde die Strafjustiz an der Aristokratie jetzt nicht mehr, wie an Hexen und Ketzern, mittels des Scheiterhaufens vollzogen, sondern mit der Guillotine. Im Namen der Vernunft schien die ganze Macht des Irrationalen entfesselt worden zu sein, als vernichtende Welle einer angeblichen „Volksherrschaft", die den wirklich Ausgebeuteten, den Lumpenproletariern und Kleinbürgern bloß das Schauspiel der Hinrichtungen gönnte, sie im übrigen aber als Vehikel bei der Verwandlung des Bürgertums in die neue Aristokratie verwendete. (Es gibt übrigens eine interessante und vielsagende Parallele zwischen den Erscheinungsformen der Französischen Revolution und den Absurditäten des Vierten Kreuzzugs: So wie in Notre-Dame als „Göttin der Vernunft" eine Hure auf den Altar gestellt wurde, setzten die Kreuzfahrer eine Hure auf den Bischofsthron der Hagia Sophia. Der byzantinische Chronist schreibt: „Ein Weibsbild, ein Misthaufen der Sünde, eine Erzpriesterin der Erinnyen setzte sich auf den Thron und sang ein unanständiges Lied ..." Sonderbares Symbol der patriarchalischen Gesellschaft, die die Hure hervorbringt und sie zum Ausdruck ihrer Verachtung macht. Außerdem zeigt die Parallele, wie wenig einfallsreich abendländische Barbarei im Lauf der Jahrhunderte war.)

Die Verkehrung des Rationalismus ins Irrationale, die

Entfesselung der Bestialität im Namen der Vernunft, stehen am Beginn einer Entwicklung, die unmittelbar in unsere Gegenwart führt.

Die zum Reich Napoleons pervertierte Revolution wurde schließlich von den alten feudalistischen Mächten bei Waterloo besiegt, doch waren die wirklichen Sieger nicht der Habsburgerkaiser, der Zar und die deutschen Fürsten, sondern England, wo parallel zur Französischen Revolution die tatsächliche Änderung, der wirkliche Sieg des Bürgertums erfolgt ist: die Industrielle Revolution. Die eigentlichen Motive des Sieges über Napoleon waren nicht die reaktionären Machtträume Metternichs, sondern die Handelsinteressen Englands.

Nach dem Sieg etablierte sich in Europa unter Metternichs Ägide die Reaktion der Heiligen Allianz — bereichert durch eine Errungenschaft der Französischen Revolution: durch den Polizeistaat, wie ihn der allmächtige Polizeiminister der Revolution und Napoleons, Fouché, geschaffen hatte. (Der Polizei-*Staat*, nicht bloß die Geheimpolizei. Diese hat es als notwendigen Behelf absoluten Herrschens schon in den verschiedensten Epochen gegeben. Das Neue war die Verbindung des verhaßtesten Mittels der Unterdrückung mit dem auf der Gewaltentrennung beruhenden „Rechtsstaat".) Tatsächlich sind Fouché und Metternich die Väter des modernen Staates: des Staates der Polizei und der Geheimdiplomatie. Parlament und Verfassung fungieren nur als Beigaben, als schöner Rahmen, in dem sich die englische Version der Auseinandersetzung zwischen Aristokratie und Bürgertum abgespielt hatte und der vom kontinentalen Bürgertum nur unter größten Schwierigkeiten errungen werden konnte. Daß diese bürgerliche Form der parlamentarischen Demokratie von Anfang an reine Augenauswischerei war und niemals auch nur die geringste Möglichkeit einer tatsächlichen Volksherrschaft enthielt, hat die gesamte Entwicklung gezeigt. In allen kritischen Momenten waren stets jene Faktoren entscheidend, welche die tatsächliche Macht repräsentieren und über die letztlich auch das Parlament keine Kontrolle ausübt: Militär und Geheimdiplomatie auf zwischenstaatlicher Ebene, die Polizei im innerstaatlichen Bereich. Daran hat bis heute keine Revolution und keine Reform etwas geändert; die ganze Geschichte des 20. Jahrhunderts, in Ost und West, zeigt, daß die Machtverhältnisse die Demokratie, die Kontrolle durch das Volk, nicht ertragen können. Die Volksherrschaft mußte Utopie bleiben. Es gibt gute Gründe für die Annahme, daß in den militaristischen Polizeistaaten der untergehenden Aristokratie und des aufsteigenden Bürgertums, das die Produktion kontrollierte, der Faschismus ausgegoren wurde — statt der proletarischen Revolution, wie sie von Marx und Engels erhofft worden war. Dabei spielte die gedrosselte parlamentarische Demokratie als Kompromißvermittler zwischen Ausbeuter und Ausgebeuteten eine entscheidende Rolle.

Angesichts dieser Phase, in der sich die Schere zwischen ökonomischer Entwicklung und gesellschaftlichem Aufbau immer weiter auftut, kann man vereinfachend sagen, daß die zunehmende Verbürgerlichung des Proletariats den wichtigsten Schritt zum Faschismus darstellt. In ihrem Rahmen erfolgt die Bastardisierung der proletarischen Revolution im Dienst des industriellen Produktionssystems und im Zeichen eines hemmungslosen Fortschrittsglaubens. Die neue Form des Kleinbürgers wird geboren.

Dieser Kleinbürger ist das tragischste Geschöpf der jüngeren Geschichte: Er ist der Repräsentant der von allen betrogenen Masse, ohne wirkliche Identität, ein

Spielball der Interessen, ohne Klassenbewußtsein, weil er das proletarische entweder nie gehabt oder sehr rasch verloren, das bürgerliche aber niemals erlangt hat. Der Kleinbürger orientiert sich am bürgerlichen Lebensideal, das seinerseits jenes der Aristokratie nachahmt, und wird vom bürgerlichen Besitz-Ideal besessen, dessen Realität ihm für immer versagt ist. Die Fata Morgana eines möglichen Aufstiegs in die Höhen des Reichtums, das Märchen, daß *jeder* „Tüchtige“ den Gipfel erreichen könne, wie einige legendäre Schuhputzer und Tellerwäscher, die Millionäre geworden sind, bindet den Kleinbürger noch stärker an das System. Aus den in die Stadt abgewanderten Bauern mögen für kurze Zeit, gleichsam in einem Übergangsstadium, Proletarier werden, doch sehr bald werden sie von den bürgerlichen Lebensformen und Statussymbolen umgemodelt. Bei dieser Umbildung spielen gerade die sozialen Errungenschaften der marxistischen Arbeiterparteien eine große Rolle. Statt der vorhergesagten Verelendung werden jene Kompromisse eingegangen, die das Leben dieser Menschen zwischen Unerträglichkeit und Wunschtraum in der Schwebe halten: ein neuer Tantalos-Mythos.

Um die Jahrhundertwende ist der allseits betrogene und verratene Kleinbürger der ergebene und überzeugte Diener des Systems. Er versucht, seinen Kindern ein „besseres Leben“ im Sinne der bürgerlichen Statussymbolik zu sichern, sie werden Unteroffiziere, kleine Beamte, Lehrer, vielleicht sogar Professoren, Journalisten, oder bloß Kleinkapitalisten, Geschäftsinhaber. Der subjektive Faktor spielt dabei eine bedeutende Rolle; dem schlechtbezahlten Lohnempfänger werden statt mehr Geld Bewußtseinsinhalte gegeben, die ihn zwar nicht reicher, aber irgendwie glücklicher machen. Es handelt sich um eine Art Klassenbewußtseins-Ersatz, wobei der Nationalismus eine besondere Rolle spielt. Dieser Nationalismus wird zum Nährboden des Halbbildungsdünkels, des Amtshochmutes. Der militaristische Geist gedeiht darauf ebenso wie das bombastische Sendungsbewußtsein von Lehrern und Professoren (oder auch Geistlichen). Mit solchen Statussymbolen und Bewußtseins-Belohnungen erkauft sich das System die Treue der Diener, die sich daneben auch der von den Arbeiterparteien erkämpften sozialen Errungenschaften erfreuen.

Bei der Ausbildung dieses Klassenbewußtseins-Ersatzes wirken im Fouché-Metternichschen Staat Liberalismus und Sozialismus in einer sonderbaren Symbiose zusammen: einer Symbiose im Zeichen von Nationalismus, Militarismus und pseudowissenschaftlichem Fortschrittsglauben. Da der Intellektuelle, der Wissenschaftler, der Lehrer, später der Technokrat, eine entscheidende Rolle im Sozialgefüge übernehmen, werden die Universitäten zu Zentren der Auseinandersetzung. Das hat mit den nationalistischen Studentenunruhen des vorigen Jahrhunderts begonnen und bis heute nicht aufgehört.

Auch in der Kunst zeichnete sich das Kommende ab. Während sich die Maler von der Gesellschaft zurückziehen — und ihre Werke über den Kunsthandel als Ware wieder in die Gesellschaft zurückkehren —, schwelgt die Architektur in vergangenen Baustilen, weil kein Stil das Zeitalter auszudrücken vermag (es gibt weder den Bankhaus-Tempel noch die Börsen-Basilika als Eigenschöpfung); die Literatur wendet sich dem einzelnen zu, ohne die allgemeine Apokalypse zu sehen (ausgenommen Visionäre wie Kafka und Karl Kraus); die Musik verfängt sich teils in einem formalistischen Dschungel des Gefühls, teils dient sie der gehobenen und der vulgären Unterhaltung (ein monströses Amalgam ist die ritualisierte Musik Wagners, mit unverdaulichen Texten und pompösen Inszenierungen als „Gesamtkunstwerk" dargeboten — das erste deutsche „Nazi-Wort"!). Die Richtung dieser Kunstentwicklung, in deren fruchtlosen Anstrengungen sich der völlige Identitätsverlust abzeichnet, kann von keiner Sezession, von keinem Blauen Reiter, von keinem Futurismus geändert werden, kein noch so mutiger einzelner, keine noch so entschlossene Gruppe ist imstande, dem Gesicht des Zeitalters eine neue Identität zu verleihen. Nur wenige, wie Kafka und Karl Kraus, entlarven die wahre Identität des Systems: den verlogenen Mechanismus der entfesselten industriellen Produktion, auf Kosten des Menschen, dessen Fortschritt er vorschützt, entweder als Fortschritt des freien Individuums oder des freien revolutionären Kollektivs.

Der Erste Weltkrieg, in dem der längst überwundene Feudalismus von den Interessenkonflikten der Bourgeoisie in die Katastrophe gerissen und zerschlagen worden war, bringt nicht die ausgebeuteten Proletarier an die Spitze: ihrer gibt es zu dieser Zeit bereits zu wenige. Statt dessen kommt der betrogene Kleinbürger, dem Produktionssystem treu ergeben, an die Macht. Er beginnt die Revolution zu imitieren. Zunächst von der Revolutionsparole gegen den reichen Ausbeuter begeistert, läßt er sich sofort gegen die „wahren Ausbeuter" hetzen, gegen das „plutokratische Weltjudentum", weil er ja nicht die Änderung seines Lebens durch Revolution will, sondern bloß den Besitz. Der Faschismus wird geboren.

Und die Oktoberrevolution? Was dort alles falsch angelegt war und in eine verhängnisvolle Entwicklung führte, nicht nur für Sowjetrußland, sondern im Rahmen der III. Internationale in erster Linie für Deutschland, hat R. Dutschke in einer interessanten Analyse darzustellen versucht (R. Dutschke: *Versuch, Lenin auf die Füße zu stellen*, Berlin, 1974). Vereinfachend könnte man sagen, daß die Mißachtung der spezifischen russischen Gegebenheiten und der gewaltsame Import europäischer Muster (nun zum zweitenmal, nach der gewaltsamen „Aufklärung" Peters des Großen) einerseits den zaristischen Obrigkeitsstaat verfestigt hat, statt ihn durch Bewußtmachung zu überwinden, andererseits aber im Rahmen der Partei zu einer der europäischen Entwicklung analogen Form des Kleinbürgertums führte — nunmehr nicht im Dienste des „freien", individuellen Kapitals, sondern des Staatskapitals, bei gleichen Produktionsverhältnissen. Daher stammen auch die faschistoiden Formen in der stalinistischen Ära, verbunden mit der Erscheinung des Kleinbürgers als Parteiapparatschik, der aber mit ähnlichen Bewußtseinselementen ausgestattet ist wie sein europäisches Gegenstück, mit Nationalismus, Militarismus, Amtsbewußtsein.

Vielleicht wird eine spätere Geschichtsschreibung — ausgehend von der Perspektive der Katastrophe, in welche die Entwicklung zu führen scheint, die beiden Weltkriege nicht mehr voneinander trennen und von einer „Revolution des Kleinbürgers" sprechen. Denn der Zweite Weltkrieg, in dem die beiden Formen der vom Kleinbürger beschlagnahmten Revolution zusammenstießen, ist vom Ersten Weltkrieg nicht zu trennen. 1945 hat dann der Kleinbürger im Rahmen des durch die Kriegsindustrie vervollkommneten Produktionssystems den Sieg davongetragen. Er verhalf nunmehr einem auf „Stromlinie" gebrachten, rationalisierten Faschismus zur Herrschaft, in dem er als dienender Manager-Technokrat regiert.

Es hat etwas Beschämendes, in der zweiten Hälfte des 20. Jahrhunderts am Leben zu sein, den Zweiten Weltkrieg überlebt zu haben. Man hat jene fünfzehn Jahre der Bestialität erlebt, die Perfektionierung der Kriegsmaschine und der zivilen Mordindustrie, die zum erstenmal nicht nur Gegner umbrachte, sondern wahllos Menschen, nur weil sie geboren waren.

Die Mordindustrie des Faschismus hatte eine Erfindung der Engländer aus dem Burenkrieg adaptiert: das Konzentrationslager, nun riesige Schafhürden für die Schlachthöfe. Das Erschreckendste an dieser neuen Erscheinungsform organisierter menschlicher Bestialität war wohl die Passivität, ja Willigkeit der Opfer (der aktive Widerstand im Warschauer Getto bildete eher eine Ausnahme), mit der sie ihre Vernichtung hinnahmen — nicht etwa aus religiösen Motiven, sondern einfach aus „Bürgergehorsam". So machte der Fortschrittsglaube des aufgeklärten Bürgertums, die hörige Systemtreue des Kleinbürgers, die Opfer gleichsam zu Konsumenten ihrer eigenen Vernichtung, die sie durch ihr Verhalten produzieren.

Die Welt hatte die Befreiung von diesem Alptraum zum obersten Ziel jenes Krieges erklärt, den wir voll Angst und Hoffnung erlebten, und dessen einziges Ergebnis die Perpetuierung des Faschismus sein sollte. Das große Gericht in Nürnberg, das über die Kriegsverbrecher abgehalten wurde, war bereits das erste Zeichen des fortbestehenden Faschismus. Es war nicht die reguläre Justiz, die hier urteilte, sondern die Willkür des Siegers, auch wenn sie sich von humanen und demokratischen Idealen beseelt gab. Der neue, imperialistisch-postkoloniale Faschismus von Ost und West kündigte sich an.

Die weitere Entwicklung ging sehr rasch vor sich. Während die stalinistischen Lager in Sibirien fortbestanden, wurden in Griechenland bereits Ende der vierziger Jahre im Zuge des Bürgerkrieges wieder Konzentrationslager errichtet. Die Welt nahm keine Notiz davon. Sie stand am Beginn des Kalten Krieges, sie war mehr mit den Schrecken der stalinistischen Lager beschäftigt, und in den griechischen Lagern saßen ja doch bloß die stalinhörigen Kommunisten. Mit der beginnenden Entstalinisierung vergaß man auch bald die russischen Lager und die Folterungen, Deportationen in Ungarn, Rumänien, der CSSR, auch wenn diese KZs weiterbestanden. Als der Algerien-Krieg an die Reihe kam, wiederum mit Konzentrationslager und Folter, protestierten einige wenige heftig, aber die Allgemeinheit ging darüber hinweg. Nachdem de Gaulle die Algerien-Affäre beendet hatte, vergaß man das Geschehene. Es war notwendig gewesen — es war ein Mißgriff.

Als nächstes kam der Vietnam-Krieg. Eine inzwischen unvergleichlich perfektionierte Kriegsmaschine wurde gegen ein kleines Volk eingesetzt, und parallel dazu Konzentrationslager und Folter. In den USA lösten die Bürgerrechtskämpfe vielfach faschistische Denk- und Verhaltensformen aus. Für Europa war das alles ein wenig unwirklich, weit weg. Auch die indonesischen Massaker, bei denen fast eine halbe Million Menschen getötet wurden, wurden hingenommen. All das geschah ja für Freiheit und Demokratie.

Spanien, Portugal, die südamerikanischen Staaten — überall verschärfte sich der Faschismus. Überall zeigten die Diktaturen ihre Faust, mit Konzentrationslager und Folter. Für Freiheit und Demokratie. Und man hatte sich bereits daran gewöhnt.

1967 hielten in Griechenland Konzentrationslager und Folter erneut ihren Einzug — für Freiheit und Demokratie. Anfangs wurde protestiert, schließlich handelte es sich um ein europäisches Land, um die Wiege der Demokratie, aber andererseits doch nur um einen Balkanstaat, und bei den Opfern doch nur um Kommunisten. Schließlich war die Junta der Obristen ja geradezu bewundernswert, der Putsch hatte keinen Tropfen Blut gekostet, wozu also die Aufregung? Und als deutscher Journalistenwitz das üble Wort von „Platos Bananenrepublik“ prägte, war die Sache für die meisten erledigt. So begann die Welt zu verschlafen, daß sie sich auf dem Weg ins große allgemeine Konzentrationslager befindet, über das sie zwar mit wohliger Gänsehaut Bücher liest, dessen wahre Beschaffenheit sie aber nicht bemerkt.

Zu Ostern 1970 hätte die Welt Zeuge eines einmaligen Ereignisses in der jüngsten Geschichte des Faschismus sein können: Eine Gruppe griechischer Widerstandskämpfer gegen die Diktatur, vor einem außerordentlichen Militärgericht angeklagt, stellte im Bund mit ihren Anwälten und mit der Presse, die seit kurzem kraft eines „Pressegesetzes“ eine Scheinfreiheit genoß, durch die detaillierte Bekanntgabe der erlittenen Folterungen vor Gericht die Diktatoren in aller Öffentlichkeit bloß. Aber die übrige Welt war damit beschäftigt, Ostern zu feiern. Die Nachricht, die in ganz Europa Schlagzeilen verdient hätte, fiel ins Leere. Die Diktatoren und ihre Public-Relation-Manager dürften alles gut berechnet haben: Der Prozeß gegen die Mitglieder der „Demokratischen Verteidigung“, unter ihnen der später bekanntgewordene Professor Mangakis, begann am Karfreitag des europäischen Festkalenders, eine Woche vor den orthodoxen Ostern. Die dramatischen Enthüllungen über die erlittenen Folterungen, mit genauen Namens-, Orts- und Zeitangaben, füllten am ersten, zweiten und dritten Tag (Karsamstag, Ostersonntag und Ostermontag) die griechischen Zeitungen, denen es nach dem neuen Pressegesetz zwar nicht erlaubt war, Ereignisse zu kommentieren, die aber unkommentierte Zitate abdrucken durften. Auf diese Weise wurden die von den Angeklagten eingereichten Eingaben über die Folterungen in Form von „Prozeßberichterstattung“ im vollen Wortlaut abgedruckt. Am dritten Tag wurde dann jede weitere Berichterstattung verboten. In den europäischen Zeitungen erschien fast nichts darüber, und der Mut der Angeklagten und ihrer Anwälte erwies sich als vergeblich. Die Veröffentlichungen in Griechenland selbst lagen durchaus im Interesse der Diktatoren: Sie verschärften die allgemeine Angst vor dem Terror. Wäre auf Grund der offiziellen Pressemeldungen ein Protestschrei durch die Weltpresse gegangen, hätte dies der Diktatur erheblichen Schaden zugefügt. Aber es geschah nichts.

Dieses Beispiel zeigt die ganze Tragik der gefolterten Opfer der griechischen Diktatur in ihrem Verhältnis zum „freien Westen“, zu dem das Land doch gehört.

Als im Herbst 1969 der Attentäter Alekos Panaghoulis zum Tod verurteilt wurde, ging tatsächlich ein Aufschrei durch die ganze Welt. Verschiedene Staatsoberhäupter, sogar der Papst, intervenierten für das Leben des Verurteilten. Die Diktatoren verloren den Kopf, ließen das Urteil nicht vollstrecken, sprachen aber auch keine Begnadigung aus und ließen die Angelegenheit im Sand verlaufen. Dann breitete sich wieder Schweigen aus. Zwar hörte man ab und zu von Folterungen, manchmal erhob Amnesty International die Stimme, aber das öffentliche Gewissen war weitgehend beruhigt: Die Menschenrechtskommission des Europarates hatte das Ihrige getan, Griechenland war ausgeschlossen worden.

Die tierische Aggression gegen den Artgenossen wird durch einen wohlfunktionierenden Instinktmechanismus geregelt: Das Tier tötet den unterlegenen Artgenossen, der sich in „Demutshaltung“ ergibt, nicht. Der Mensch scheint im Zuge seiner Entwicklung diesen Hemmungsmechanismus abgebaut zu haben. Er ist das einzige Lebewesen, das seinesgleichen freiwillig umbringt, ja darüber hinaus freiwillig quält. Der Mensch ist das einzige mordende, folternde Tier. Das Wort „bestialisch“ ist von der Verhaltensforschung her nicht gerechtfertigt: Der Mensch ist nicht bestialisch. Er ist menschlich.

Dem 20. Jahrhundert blieb es vorbehalten, diese „Menschlichkeit“ methodisch, rationalisiert einzusetzen. In früheren Herrschaftsformen war die Folter hauptsächlich gesetzliche oder willkürliche Strafe, ein Mittel der Rache oder der Abschreckung, diente oft aber auch zur Erpressung von Aussagen. So war es im mittelalterlichen Europa, so war es in den früheren oder späteren, östlichen oder westlichen Reichen der Geschichte. Einen Sonderfall stellt die „heilige Inquisition“ dar. Hier wurde die Folter auf Grund einer absurden Verkehrung des mißverstandenen Glaubens an die Priorität der unsterblichen Seele vor dem Körper als Mittel der Seelenrettung angewendet (wohl die schlimmste Perversion des platonisch verfremdeten Christentums in seiner Symbiose mit der barbarischen Mentalität der kulturell unterentwickelten Völkerwanderungsstämme).

Die bürgerliche Aufklärung hat in ihrem Kampf gegen das feudalistische System auch gegen die Folter Stellung genommen. Im 19. Jahrhundert wurde endlich erreicht, daß die Tortur in ganz Europa abgeschafft wurde. Im 20. Jahrhundert feierte sie zunächst als Symbol und Herrschaftsmittel des Faschismus Auferstehung und wurde dann nach dem Zweiten Weltkrieg, während man den Sieg über den Faschismus pries, perfektioniert und in das System der hochentwickelten Industrie- und Leistungsgesellschaft aufgenommen.

Diesmal ist die Folter weder sadistischer Ausdruck der Macht noch pervertierter Spiritualismus, sondern die kalte Berechnung des Machtapparates: Neuralgische Punkte, an denen sich das System gefährdet sieht, müssen durch möglichst genaue Kenntnis der Gegner gesichert werden. Diese Kenntnis kann man am besten durch Folterung gefangengenommener Gegner erlangen. Zugleich erreicht der Machtapparat durch die Angst vor der Folter, daß sich breitere Bevölkerungsgruppen den Gegnern nicht anschließen. Das ist der Funktionsmechanismus des Terrors, wie er in der stalinistischen Ära im Ostblock praktiziert wurde und seit den fünfziger Jahren zur Praxis im „freien Westen" gehört.

Diese Tatsache ist ein weiterer Beweis dafür, daß sich die Kluft zwischen Ost und West in der Praxis schließt: Interessen- und Machtpolitik werden vom Produktionssystem bestimmt, das in beiden Sphären grundsätzlich das gleiche ist. Es geht nicht mehr um die Besitzverhältnisse, sondern um die Machtausübung im Rahmen des hochentwickelten, rationalisierten industriellen Produktionssystems, das durch das anonyme Kapital geregelt wird. Darin ist auch die totale Entmenschlichung begründet: Der einzelne zählt nur als verläßlicher Untertan; ist er das nicht, gibt es keine Macht, die ihn schützen könnte: kein Parlament, keine UNO, keine Menschenrechtskommission, keine Kirche.

Es wäre wichtiger, das zu erkennen, als sich in hysterischen Entrüstungsorgien gegen Privatterroristen vom Kaliber der Baader-Meinhof-Gruppe zu ergehen. Die Griechen wissen um diese Tatsache, sie sind das einzige Volk Europas, dem es vorläufig gelungen ist, sich dem Zugriff des Systems zu entziehen. Ist es aber wirklich gelungen? Kommt morgen die neue Diktatur, die aus Griechenland ein zweites Chile macht, weil die Manager erkennen, daß das System hier auf schwachen Beinen steht? Vielleicht kann griechische Geschicklichkeit dies vermeiden. Vielleicht ist aber das System stärker als ein kleines Volk, das sich geweigert hat, sich dem System zu ergeben, weil Menschenwürde in seinen Augen etwas mehr ist als eine wohlklingende Phrase.

Griechenland ist das erste Land in der Geschichte, in dem eine vom Ausland gestützte Diktatur *in sich* zusammengebrochen ist. Die unmittelbare Ursache war der mißlungene Putsch in Zypern, der vom griechischen Militärregime allem Anschein nach im Interesse der USA und der NATO unternommen wurde, um durch die Beseitigung Erzbischof Makarios' die Zweiteilung und den Anschluß der Insel sowohl an die Türkei als auch an Griechenland, und somit ihre Nutzbarmachung für das Atlantische Bündnis zu ermöglichen. Als der Putsch mißlang, warteten die Türken zunächst einige Tage, dann marschierten sie in Zypern ein. Diese Entwicklung, welche die Diktatoren dem Volk nicht mehr mit dem Glorienschein des Anschlusses wenigstens eines Teils von Zypern präsentieren konnten, nötigte sie zur allgemeinen Mobilmachung, die dann in ein totales Chaos führte. Dies dürfte die US-Regierung zu der Einsicht gebracht haben, daß die Diktatur abgelöst werden müsse. Dementsprechend gab Außenminister Kissinger bereits am Vorabend des Sturzes der Diktatur bekannt, daß in Griechenland ein Regierungswechsel bevorstünde. An diesem Punkt scheint den USA die weitere Kontrolle der Entwicklung entglitten zu sein: Die Chefs der einzelnen Waffengattungen der griechischen Armee ergriffen die Initiative in Form von subjektiven Augenblicksentscheidungen. Es ist anzunehmen, daß die USA keineswegs eine Machtübernahme durch die alten Politiker wollten, sondern einen Wechsel in der militärischen Führung mit einer eventuellen Beteiligung zweitrangiger Politiker. Da aber die Marionettenregierung der Diktatur zu dieser Zeit praktisch nicht mehr existent war und die Chefs der Waffengattungen über den Kopf des Diktators Ioannidis hinweg zu handeln begannen, vermochte die lenkende Großmacht keinen unmittelbaren Einfluß mehr auszuüben. So wurde von Präsident Ghizikis auf Anraten der Chefs der Waffengattungen ein Rat aller alten Politiker einberufen, der den letzten legitimen Ministerpräsidenten, P. Kanellopoulos, mit der Regierungsbildung betraute, was dem State Department telefonisch mitgeteilt wurde. Während einer Beratungspause griff ein anderer Politiker ein, Evangelos Awerof, und warf die Pläne um: Mit Zustimmung der Militärs rief er Konstantin Karamanlis telefonisch aus Paris herbei. Ob er aus Eigeninitiative oder auf fremde Weisung gehandelt hat, ist nicht geklärt. Jedenfalls gaben die USA im Zuge der weiteren Ereignisse (Griechenlands Weigerung, die Teilung Zyperns zu akzeptieren, sowie der Austritt aus der militärischen Organisation der NATO) öfter zu erkennen, daß die griechische Entwicklung nicht nach ihrem Geschmack war. So erklärte zum Beispiel Außenminister Kissinger im Frühjahr 1975 vor Journalisten, Karamanlis möge sich ruhig verhalten, wenn er seinen Ministerpräsidentensessel behalten wolle, was zu Anfragen im griechischen Parlament und zu Protestschritten bei der US-Regierung führte (ob die Präsidentschaft Carters zu einem wesentlichen Wechsel der amerikanischen Griechenlandpolitik führen wird, ist noch nicht klar). Jedenfalls dürften die USA während der nicht vorhergesehenen Entwicklung der Zypern-Krise die unmittelbare Kontrolle über Griechenland verloren haben. Wenn die Dinge einen radikalen Lauf genommen hätten, wäre es wohl zu einem neuerlichen, wesentlich brutaleren Eingriff des Militärs gekommen.

Die weiteren Ereignisse boten aber keinen Anlaß: Karamanlis' Rückkehr wurde zu einem Auferstehungsfest der Athener Bevölkerung, und Zwischenfälle blieben aus — ein gutes Beispiel für das Funktionieren des subjektiven Faktors bei den Griechen. Erst in einer langsamen, über zwei Jahre dauernden Entwicklung wurde Griechenland vom Rande der Neutralität und Blockfreiheit allmählich wieder in die sichere Mitte des Atlantischen Bündnisses manövriert — weil es im Sinne Jaltas in diesem geographischen Raum weder Neutralität noch Blockfreiheit geben *darf*.

Diese Entwicklung hat zwar wieder einmal bewiesen, daß die parlamentarische Demokratie nicht der geeignete Rahmen für Freiheit und Selbstbestimmung ist, andererseits bleibt Griechenland einer der brisantesten Punkte des internationalen politischen Spiels, weil die gegebenen Verhältnisse im Raum der parlamentarischen Demokratie von dem politisch am stärksten bewußten Volk Europas bestimmt werden, die Entscheidung des Volkes von Wahl zu Wahl nicht vorhersehbar ist und politische Manipulation — ausgenommen es handelt sich um brutale Wahlfälschung — beim Volk nicht „angreift". Die Lage bleibt ungewiß: Solange Karamanlis, zu dem das Volk Vertrauen hat, da ist, können die Klippen umschifft werden. Was wird nachher kommen? (Oder was kommt dann, wenn Karamanlis das allgemeine Vertrauen verspielt? Eine Möglichkeit, die in Griechenland sehr leicht in Frage kommt.) Jedenfalls bietet Griechenland heute das erregende Schauspiel der Auseinandersetzung zwischen den Eunuchen-Formen der parlamentarischen Demokratie und einem politisch bewußten Volk, das deren Spielregeln handhabt.

Griechenland ist auch das erste Land, in dem die Folterungen des neuen Faschismus vor einem ordentlichen

Gericht angeklagt wurden. Zwar scheint Karamanlis dem Militär und der Polizei gegenüber die Verpflichtung eingegangen zu sein, die Verbrechen nicht von Staats wegen zu ahnden, doch muß er die Verantwortlichen darauf aufmerksam gemacht haben, daß er nicht gesonnen ist, dem privaten Rechtsweg einen Riegel vorzuschieben. So wurden die Folter-Organe der Militärpolizei und der Polizei von ihren Opfern angezeigt und kamen vor Gericht. Freilich befindet sich der Rechtsstaat gegenüber jeder Diktatur im Nachteil: Die Gesetzgebung kannte die Folter nicht, die Verbrechen mußten unter dem Gesichtspunkt der schweren Körperverletzung und des Amtsmißbrauches abgehandelt werden (erst die neue Verfassung von 1975 sieht Gesetze gegen die Folter vor). Die Angeklagten haben sich durchwegs — mit Ausnahme weniger Reuiger — unvorstellbar frech, zynisch und gemein benommen; sie lachen sich ins Fäustchen, weil sie wissen, daß ihnen im Rahmen der parlamentarischen Demokratie nicht das zustoßen kann, was sie ihren Opfern angetan haben. Und sie drohen, wiederzukommen.

Eine Zeugin der Anklage, heute Parlamentsabgeordnete, sagte uns, sie habe in der Folterzentrale der Militärpolizei, wo sie monatelang festgehalten wurde, ein militärisches Handbuch der NATO-Behörden gesehen, das systematische Anleitungen für Foltermethoden enthielt. Es ist heute auch ziemlich sicher, daß die leitenden Funktionäre der Militärpolizei, die die Folterungen organisierten, in den USA ausgebildet worden sind. Obwohl das alles bekannt ist, versucht niemand, nicht einmal von der extremen Linken, Licht in diese dunkle Angelegenheit zu bringen. Das System entzieht sich — unter Berufung auf das Militärgeheimnis — grundsätzlich der parlamentarischen Kontrolle, und kein internationales Gremium zum Schutz der Menschenrechte greift ein.

Das Problem scheint, trotz aller humanistischer Beteuerungen, unlösbar zu sein. Das System braucht diese Methoden zum Überleben und muß sich der Kontrolle der Demokratie, die zu schützen es angeblich als seine Aufgabe betrachtet, entziehen. Das System ist faschistisch. Nicht mehr in der irrationalen Form des Nationalsozialismus, in dem nur der Mechanismus rationalisiert war, um den irrationalen Haß gegen Juden, Zigeuner und Homosexuelle, kurz gegen „minderwertige" Menschen auszuleben — und dabei freilich auch die Gegner auszuschalten, Kommunisten und Christen, Sozialisten und Monarchisten. Der irrationale Haß wurde in der Nachkriegszeit als unökonomisch weitgehend abgebaut, sogar der Haß gegenüber den Kommunisten (allerdings wird er wiederum gegen Privatterroristen sehr bewußt kultiviert!). Erscheinungen wie die McCarthy-Jagd der fünfziger Jahre wären heute kaum noch möglich, oder eben rationalisiert, wie Ansätze in der Bundesrepublik Deutschland zeigen. Phänomene, auf die die konservative Allgemeinheit zunächst mit irrationalem Haß reagierte, wie Hippies und lange Haare, wurden als Mode integriert. Dafür hat das System die faschistischen Methoden vervollkommnet und wendet sie in schonungsloser Härte überall dort an, wo es sich gefährdet sieht: einmal in Vietnam, dann in Brasilien, in Griechenland oder in Chile. Griechenland ist wie durch ein Wunder aus dem System ausgebrochen: Das wache Bewußtsein der Griechen müßte weitergegeben werden. Aber die treuen Diener des Systems in aller Welt schlafen — sofern sie nicht selbst Faschisten sind. Oder sie ergehen sich in Haßorgien gegen vereinzelte Terror-Erscheinungen und übersehen dabei den organisierten Terror, dessen „Nebenprodukt" solche Erscheinungen sind. Die Theoretiker der Weltrevolution reden zwar vom Schrecken des Faschismus, aber auch sie meinen es nicht ernst: Auch sie meinen, daß das mythische Klischee der „Diktatur des Proletariats“ nur mit den Mitteln des Faschismus verwirklichbar sei, und kämen sie morgen an die Macht, würden sie die gleichen Methoden anwenden. Wir sind in den Höllenzirkel des Faschismus eingespannt.

Ich war nie in einem Konzentrationslager. Als meine Angehörigen 1944 — zum Glück nur für kurze Zeit — in ein KZ verschleppt wurden, war ich zu klein, man ließ mich bei Verwandten. (Wie viele Kinder jüdischer Eltern im gleichen Alter waren damals nicht zu klein?). Obwohl ich nicht dieses Schicksal teilen mußte, war mir die Realität dieser Stätten der „Sammlung“ (Konzentration, autogenes Training?) aus den Erzählungen stets erdrückend gegenwärtig und wird es immer bleiben. Das stärkste Element dieser mir vermittelten Bilder war für mich das Gefühl der Ohnmacht: daß du wie das Huhn aus der Hühnerfarm herausgeholt und einem Ablauf überantwortet wirst, den du nicht mehr ändern kannst. Diese Ähnlichkeit des Konzentrationslagers mit der Naturkatastrophe — dem Erdbeben, der Lawine, dem Hochwasser — hat mich am meisten verstört: Weil es Menschen sind, die diese Naturkatastrophe veranstalten.

Ich selbst war also nie im Konzentrationslager. Aber immer wieder habe ich in unseren Lebensverhältnissen die gezähmte Form jener Ohnmacht gespürt, die mir als die gezähmte Form des Konzentrationslagers erscheint.

Letztlich handelt es sich um das „Unbehagen in der Kultur“, wie Freud es nannte. Es hat Dimensionen angenommen, wie sie die Menschheitsgeschichte bis jetzt nicht verzeichnet hat. Es ist, als würde sich das physisch beschreibbare Unbehagen jener, die tagtäglich an Hunger,

Krieg und Seuchen sterben, in die Neurose der satten, kämpfenden, gesunden Mitglieder der Leistungsgesellschaft umsetzen, die diese Gesellschaft aufrechterhalten.

Auch die verschiedenen Versuche, die Situation kritisch bewußt zu machen, werden fortlaufend ins System integriert: während der offizielle Marxismus im Ostblock längst Träger des gleichen Produktions-Establishments ist, das auch im Westen herrscht, werden im Westen alle Versuche des revolutionären Denkens als intellektuelles Konsumgut einverleibt.

Die in den Leistungsprozeß eingespannten konsumierenden und produzierenden Zeitgenossen reagieren unterschiedlich auf das „Unbehagen". Die einen lassen sich als treue Diener des Systems von diesem wiederum bedienen und begnügen sich mit den technischen Gadgets und den Statussymbolen, die es ihnen bietet und durch die es ihnen erlaubt, sich als moderne Menschen und frei zu fühlen. Manche sind sich des Unbehagens bewußt und feixen gegen das System, das sie in Gang halten. Die psychisch Aufgescheuchten, meistens Söhne der treuen Diener, erheben sich gegen das System — am Schreibtisch: sie spielen Weltrevolution. Seltener gehen sie auf die Straße, ganz selten greifen sie zur Reprivatisierung des Terrors. Schließlich gibt es die Flüchtlinge: pragmatisierte, beamtete Flüchtlinge in den Reservaten von Kunst und Wissenschaft, Reservate, die längst aufgehört haben, Goethes Religions-Alternative zu sein, und die bei Anpassung, Talent und Fleiß verschiedene Möglichkeiten der Existenzsicherung bieten, vom bescheidenen Auskommen bis zur Stargage; daneben eine fast schon verklungene Welle — Beatniks, Clochards und Hippies, die sich dem Zufall überlassen statt dem System, aber vom System selbst als Mode adaptiert werden. In diesen Bereich fällt auch für viele die Religion — sei es in den gesellschaftlich akzeptierten und meistens entschärften Reservaten der Kirche, sei es in Fluchtbewegungen wie Yoga, Scientology, Zen-Buddhismus und Jesus-People.

Während die einen ihr tägliches Leben, das sie dem Monatslohn verdanken, dem Monatslohn opfern, die anderen vom 1. bis 30. die Weltrevolution, die sie nicht machen können, antizipieren, die dritten, vierten und fünften in Kunst, Wissenschaft und Religion versumpfen, sind alle der erfolgreichsten Ware des Zeitalters verfallen: dem „Sex". Dieser „Sex" — der mit Sexualität fast nicht mehr identifizierbar ist — ist streng nach dem Maß der bürgerlich-patriarchalischen Konsumgesellschaft geschneidert: Er bewirkt Entfremdung der menschlichen Beziehungen, Unterjochung der Frau, die selbst dort, wo sie sich emanzipieren möchte, nur den Mann kopiert und höchstens den hysterischen Unterton der Megäre beibehalten hat, um sich am Mann, den sie kopiert, zu rächen — also ein Waren- und Konsumtausch mit allen Gesetzmäßigkeiten der „freien Marktwirtschaft". So wird „Sex" für den Bürger und für den Revolutionär gleichermaßen zum vielfältigen Statussymbol. Während die ursprünglich von der Gesellschaft sanktionierte Heimstätte des „Sex", die Familie, zerfällt, bestätigt der nunmehr frei auf den Markt gelangte „Sex" sowohl die Konkurrenzfähigkeit in der bürgerlichen Männergesellschaft, die nie aufgehört hat, auch die Revolutionszirkel zu prägen, als auch die Befreiung von der bürgerlichen Moral, ein besonderer Kitzel gerade für die bürgerliche Gesellschaft.

All das gilt ohne Unterschied für alle: die Klassenunterschiede zeigen sich höchstens in der Diktion, kaum noch in den Konsumgewohnheiten. Nur der ärztlich beglaubigte Psychopath und der vatermordende Revolutionär haben da einen Sonderstatus. Wobei allerdings der Psychopath, weil er keine Konsumware produziert, vom

Wohlfahrtsstaat in der Nervenheilanstalt erhalten wird, während der Revolutionär, wenn er geschickt ist, die Revolution als Konsumware verkaufen kann; (wenn er ungeschickt ist und Bomben schmeißt, wird er notgedrungen ebenfalls vom Wohlfahrtsstaat erhalten, im Gefängnis). Der Unterschied zwischen Nervenheilanstalt und Gefängnis ist in Ost und West unerheblich.

Das menschliche Leid, das in diesen Formen der zum Warenaustausch ver- und entfremdeten Kommunikation erfahren wird, läßt sich kaum noch mitteilen. Die Sprache wird von den Massenmedien beherrscht, sie bringen den Menschen das Reden bei und verschlagen ihm das Sprechen. Vielleicht ist das der Grund dafür, warum „moderne" Dichter fast nur noch lallen. Im übrigen sind „Spiegel"-Deutsch und deutsches Partei-Chinesisch konvergierende Erscheinungen.

Aus den Massenmedien, vornehmlich aus Fernsehen und Kino, lernt der Zeitgenosse aber auch das Handeln, vom Grüßen bis zum Küssen, vom Kinnhaken bis zum Massenmord. Auf die Motivation kommt es gar nicht mehr an: Man wiederholt nur, was man in der Werbung zusammen mit der Ware als teuerste Draufgabe kostenlos mitbekommt: die Standardisierung des Verhaltens. Und weil das Private standardisiert ist, übersieht man allzuleicht und allzugern den öffentlichen Standard: der Krieg wird einem vom Fernsehen zum Abendessen ins Haus geliefert, und die Umweltverschmutzung ist auch nur eine andere Form des Warenverkehrs. Die jeweiligen Opfer haben sich damit zu begnügen, die Opfer zu sein. Das System hat keine schmutzigen Hände. Die wenigen Idealisten, die sich die Hände schmutzig gemacht haben, wie Che Guevara und Camillo Torres, sind tot und werden als Poster verkauft.

Aber auch Revolutions-Poster sind nur ein Behelf für

den großen Illusionskonsum, der mit der Entwicklung von Film und Fernsehen als gelenkte Gehirnlähmung die Massen der Konsumenten beherrscht. Was konsumiert wird, wird verdaut, koste es auch den Magen. Eisenstein, Buñuel bilden ebensowenig eine Ausnahme wie Fellini und Bergmann. Das „Große Fressen" hat lange vor seiner Verfilmung begonnen.

Das ist das Zeitalter, in dem die „europäische Kultur", die ihrerseits die „westliche Zivilisation" hervorgebracht hat, die ganze Welt überflutet und mit ihren Produktions- und Herrschaftsformen zu einer nie gesehenen Einheit zusammenschweißt. Und der Mechanismus dieser Herrschaftsformen ist perfekter als das schlimmste Sklavenhaltersystem der Weltgeschichte: Niemals war der einzelne der anonymen Macht mehr ausgeliefert als in der Gegenwart — das zeigt sich in der Art und Weise, wie der Staatsbürger verwaltet wird, in der allgemeinen Wehrpflicht, in den Arbeitsbedingungen auf allen Sektoren, im Unterrichtswesen, in den Schulen, im Apparat der Spitäler und Altersheime, in der Beziehung zwischen Arzt und Patienten, im gesamten Warenverkauf und in der Werbung, mit dem Supermarket als perfektem Konsumwaren-Konzentrationslager, aber auch noch in der sogenannten Freizeitgestaltung, im Kino, im Tanzlokal, im Urlaubs-Massenhotel, in der anonymen Reisegruppe, und selbst in den entritualisierten Konsumgewohnheiten des Geschlechtsverkehrs, die man nach wie vor Liebe nennt. Überall ist der einzelne in einen Prozeß eingespannt, über den er keine Macht hat. Die Entfremdung ist krasser, als es je marxistische Analyse enthüllt hat, und auch noch in der intimsten Sphäre weist sie die Form des „bürgerlichen Privatfaschismus" auf. Die deutsche Sprache, die im Zeitalter des Journalismus neue Realitäten gern mit verhunzten Wortbildungen belegt und dadurch ungewollt zur Enthüllung der Wahrheit beiträgt, drückt dies mit dem Begriff „zwischenmenschliche Beziehungen“ aus. So hat das System, um Aufwand zu sparen, jeden Insassen zugleich auch zum Schergen dieses Konzentrationslagers gemacht.

Als einzige Ausnahme in dieser (und anderer) Beziehung habe ich Griechenland erlebt: Hier funktioniert kein Mechanismus, immer bleibt Raum für das Unvorhersehbare, für das „Irrationale“, für den subjektiven Faktor. Dies vielleicht deshalb, weil die Griechen die längste Zeit ihrer Geschichte hindurch Unterdrückte, Gefangene, Konzentrationslager-Insassen waren und sich dagegen wehrten. Sie ließen sich die Unterdrückung von keiner Ideologie, von keiner Phrase als akzeptabel, gottgewollt oder gar als das schiere Glück präsentieren. Autoritäten akzeptierten sie immer nur auf Zeit. Sie scheinen das Bewußtsein der Freiheit gerade im Widerstand — insbesondere im passiven Widerstand — gegen jede Form von Unterdrückung bewahrt zu haben. Die anderen brauchten immer Herrscher, die für sie entschieden, „Fachleute“, die für sie dachten, Abstraktionen, in denen sie sich sicher fühlen konnten: als Nation, als Klasse, als Stand, aber auch als aufgeklärte Rationalisten und „moderne Menschen“, niemals als konkrete Menschen.

Darin liegt — auch wenn mich meine marxistischen Freunde verächtlich einen Idealisten schimpfen — die Dialektik: daß der in den Kategorien der Klasse, der ökonomischen und gesellschaftlichen Verhältnisse erfaßte Mensch zur Abstraktion wird, während der von seiner Klasse, von seinem Milieu geprägte einzelne die einzige konkrete Realität ist. Er ist es, der im Konzentrationslager krepiert. Er ist es aber auch, der im Konzentrationslager foltert und mordet.

2

Sprache

1. Wiedertaufe

In Klagen und in Bitterkeit getaufte arme Worte
heben die Flügel, fliegen auf — sind Vögel, und sie singen.

Ein Wort jedoch, geheimes Wort, der Freiheit großer Name,
hebt statt der Flügel Schwerter hoch und spaltet nun die Stürme.

Die Sprache ist im Zeitalter der technischen Revolution, der sozialen Zersplitterung und Vermassung zum signifikantesten und zugleich undurchschaubarsten Problem geworden.

Sprache ist die Bewußtwerdung des Bewußtseins, und als solche — noch vor jeder Kommunikation — die gedankliche Bestimmung des Bewußtseins, gleichsam die aus dem Unbewußtsein kommende Kommunikation mit mir selbst. Allerdings habe ich das Instrument, die Sprache, mitgeteilt bekommen, habe sprechen *gelernt*, um meiner bewußt zu werden. Aber wie?

Gewiß, das Individuum fühlt schon vor dem formulierten Gedanken, aber das Wunder der Spontaneität besteht eben darin, daß Gefühl unmittelbar zum Gedanken und somit zum Wort wird. Hier liegen die wahren Wurzeln des Begriffes Kultur: in der Gefühlskultur, der Sprachkultur. Beide gehen dem Individuum unserer Gesellschaft in hohem Maße ab: An Stelle des Gefühls tritt die Hemmung, an Stelle des schöpferischen — oder auch zerstörerischen — Wortes die Phrase.

Der Alptraum, den Karl Kraus in seiner Satire über das Wuchern der Plakatwelt um die Jahrhundertwende beschworen hat, ist in einem Ausmaß heraufgebrochen, das die schlimmsten Erwartungen des Autors um vieles übertrifft. Die Gefühlswelt des Durchschnittskonsumenten wird von der Vielfalt der zum Warenverkehr verfremdeten Ausdrucksformen beherrscht, die von Zeitung, Werbung und Film geliefert werden und bereits das ganze Leben, jede Verhaltensform, bis in die intimsten Bereiche hinein in Klischees pressen. Die ritualisierten Urformen der Tradition in Wort und Verhalten wurden in der Zeit der Aufklärung von der bürgerlichen Literatur und vom Theater verdrängt, diese wiederum von der kommerzialisierten Kunstindustrie und schließlich von der Werbung schlechthin. Alle und alles werden von der Zwangsneurose des Statussymbols beherrscht. Die Sprache als unmittelbarer Ausdruck der Kommunikation ist davon am schwersten betroffen. Worte, die in ihrer Bedeutung mit dem Leben verbunden waren, sind zu Wörtern geworden, die nichts mehr bedeuten und nur noch in der artifiziellen Antithese des intellektuellen Zynismus in einer falschen Satire zu neuem Leben erweckt werden, als Fehlsymbole einer Möchtegern-Objektivität, die bloß Blasiertheit ist (dies gilt insbesondere für die neuere deutsche Lyrik). Aber auch das verhilft nicht mehr zur Kommunikation: Der Dialog wurde durch den zynischen Monolog verdrängt.

In alldem spiegelt sich der Circulus vitiosus von Produktion, Konsum und Profit. Die einzige wirklich akzeptierte Kommunikationsform ist der Geldverkehr, zu dessen Vehikel und Stimulans Wort und Bild, Gestalt und Idee geworden sind. Auch wenn das ordinäre Bargeld durch die Banknote und die Scheckkarte ersetzt wird: der heilige Kreislauf der unheiligen Kommunion vom Konsumenten zum Produzenten und zurück, im Arbeitslohn, wird durch die Kunst der Werbung, der Verpakkung, der manipulierten Information, in den tausend Formen von Statussymbolen und den ihnen entsprechenden Konsumartikeln in Gang gehalten.

Daß die Sprache das erste und totale Opfer dieser Entwicklung ist, wurzelt in ihrer Geschichte. Sie ist, wie sie sich in der hohen Literatur abzeichnet, gleichsam die Sozialgeschichte des Bürgertums, da sie selbst, zunächst Statussymbol und Konsumartikel einer privilegierten

Schicht, schließlich zum bloßen Vehikel des Profits wurde. Ein weiter Bogen spannt sich von der Luther-Bibel, deren Sprache noch die des Buches für Jedermann war, über die deutschen Humanisten, die Barockdichtung, die Klassik und die immer wilder wuchernde Literatur des ausgehenden 19. und beginnenden 20. Jahrhunderts bis zu den Werbeslogans von Waschmitteln, Coca-Cola und technischem Spielzeug.

Diese Apokalypse des Wortes, in der sich die Sozialgeschichte Europas spiegelt, hat in der neugriechischen Sprachgeschichte keine Entsprechung. Die soziale Realität, die sich sowohl in der täglich gesprochenen Sprache der Griechen als auch in deren Geschichte ausdrückt, bleibt in ihrem Wesen kommunikativ, so nachhaltig auch die technische Entwicklung dem Leben ähnliche Muster aufzwingen mag wie im übrigen Europa. Denn in Griechenland war die lebendige Sprache zu keiner Zeit das erhabene Ausdrucksmittel einer privilegierten Schicht, die in diesem Medium zunächst ihren Minderwertigkeitskomplex gegenüber der herrschenden Klasse ausdrückt und es dann pervertiert, um dem sozial tiefer Gestellten mit dem gleichen Medium das Bewußtsein zu trüben und ihm gleichzeitig das Geld aus der Tasche zu ziehen, das er sich mühsam verdient hat.

Die Geschichte der griechischen Sprache, in der sich der Grieche seiner selbst bewußt wird, läßt hoffen, daß ihr keine ähnliche Entwicklung droht. Die nahezu viertausendjährige Kontinuität, die mit einer einmaligen sozialen Kontinuität einhergeht, bestätigt diese Hoffnung.

Allein die Tatsache, daß die Volkssprache — also das, was bei uns die verschiedenen „Mundarten" sind —, die tagtäglich gesprochene Sprache der miteinander sprechenden Menschen, den Sieg über eine künstliche Schriftsprache davongetragen hat, ist in der Geschichte der europäischen Sprache (das Norwegische ausgenommen) ohne Parallele. Die „Katharévousa", die „reine" Schriftsprache der Griechen, wurde im 19. Jahrhundert unter dem Einfluß des Bildungsbürgertums der Aufklärung nach dem Muster europäischer Schriftsprachen geschaffen und von Amts wegen institutionalisiert. Man dachte, daß sie wohl eine ähnliche Karriere antreten würde wie ihre europäisch-bürgerlichen Schwestern, die zu unüberwindlichen Klassenschranken geworden sind, so sehr, daß sie die intellektuelle Revolution außerstand setzte, mit den „arbeitenden Massen" in Kommunikation zu treten. Der Kampf zwischen der „Katharévousa" und der „Dimotikí", der Volkssprache, hat bis in die jüngste Zeit gedauert und wird noch manche Nachwehen haben. Aber im Grund ist er entschieden. Die „Katharévousa" war eine künstliche Schöpfung aus Elementen des klassischen und byzantinischen Griechisch. In ihrem Eifer akzeptierten die aufgeklärten Griechen des Befreiungskampfes, die die bürgerliche Kultur des „aufgeklärten" Europa in das „unterentwickelte" Griechenland importieren wollten, diese künstliche Sprache als offizielle Sprache des Landes. (Etwas Analoges geschah in Israel mit der teilweise künstlich geschaffenen Iwrit-Sprache, allerdings mit dem Unterschied, daß es keine hebräische Volkssprache gab; es existierte nur ein esoterisches Hebräisch als Kultsprache, so daß eine ganz neue Volkssprache geschaffen werden mußte.) In den griechischen Mittelschulen und Universitäten (nicht in den Volksschulen) wurde nun die Katharévousa unterrichtet, sie war die Amtssprache; jeder Gebildete, der etwas auf sich hielt, verwendete sie, wenigstens bei offiziellen Anlässen. Alles wurde getan, um sie einerseits zu verankern und andererseits zu einem Klassensymbol zu machen.

Alle diese Bemühungen blieben letztlich fruchtlos. Es

begann ein zäher, zunächst stiller, dann immer heftiger werdender Kampf, der in der Kulturgeschichte einzigartig ist: Das Volk wehrte sich gegen die künstliche Sprache, und nahezu alle Dichter, jedenfalls alle bedeutenden großen Dichter und Schriftsteller, verbündeten sich mit dem Volk; alle schrieben in der Volkssprache. Die neue Bildungsbürgerschicht blieb unbeugsam — als offizielle Sprache des Staates, der Schulen galt weiterhin die Katharévousa. Der Kampf wurde nun bewußt politisiert, fortschrittliche Politiker unterstützten die Dimotikí, reaktionäre die Katharévousa. So zuletzt die Diktatur der Obristen — mit einem unfreiwilligen Zusatz von Komik, weil der redefreudige Diktator Papadopoulos die komplizierte Syntax der Katharévousa, für die er eintrat, gar nicht beherrschte. Ganz Griechenland lachte über die Reden des Diktators. Als 1974 die Junta gestürzt war, erhob sich allgemein die Forderung nach der endgültigen Abschaffung der Katharévousa. Die Frage wurde im Frühjahr 1976 vom Parlament entschieden: Offizielle Unterrichtssprache ist die Dimotikí, die Katharévousa wurde vom — konservativen — Unterrichtsminister Rallis für tot erklärt. Freilich blieb die Katharévousa noch immer Amtssprache der Behörden, mit der Zeit wird sie aber auch dort durch die Dimotikí ersetzt werden müssen.

Dieser Sieg der Volkssprache über das an fremden Mustern orientierte bürgerliche Bildungswesen ist zugleich der beste Ausdruck des nicht durch europäische Klassenformen entfremdeten, letztlich klassenfreien Bewußtseins der Griechen. Was sich bei uns in der stumpfen Ablehnung der bürgerlichen Bildung durch die unterdrückten Klassen äußerte, im Dialekt, in der Unfähigkeit, sich zu artikulieren — weil ja die wohlgesetzte Rede Zeichen des bürgerlichen Intellektuellen, des „Studierten" ist —, hat sich in Griechenland auf Grund der spezifischen Geschichte der Sozialstruktur als wichtigstes Mittel der politischen Bewußtseinsbildung, der politischen Artikulation erwiesen. Der geschwollene Satz Heideggers, „die Sprache ist das Haus des Seins", bekommt hier im Marxschen Sinn — wonach nämlich das Sein das Bewußtsein bestimmt — eine sehr reale politische Bedeutung: weil sich Bewußtsein eben in der Sprache artikuliert. Und der Grieche ist sich seiner Sprache bewußt. Es ist eine reine Freude, im Fernsehen Kurzinterviews mit Bauern und Arbeitern zu hören und zu sehen: Unbefangen sprechen sie abgerundete, geformte Sätze, auch in der Haltung ganz natürlich, ohne „Mikrophon- oder Kamerascheu", sie sind sich des mitzuteilenden Inhalts und der sprachlichen Form voll bewußt.

In der fortwährenden gegenseitigen Durchdringung der lebendigen Volkssprache und der Sprache der Dichter ist ein Element der ständigen Kulturrevolution enthalten, das es in dieser Intensität und in der vom Volk her gegebenen Spontaneität wohl nicht einmal in China geben dürfte. Jeder Grieche nimmt an diesem Prozeß durchaus bewußt teil, indem er das tut, was anscheinend das Wichtigste im Leben der Griechen ist: sprechen, sich mitteilen, kommunizieren.

Jede Sprache ist ein Abenteuer. Sie ist die Summe aller Auseinandersetzungen jener, die sie je gesprochen haben, mit der Welt, mit sich selbst, mit den anderen. Jede Sprache ist ein Versuch, letztlich ein halb gescheiterter Versuch. Und doch bleibt das Abenteuer. Und dieses Abenteuer, das Geschichte *ist*, hat zugleich seine Geschichte.

Es gibt relativ junge Sprachen wie das Deutsche, es

gibt uralte Sprachen, die in der Steinzeit steckengeblieben sind, wie manche afrikanische oder australische Dialekte, alte Sprachen, die nach langer Stagnation relativ spät in den Strahlungsbereich jüngerer Kultursprachen gelangt sind, wie das Rumänische, es gibt uralte, gleichsam in sich ruhende Kultursprachen wie das Chinesische, verfallene Kultursprachen, die ihre Epoche als Ruine überdauert haben, wie das Koptische. Meines Wissens existiert nur eine Sprache, die sich im Lauf von etwa viertausend Jahren immer wieder regeneriert hat, sich selbst gleichsam in Schichten überlagernd, um dann jeweils ganz neu, lebendig dazustehen: das Griechische.

Etwa um 2000 v. Chr. in dem geographischen Raum entstanden, in dem es noch heute gesprochen wird, als Amalgam aus der Sprache eingedrungener Indogermanen und der Sprache der Ureinwohner, entwickelte sich das Griechisch, das uns zum erstenmal um 1400 v. Chr. in der Linear B genannten Schrift begegnet. Es ist die Sprache der Mykenischen Kultur, und ihre ersten Schriftdenkmäler sind so etwas wie Buchhaltungsbelege auf Tontafeln. Zwischen 1200 und 1000 v. Chr. wurden diese ältesten Griechen — von Homer Achäer genannt — von ebenfalls griechisch sprechenden Eroberern überrannt, den Dorern. In den folgenden dunklen Jahrhunderten durchdrangen und befruchteten einander die beiden Volksgruppen: Auch die Sprache empfing von den Neuankömmlingen vielfach Impulse. Im nahezu mythischen Zusammenwirken kollektiver Überlieferungen und individueller Kreativität entstand das erste „griechische Wunder“: die Homerischen Epen. Jahrhundertelang schöpfte die lebendige Sprache aus diesem Reservoir und brachte die großartigsten Kunstwerke der Auseinandersetzung mit dem Mythos und mit dem jeweiligen, im Kollektiv lebenden Individuum hervor: Tragödie, Komödie und Lyrik. Daneben jene Formen der Besinnung, die man nur dann richtig versteht, wenn man sie aus dem Bewußtsein der Griechen deutet: Philosophie und Geschichtsschreibung. Diese Blüte dauerte nur ganz kurz. Die Sprache verfiel, wurde zur Weltsprache, zur Koiné, zu einem vereinfachten, manchmal bis an die Grenze des Kauderwelsch barbarisierten Mittel internationaler Verständigung — fast eine Art Pidgin. In diesem Stadium kam das Griechische mit dem Hebräischen in Berührung; zunächst wurden die heiligen Bücher des Judentums ins Griechische übersetzt. In der weiteren Folge wurde das Griechische zum einzigen Überlieferungsmittel des an und für sich jüdischen Christentums, das sich nun an die Nichtjuden wandte. Die neue Blüte, von den Evangelien und den Apostelbriefen ausgehend, führt in die Hohe Kultur der griechischen Kirchenväter. Diese Kultur bestimmt den Geist des byzantinischen Reichs, in dem nun vier Formen ein und derselben Sprache einander überlagern: die gebetete, gelesene, gesungene Sprache der Kirche, in welcher sich die Koiné des Hellenismus kunstvoll mit dem Geist des Judentums verbunden hatte; die museal verehrte Sprache Homers, die ebenso museal verehrte und in den offiziellen Texten nachgeahmte Sprache der Hochklassik; und schließlich die gesprochene Sprache des Volkes, der Basare, der Manufakturen, der Bauern — das proletarische Griechisch, ausgesetzt dem Einfluß fremder Völker, zugleich geschützt durch die ständige Berührung mit der Sprache der Religion.

Man könnte es als eine Ironie der Geschichte ansehen, daß eines der bedeutendsten Dokumente der griechischen Volkssprache im Mittelalter die Chronik von Morea ist, eine Verschronik der Heldentaten der Villehardouins, der fränkischen Eroberer des Peloponnes — Barbaren, denen sowohl die Sprache der byzantinischen Literatur in all ihrer musealen Pracht als auch die orthodoxe Kirchensprache fremd geblieben ist.

Die Volkssprache war und blieb lebendig. Die Sammlung der aus viel früherer Zeit stammenden historischen Volkslieder und Epen, die Akritengesänge, zeugen davon. Nach dem Untergang des Reichs war es diese Sprache, die unter dem Einfluß der italienischen Renaissance, durch die Vermittlung Venedigs, die reiche kretische Dichtung hervorbrachte, Epen und Dramen (ein besonders schönes Beispiel für das Sozialbewußtsein der Griechen im 17. Jahrhundert ist das Drama „Erophili“ von Hortatzis: Der böse König, der den nicht standesgemäßen Freier seiner Tochter umbringen läßt und die Tochter dadurch in den Tod treibt, wird am Ende des Stückes vom Chor auf der Bühne zu Tode getrampelt). Immer wieder trieb der fremde Einfluß die schöpferische Kraft zu neuer Blüte, im Bewußtsein des Eigenen — eine innere Dialektik, die für das Griechische von Anfang an bezeichnend ist. Die ältesten Muster der Dichtung waren die Epen der nahöstlichen Kulturen, wie etwa das Gilgamesch-Epos. Die ägyptische Skulptur war der Ursprung der griechischen Plastik. Die jüdische Dichtung war der belebende Faktor der griechisch-christlichen Literatur. Ebenso wurde das fränkisch-venezianische Element assimiliert.

Dann kam die Zeit des Schweigens, die Türkenherrschaft. Weiter wirksam blieben drei Faktoren: die Sprache der Liturgie, das lebendige, immer neu entstehende Volkslied und seine überlieferten Formen sowie die gesprochene Alltagssprache. Es ist bemerkenswert, wie wenige türkische Worte in den griechischen Wortschatz übernommen wurden; die meisten davon dienen zur Bezeichnung von Gebrauchsgegenständen.

Neue Impulse kamen aus Europa, insbesondere im

Zusammenhang mit der Französischen Revolution. Der Dichter dieser Epoche ist Rhigas Pheräos. Er wurde von den Österreichern an die Türken ausgeliefert, die ihn sofort hinrichteten. In dieser Zeit entstand auch die älteste Form der späteren Katharévousa. Nun überlagerten einander vier Sprachschichten: das lebendige Volkslied, die Kirchensprache, die gesprochene Volkssprache und die Kunstsprache der Bildungsbürger. Durch die chaotisch-demokratischen Zustände des Freiheitskrieges durcheinandergewirbelt, befruchteten einander diese Schichten. Der große Dichter dieser Zeit ist Dionysios Solomos aus Zante, der Schöpfer der griechischen Staatshymne. Ein einmaliges Dokument der schöpferischen Kraft in der Volkssprache sind die Memoiren des Generals Makryjannis, eines Kämpfers, der als Analphabet aufgewachsen, das Schreiben zu dem Zweck erlernte, seine Memoiren aufzeichnen zu können. In ihm manifestierte sich unmittelbar das Genie des im Individuum wirksamen Kollektivs, ein Aufbruch, der den homerischen Epen verwandt ist.

Von hier nahm alles Neue seinen Ausgang: Palamas, Sikelianos, Kazantzakis, Sepheris, Ritsos, Elytis (und die vielen anderen bedeutenden Dichter, die in Europa nicht bekannt sind). Interessant ist die Erscheinung des alexandrinischen Dichters Kavafis, der entscheidenden Einfluß auf die neugriechische Dichtung ausgeübt hat, obwohl er weit weg vom Mutterland lebte. Durch seine Vermittlung spielte die alte griechische Kolonie noch einmal eine bedeutende Rolle im Rahmen des Griechentums. Nun durchdringen einander fünf Sprachschichten: die tote Sprache der Wissenschaftler, die Katharévousa, mit der jeder Grieche in der Schule konfrontiert wird; eine vereinfachte Version der Katharévousa als Zeitungs- und später Rundfunksprache, die an der Volkssprache orientierte Sprache der Dichter und Schriftsteller, die unveränderte Sprache der Liturgie, schließlich die sich lebendig entwickelnde, von allen beeinflußte lebendige Sprache. Wenn man die Sache komplizieren will, kann man noch drei weitere Schichten hinzufügen: das klassische Griechisch, das jeder Gymnasiast lernen muß, die Koiné des hellenistischen Zeitalters, deren Literatur ebenfalls unterrichtet wurde, schließlich für die Altphilologen die seit 1952 entzifferten Dokumente des ältesten Griechisch, der Linear-B-Schrift. Acht Schichten ein und derselben Sprache, in denen sich viertausend Jahre Sprachgeschichte verewigen, um tagtäglich zum gesprochenen, geschriebenen Wort vergoren zu werden! Welche Sprache der Welt besitzt eine solche Kontinuität und Gleichzeitigkeit der einzelnen Stadien? Welche Sprache wird in ähnlicher Weise, fortwährend und in einer solchen Dramatik des Erlöschens und Wiederaufblühens, mit ihrer eigenen Geschichte konfrontiert? Diese Geschichte, die zu einem großen Teil von Klassenkämpfen geprägt ist, drückt sich ohne Unterbrechung in der Sprache aus, weil das Griechentum stets klassenzerstörerisch war. Das ist sein am intensivsten wirksames „antikes Erbe". Den Aristokraten kennt es ebensowenig wie den Bildungsbürger nach europäischem Muster, höchstens als Import von außen oder als Karikatur der europa-nostalgischen Möchtegern-Aristokraten und Möchtegern-Bildungsbürger, die aber selbst ihre Rolle nur zum Zeitvertreib spielen und sie sofort ablegen, wenn es um ernstere Dinge geht, etwa um die Tagespolitik. Und so kann letztlich keine Bildungsinvasion von außen und keine Diktatur von innen den Griechen die Sprache, ihre Sprache verhunzen:

„In Klage und Verbitterung getaufte arme Worte!"

Bei keinem anderen Volk ist mir je eine solche Liebe zum Wort begegnet wie bei den Griechen. Die Franzosen lieben den Satz, die Syntax. Die Engländer das idiomatische Understatement im Ausdruck, eine möglichst ausgewogene Verschiedenheit zwischen Gefühlswert und Gemeintem. Der Italiener liebt den Klang, die Prosodie. Der Deutsche — falls er sich um die Sprache, um sein Sprechen kümmert — liebt die Grammatik, die größtmögliche Exaktheit. Der Ungar liebt eine artifizielle Kernigkeit, eine Art Nationaltracht, in die er seine kleinbürgerliche Art kleidet. (Gerade Ungarisch ist ein interessantes Kontrastbeispiel zum Griechischen: Die ungarische Sprache wurde von einer Gruppe gelehrter mittlerer und kleiner Adeliger zur selben Zeit erneuert, als die griechische Katharévousa geschaffen wurde. Während das griechische Volk die Katharévousa nie annahm, wurde die ungarische Sprache vom Werk der „Spracherneuerer" völlig durchdrungen und eigentlich deformiert. Seither ist der ungarische Intellektuelle stets ein kleinbürgerlicher Adeliger — auch als Kommunist.)

Der Grieche liebt das Wort. Aus dieser Liebe — die als die spontane, unreflektierte Form der Liebe zum Wort angesehen werden könnte, wie sie Karl Kraus gehabt hat — läßt sich wahrscheinlich vieles vom Reichtum des griechischen Verhaltens erklären.

Wenngleich das Wort im Mittelpunkt der Beachtung steht, hört sich das Neugriechische zunächst wie ein undifferenzierter Redefluß ohne Komma und Punkt an. Der Grund dafür ist die durchgehende Verbindung der Worte, eine noch viel konsequentere Liaison als im Französischen. Auf diese Weise wird im Griechischen eine phraseologische Einheit gebildet, wie es sie in keiner anderen Sprache gibt. Dabei zeigt die Melodie sowohl des Satzes als auch des einzelnen Wortes, getragen vom allesbestimmenden Wortakzent, eine große Vielfalt und ist ein wesentlicher Bestandteil der Verständigung. Obwohl es infolge der Liaison dem ungeübten Ohr unmöglich ist, irgendeine Gliederung des Satzes herauszuhören, so ist sie dennoch vorhanden, und zwar sehr ausgeprägt: Es wird nichts verschluckt, sondern sorgfältig ausgesprochen, damit der Satzsinn nicht verlorengehe. Liaison und Differenzierung durch Betonung bilden eine untrennbare Einheit; Sprache wird als Inhalt und Form, als Mittel zur Mitteilung und als Mitteilung eins; sie ist die bewußte Lebensfunktion der Griechen. Frei reden — weil das Reden der unmittelbare Ausdruck des Lebens ist.

„Kali Lefteria" — gute Freiheit —, so grüßten einander die Griechen während der Diktatur. Sie waren meistens weder Politiker noch marxistische Revolutionäre, sondern Bauern, Fischer, Arbeiter, Angestellte, Architekten, Künstler. Ich habe sie nie gefragt, was sie unter Freiheit verstehen, es ist mir nie eingefallen, sie zu fragen. Wahrscheinlich deshalb nicht, weil die Griechen selbst ununterbrochen davon sprechen; nicht reflexiv analytisch, sondern so selbstverständlich, wie man etwa vom Atmen spricht.

Der Begriff ist nicht individualistisch, obwohl gerade das sich frei fühlende Individuum seine Grundlage ist. Die gemeinte Freiheit des Individuums steht jedoch immer in Beziehung zur Gesamtheit, zum Kollektiv. Die Freiheit der privaten Sphäre ist etwas anderes, sie wird fast nie erwähnt. Und doch belebt sie wiederum das kollektive Bewußtsein, in der Spannung von Gesetz und Freiheit, von Ritus und Spontaneität, die den privaten Alltag der Griechen prägen.

Freiheit: wenige Begriffe haben eine so wechselvolle Geschichte wie dieser, wenige wurden so mißbraucht, mißverstanden, mißhandelt. Was hat man nicht alles darunter verstanden, gerade hier, in Griechenland, von den ersten, durchaus praktischen Ansätzen der politischen Freiheit an, wie sie sich in der Athener Demokratie zeigten, bis zur exzentrischen Freiheit der Stoa, die den Widerstand gegen Unterdrückung zur privaten Tugend und somit zur Hinnahme hinaufstilisiert. Immer war Freiheit ein zentrales Anliegen der Griechen, vielleicht deshalb, weil die Religion dieses Volkes in ihrer schicksalhaften Absurdität nicht das irdische Abbild einer Ordnung der Unterdrückung war. Diese Religion war eine Art Existentialismus, dessen allgemeiner Pessimismus sich in seinem Lebenswillen auf das Hier und Jetzt konzentrierte und darin wieder optimistisch wurde: das ideale Klima, um den Begriff der Freiheit hervorzubringen. Die olympischen Götter waren ein seltsames Pack von matriarchalischen Urmüttern, barbarischen Krieger-Patriarchen, seltsamen Räuber-Händlern und Rossetäuschern. Sie waren keine Könige, keine Feudalherren, keine Bürger. Sie mögen zwar in manchem die nachmykenische aristokratische Welt gespiegelt haben, aber diese war selbst kein festes System wie der europäische mittelalterliche Feudalismus, der eben der mykenischen Welt entsprach. Diese „Unsterblichen“ waren ebenso dem Schicksal unterworfen wie die Menschen, also ebenso unfrei, zugleich aber ebenso frei: Darum sind die Götter auf die Sterblichen neidisch. Und deshalb teilen sie mit den Sterblichen die Leidenschaft.

Die Stoa lehrte, daß die Leidenschaft zu überwinden, daß die wahre Freiheit erst durch ihre Überwindung zu erlangen wäre. Von dieser Lehre — vielleicht der ideologische Selbstschutz von Menschen, die unterjocht sind und nichts dagegen unternehmen können — wurden sowohl das Christentum als auch die Tugendlehre des bürgerlichen Zeitalters geprägt. Die Griechen selbst blieben davon weitgehend unberührt, wie von allen ihren philosophischen Strömungen, die immer nur das Hobby weniger waren. Jedenfalls bildet für die Griechen gerade die Leidenschaft den Nährboden der Freiheit, ein von der Stoa geleugneter Widerspruch, der besagt, daß die Versklavung durch Leidenschaft frei macht — daß die Freiheit von Leidenschaft versklavt (und ist das nicht letztlich die Grundlage auch der christlichen Lehre?).

Es ist auffallend, daß die Fähigkeit zur Leidenschaft gemeinsamer Zug aller Mittelmeervölker ist: Spanier, Italiener, Griechen, Araber besitzen sie. In welche prähistorische Schichten die Wurzeln dieser psychologischen Eigenart hinabreichen, ist kaum zu ergründen. Vielleicht spiegelt sich darin uraltes matriarchalisches Erbe. Jedenfalls scheint die dialektische Einheit von Leidenschaft und Freiheit am reinsten bei den Griechen erhalten, weil Griechenland am wenigsten von fremden Einflüssen unterwandert wurde. In den anderen Ländern mischen sich fremde Elemente in die dialektische Spannung von Freiheit und Leidenschaft: in Spanien das düstere Dunkel des gotisch-germanischen Feudalismus, versetzt mit dem Maurischen, das von den Wüstennomaden eine ähnliche erbliche Ehre des Stammesstolzes mitbringt. In Italien ist seit dem antiken Rom und seiner Parvenü-Welt der Leidenschaft zuviel Popanz beigemischt, vielleicht weil die Formen kopiert waren, außer der Herrschsucht; diese aber erstickt die Freiheit im Keim. Von Madrid über Rom bis in den Nahen Osten spukt das Patriarchat durch die Gesellschaftsformen. Nur in Griechenland scheint sich die Dialektik zwischen matriarchalischen Grundlagen und patriarchalischen darüber gelagerten Formen als androgyner Kampf erhalten zu haben; ein Kampf, in dem Freiheit und Leidenschaft tatsächlich als dialektische Einheit erscheinen. Und weil Freiheit und Leidenschaft ähnlich zueinandergehören wie Individuum und Kollektiv, ist für das Griechische immer auch ein Element des Chaotischen charakteristisch. Aus diesem chaotisch-leidenschaftlichen Boden der Freiheit sind seltsamerweise die vollendetsten Ordnungen der Kunst und des Denkens entstanden — sie blieben für die Griechen selbst ohne jede Konsequenz, wurden aber immer wieder kopiert.

Die großartigen Zufallsschöpfungen der Ordnung in der griechischen Dichtung, in der Baukunst, in der Skulptur, in der Philosophie, in der Politik, wollten das Chaos nicht beseitigen, sondern beschreiben oder schmücken. Darum bauten die Athener zum Beispiel den Parthenon nicht als erhabenes Herrschaftssymbol (dem Kult der Stadtgöttin diente ja nicht der Parthenon, sondern das Erechtheion), sondern zum eigenen Spaß und mit dem nützlichen Nebenzweck einer Staatsbank: die — abnehmbaren — Gewandstücke der riesigen, aus Gold und Elfenbein gearbeiteten Statue der Athena des Phidias dienten als Goldreserven. Es ist bezeichnend, daß der einzige wirkliche Versuch, das Chaos zu ordnen, Platos praktischer Staatsversuch, fern vom Mutterland, in Sizilien, unternommen wurde und scheiterte. (Die berühmten Versuche der großen Gesetzgeber Drakon und Solon können nicht als System bezeichnet werden, sie waren stets aus den chaotischen Notwendigkeiten des Augenblicks entstandene Ordnungsversuche.) All diese Schöpfungen waren nichts anderes als der Ausdruck des Lebensgefühls im Hier und Jetzt. Deshalb wurden sie auch nie zu starren Leitbildern. Nur der Nährboden, das griechische

„Bewußtsein-Unbewußte" — der ganze Mensch —, blieb mit sich selbst identisch, getragen von seinem Ausdruck, der Sprache: von Mykene bis Byzanz, bis zur Türkenherrschaft, bis heute.

Ich glaube, das ist die einzige Möglichkeit, die antike Kultur in ihrem Rahmen zu sehen, sie jenes Anspruchs der „Allgemeingültigkeit" zu entkleiden, den die Griechen selbst nie erhoben hatten, und der von den fremden Nachahmern erfunden wurde — wohl um die Nachahmung zu rechtfertigen.

In der weiteren griechischen Geschichte bleiben in den Verhaltensmustern immer diese drei bestimmenden Elemente sichtbar: Leidenschaft, Freiheit, Chaos; unzertrennlich miteinander verbunden, einander bestimmend, einander mildernd oder verschärfend, je nach der geschichtlichen Notwendigkeit. Die byzantinische Geschichte, die Art, in der das Griechentum die Türkenherrschaft überlebte, der Freiheitskampf 1821, die politische und kulturelle Geschichte des Neugriechentums, all das spiegelt das seltsame Zusammenspiel dieser drei Grundelemente wider.

Im Spannungsfeld dieser Dreiheit von Leidenschaft, Freiheit und Chaos spielt sich das griechische Leben ab: totales Leben des Individuums im totalen Kollektiv, in der totalen Spontaneität, im totalen Ritus, jeweils im Augenblick und nur im Augenblick, jedoch fähig, den totalen Augenblick zur totalen Dauer zu machen.

Zuviel des Totalen? Es gibt aber leider kein anderes Wort, um die Intensität, mit welcher die Griechen das Detail leben, auszudrücken: Sie ist eben total — aber nie totalitär. Die griechische Sprache hat für diese existentielle Realität eine Verbalform, die meines Wissens in keiner anderen Sprache vorkommt: den AORIST, die Zeitform des UNBEGRENZTEN. Diese Zeitform ist seit den ältesten Zeiten Charakteristikum der griechischen Sprache — ist es bis heute geblieben.

Das Seltsame ist, daß diese Unbegrenztheit im sprachlichen Ausdruck den Augenblick meint, den man in der Vulgärsprache der Grammatik als UNBESTIMMT bezeichnet, obwohl A-ORISTOS eben unbegrenzt heißt, vom Zeitwort ORIZO = „begrenzen", von dem auch unser Wort HORIZONT abgeleitet ist. Grammatikalisch fängt diese Verbalform das Grenzenlose ein, als Grenzwert zwischen Vergangenheit, Zukunft *und* Gegenwart, ohne nach der Dauer zu fragen, nach dem Einst oder dem Dann, ja nicht einmal nach dem Jetzt. Wie soll man das in anderen Sprachen, die dieses Zeitgefühl nicht vermitteln können, verständlich machen? Vielleicht dient als Illustration eine ironische Nuance der jüngeren Sprachgeschichte: Im Übergang von der Koiné zum mittelalterlichen Griechisch des Volks ist die NENNFORM, der INFINITIV, die Verbalform der Abstraktion schlechthin, aus der Sprache einfach spurlos verschwunden — nachdem ein großer Teil griechischen Philosophierens auf dem Sinngehalt dieser abstrakten Verbalform beruht hatte, zum Beispiel der Begriff SEIN. Im Neugriechischen wird die Nennform durch eine Konstruktion ersetzt — mit Hilfe des AORIST. Zum Beispiel läßt sich der hauptwörtlich gebrauchte Infinitiv GEHEN nicht mehr bilden, außer man greift auf künstlich wiederbelebte Formen des klassischen Griechisch zurück, wie die eher komischen Aufschriften in der Athener Untergrundbahn: APAGOREVETAI TO KAPNIZEIN — Rauchen verboten! im klassischen Infinitiv. Wenn der Neugrieche sagen möchte „ich will rauchen", kann er nicht sagen THELO KAPNIZEIN, sondern THELO NA

KAPNISO, ich will, *daß ich rauche.* Im Aorist wird das Z durch ein S ersetzt, es ist das Zeichen der zeitlichen Unbestimmtheit. GRAPHO heißt „ich schreibe“. Der Aorist, EGRAPSA, drückt aus, daß ich geschrieben habe, zu einem unbestimmten, im Zusammenhang gar nicht gefragten Zeitpunkt. Noch eindringlicher wird das in der Zukunft: THA GRAPHO heißt „ich werde längere Zeit hindurch schreiben“, etwa heute nachmittag, während das aus dem Aorist gebildete Futurum I, THA GRAPSO, den zukünftigen Zeitpunkt des Schreibens völlig offen läßt, je nach der Laune des Schreibenden. Diese Zukunftsform läßt sich in keiner europäischen Sprache ausdrücken.

Man kann sagen, daß sich in diesen Formen des AORIST — des Unbegrenzten — die Beziehung der Griechen zur Zeit als einmalige, unwiederholbare Realität ausdrückt. Es ist jene Haltung, die dem Europäer so oft als Frivolität erscheint, jene völlig unvorhersehbare Einstellung der Griechen zu besprochenen Zeitpunkten und überhaupt zum Programmierten. Doch gerade diese Haltung, die dem Abendländer mit seiner Geschichtsauffassung und seinem Terminkalender — und schließlich ist sein Geschichtsbild ja nichts anderes als ein gigantischer Terminkalender — als Frivolität erscheint, ist die Grundvoraussetzung für das Chaos in Freiheit und Leidenschaft. Für die Griechen der Lebensraum, in dem Ordnung in das allgegenwärtige Chaos gelangt: eine menschliche Ordnung. Und — dialektisch — das Chaos in die allgegenwärtige Scheinordnung: Grundvoraussetzung der Revolution.

Die eigentliche Beziehung der Griechen zur Zeit, wie sie sich im AORIST zeigt, dürfte auch die Voraussetzung für eine andere Eigenart der griechischen Sprache sein, die sie nicht weniger von den Denkmustern der abendländischen Sprache trennt: die besondere Stellung, die im Wortschatz dem Erkennen und dem Fühlen als gleichwertigen Existenzformen zukommt.

Für das Erkennen-Verstehen (wobei die Grenzen zwischen den beiden Begriffen nicht scharf gezogen sind) gibt es im Neugriechischen vier Zeitwörter: KATALAVAINO, KATANOO, ENNOO und GNORIZO. Die ersten beiden Wörter, mit der Vorsilbe KATA-, die etwa dem deutschen ER- entspricht, bedeuten „er-fassen", „erkennen". Das Wort ENNOO ist aus dem Wort NOUS, „Verstand" gebildet und bedeutet wörtlich „ein-kennen", „ein-verstehen", womit zum Unterschied von den ersten beiden Wörtern gleichsam der innere Zustand des Erkennenden beschrieben wird, nicht das nach außen gerichtete „erfassen". GNORIZO bedeutet schließlich das Kennenlernen, zugleich aber bereits auch den Zustand des Wissens, gewissermaßen eine Beschreibung der Beziehung zwischen erkennendem Subjekt und erkanntem Objekt. Aus dem Wort ENNOO ist das Hauptwort ENNIA gebildet (ENNOIA geschrieben), was soviel bedeutet wie Sinngehalt, Wesen, Begriff, Idee, und wörtlich mit „Ein-Kenntnis" übersetzt werden müßte. Eine schöne Wortverwendung der Volkssprache ist das „ENNIA SOU", in der Bedeutung „mach dir keine Gedanken, keine Sorgen!"

Das Gefühl ist in ähnlich differenzierten Ausdrücken beschrieben. Das Grundwort ist AISTHANOMAI, uns aus den Worten ÄSTHETIK und ANÄSTHESIE bekannt, deren Bedeutung auf eine den Griechen völlig unverständliche Weise auseinanderfällt, nämlich „Lehre vom Schönen" und „Gefühllosigkeit". Für den Griechen bedeutet ÄSTHETIK aber bloß die „Lehre vom Fühlen", und hat mit dem „Schönen" direkt nichts zu tun. (Deshalb gibt es das Wort ÄSTHET im Griechischen nur in der phonetischen Transkription aus dem Französischen, ohne Beziehung zum griechischen Ursprungswort.) Vom Wort AISTHIMA werden die differenzierten Formen abgeleitet. AISTHIMA bedeutet das Gefühl als Inhalt, AISTHISIS das Fühlen als Aktivität. DIAISTHISIS bedeutet das rein gefühlsmäßige Erfassen, das „Durchdringen" (DIA — heißt „durch"), und DIAISTHIMA heißt dementsprechend die Intuition. Mit SYNAISTHISIS bezeichnet man das Empfinden, das Sentiment, man könnte es als Mitgefühl mit einem das Gefühl ansprechenden Inhalt beschreiben (SYN — heißt „mit"). Daher ist es besonders interessant, daß die Ableitung SYNAISTHIMA nicht etwa „Mitgefühl" bedeutet (das heißt SYMPATHIA, wörtlich „Mitleid", aber im Sinne unserer „Sympathie"!), sondern Bewußtsein, Erkennen, Sinn (einen Sinn für etwas haben).

All das zeigt, daß die Beziehung zum Erkennen und zum Fühlen für den Griechen in anderen Dimensionen verläuft als für den Mitteleuropäer. Danach überrascht es nicht, daß es im Griechischen nur das Wort für Verstand gibt, NOUS, eventuell noch in der gleichen Verwendung MYALO, Gehirn, aber kein Wort für VERNUNFT, für RATIO. Um den Begriff RATIONALISMUS ausdrücken zu können, bildete man das Wort ORTHOLOGISMOS, was soviel bedeutet wie „Ismus der richtigen Logik" und schon in dieser Wortbildung die Möglichkeit einer „falschen Logik" enthält. Für den Begriff IRRATIONAL wird einfach das Wort PARALOGOS verwendet, was soviel heißt wie „absurd", „jenseits der Logik", „paralogisch".

Damit wären wir beim interessantesten Wort der griechischen Sprache von der Antike bis heute angelangt:

LOGOS. Im großen Wörterbuch des Altgriechischen von Liddell & Scott werden in fünf Spalten die Belege für die zehn Grundbedeutungen des Wortes aus der gesamten antiken Literatur angeführt. In einem sehr oberflächlich gearbeiteten neugriechisch-deutschen Wörterbuch scheinen immerhin elf Bedeutungen auf. Die Grundbedeutung von LOGOS ist WORT, abgeleitet vom Zeitwort LEGO, „ich sage, spreche". In diesem Sinne bedeutet das Wort zunächst auch Rede, Vortrag, Gerücht, Versprechen. Nicht mit dem unmittelbaren Wortsinn hängen die weiteren Bedeutungen zusammen: Begriff, Ursache, Grund, Beispiel, Verhältnis und in einer eigentümlichen Verwendung der Volkssprache einfach „du", im Sinne von „dein Sprechen, dein Wort": O LOGOS SOU.

Aus dem Wort LOGOS stammt die LOGIK, die nicht die Lehre vom Denken bedeutet, sondern die Lehre vom Sprechen, weil sich Denken für den Griechen erst im Sprechen realisiert. Das reine, abstrakte, analytische Denken trennt er offensichtlich nicht vom Fühlen — kann er gar nicht trennen.

Wie sollen sich die auf diesem Gebiet eher armen europäischen Sprachen mit einem so differenzierten Sprachgefühl messen? Jeder Grieche, vom Analphabeten bis zum Universitätsprofessor, kann die feinen Unterschiede zwischen den verschiedenen Formen des Erkennens und Fühlens mit der gleichen Präzision erläutern. Ich habe mit Bauarbeitern, Fischern und Kellnern lange Gespräche und Diskussionen über die Sprache, über den Sinn von Wörtern und ihre Verwendung geführt. In Mitteleuropa wurden ähnliche Differenzierungen, die in der Sprache selbst nicht enthalten sind und daher nicht zum Grundstock des Bewußtseins gehören, erst durch mühsames analytisches Philosophieren erreicht; sie bilden daher immer nur das „Privileg" der Studierten, die erst auf Grund ihrer speziellen Bildung solche Unterscheidungen zu treffen in der Lage sind.

So erweist sich die Sprache selbst als Inbegriff dessen, was wir allgemein „Kultur“ nennen; einer Kultur, die bei uns nicht mit der Sprache vermittelt, sondern je nach sozialen Verhältnissen von der Familie oder von der Schule anerzogen wird. Deshalb ist die Kultur der Griechen nicht nur eine „Verstandeskultur“, sondern in erster Linie eine „Gefühlskultur“, die aber nicht vom Verstand getrennt ist.

Dieses Verhältnis von GEFÜHL und VERSTAND, in der Dimension der auf den Augenblick gerichteten Verbalform des AORIST, steckt das Feld des griechischen Bewußtseins im Rahmen der Sprache ab, als Beziehung zur Welt, zum Leben, zur Menschheit und zu sich selbst. Hier wäre das Modewort „Lebensqualität“ tatsächlich zutreffend. Aus diesem Bewußtsein heraus setzt der Grieche Prioritäten und Werte, wobei der Intuition, dem Gefühl, der Spontaneität, eine dem Verstand, der Logik ebenbürtige, gleichwertige Rolle eingeräumt wird. Die Diskriminierung des Gefühls als „irrational“, die uns zur zweiten Natur, zum ständigen schlechten Gewissen und zum automatischen Hemmungsmechanismus geworden ist, kennt der Grieche nicht, weil für ihn zwischen Verstand und Gefühl keine Grenze besteht. Wenn der Grieche uns Mitteleuropäer oft unverständlich, „irrational“ anmutet, sind wir es in Wirklichkeit selber, weil die krasse Trennung zwischen Vernunft und Gefühl unsere Rationalität selbst irrational macht.

Vielleicht ist die Haltung der Griechen die einzig mögliche gegenüber einer Welt, die als unlösbarer Widerspruch erscheint: als die schlechteste und zugleich die beste aller Welten. Und vielleicht ist dieser Widerspruch nur in der Schwebe des totalen Augenblicks zu ertragen, damit das Leben nicht zur perpetuierten Lüge des „entweder — oder“ wird, das die abendländischen Denkmuster entweder als Weltverleugnung oder als undifferenzierter Fortschrittsglaube bestimmt. Auch hier wird die Freiheit des griechischen Bewußtseins von Gesellschaftsstrukturen der Unterdrückung offenkundig, sowohl vom Feudalismus mit seiner religiösen Weltverneinung, als auch vom Bürgertum mit seinem rationalistischen Fortschrittsglauben. Letztlich zeigt sich hierin der berühmte Unterschied zwischen „Griechen“ und „Barbaren“. Es scheint, daß die Griechen Griechen geblieben sind. (Und die Barbaren Barbaren.)

3

Natur – Kunst

2. Gespräch mit einer Blume

Zyklame du, Zyklame du, im tiefen Riß des Felsens,
wo nimmst du Farben, um zu blühn, wo Kraft, um dich zu rühren?
Ich holte mitten aus dem Fels die Tropfen meines Blutes,
ich spann' ein rosenrotes Tuch und sammle drin die Sonne.

10. Das Wasser

Die Handvoll Wasser aus dem Fels, geweiht im tiefen Schweigen,
vom fernen, klaren Vogelblick, vom Oleanderschatten.
Geheim trinkt sie die Klephtenschar und hebt dabei den Nacken,
so wie der Spatz, und ehrt dazu die Elendsmutter Hellas.

11. Zyklamen

Rosenroter kleiner Vogel, an einen Stiel gebunden,
mit den kleinen, krausen Flügeln an der Sonne flatternd.
Und siehst du ihn dir einmal an, öffnet sich dir sein Lächeln,
und siehst du ihn zwei-, dreimal an, beginnst du gleich zu singen.

Gedichte über Blumen, über Natur, das Einfachste — das Schwierigste: Das Zeitalter der technischen Entwicklung, der Kernwaffen, des Computers und der Elektronik hat Blumen und Gedichte suspekt gemacht. Außer Plastikblumen. Auf deutsch sind Gedichte überhaupt entfremdet, wohl deshalb, weil sich vom Minnesang bis zur „konkreten Lyrik" immer nur die „gebildete" Schicht für Gedichte interessierte. Seit Rilkes großartigen Natur-Manierismen und Benns verdächtiger Natur-Mystik ist es schwer geworden, Natur-Gedichte zu schreiben. Und Brecht wurde auch nicht zum Volksdichter, die Bildungsbürger haben ihn als Klassiker mit Beschlag belegt.

Daß Ritsos' Gedichte nicht nur in jüngster Zeit geschrieben wurden, sondern daß sie nach dem Sturz der Diktatur in Griechenland auch gelesen, gesungen, durch Schallplatten und Rundfunk — in der Vertonung Theodorakis' — Allgemeingut geworden sind, ist die bemerkenswerte Tatsache: ein politisches Faktum, aber auch ein kulturelles, für das es in unseren Breiten keine Parallele gibt.

Wie man sich zur Natur verhält, bestimmt das Verhältnis zur Kunst: weil die Natur des Menschen das „Künstliche" ist. Wenn sein Verhältnis zur Natur künstlich wird, verliert er seine natürliche Beziehung zum Künstlichen. Die Natur verdirbt er, und seine Kunst wird zum Ausdruck seiner Unnatur.

Was das heißt? Daß, wenn der Mensch beginnt, die Natur anzubeten und die Kunst als Ausdruck dieser Naturanbetung zu mythologisieren, anstatt es umgekehrt zu halten, nichts mehr stimmt. Und wenn dann in der Erkenntnis, daß nichts mehr stimmt, die Kunst trotzdem weiter mythologisiert wird, damit sie sich weiterhin gut verkauft, und der Naturzauber im Kodachrome-Massentourismus ebensogut verkauft wird, ist das Debakel vollständig.

Natur: Welche unendliche Skala von Mißverständnissen, aufgezogen auf das stählerne Gerüst der *Natur-Wissenschaften,* die während der vergangenen vierhundert Jahre mehr und mehr zur Herrschaft gelangten, nicht als philosophische Realität der Erkenntnis — wie das angebetete griechische Vorbild —, sondern in der praktischen Anwendung: als Entwicklung eines Produktionssystems, aber nicht um der Produktion, sondern um des Profits willen, und als Aufbau einer Kriegsmaschinerie, aber nicht zum Schutz der Allgemeinheit, sondern zur gewaltsamen Ausdehnung der Macht, die der Profit gewährleistet und die wiederum den Profit erhöht. Daß unter diesen Umständen alle *Natur-Philosophie* nur dazu taugte, diese Tatsache zu verschleiern, wie die Poesie nur der sentimentalen Verbrämung der Macht der Mächtigen diente, ist das traurige Fazit der bürgerlichen Kultur. So wurde der Begriff „Natur" — zusammen mit dem Begriff „Vernunft" — zum völlig unnatürlichen und irrationalen Mythos des Bürgers. Von der Parole „Zurück zur Natur", die, wörtlich genommen, nichts anderes bedeutet hätte als die Rückkehr in jenen Urzustand, in dem der Mensch der „Natur" völlig ausgeliefert, eben als Tier lebte, ohne Feuer, Feldbau und Viehzucht, und den er durch seine „künstlichen" Fähigkeiten zu überwinden lernte, um überhaupt überleben zu können, bis zur *Na-*

tur-Sentimentalität der Jugendbewegung, die dann in den „Mythos des 20. Jahrhunderts" mündete, und zur tatsächlichen Rückkehr in die Bestialität, versehen mit allen Errungenschaften des industriellen Zeitalters, ist die Geschichte dieser *Natur-Mystik* zu verfolgen: Zunächst als befreiende Idee gegenüber dem mittelalterlichen Obskurantismus gedacht, wird sie schließlich zu einer der Hauptträgerinnen der gesellschaftlichen Lüge.

Denn zugleich mit dem Aufkommen des „Künstlichen" beginnt auch dessen endgültiger Triumph, der Triumph der wissenschaftlichen Technik, der in der Industriellen Revolution zum Sieg der Maschine führte. Keinem der „*Natur-Mystiker*" fällt es ein, in der Maschine einen Teil der menschlichen Natur zu sehen. Und während im 18. Jahrhundert der sentimentale Bürger und in seinem Schlepptau der in seinem Niedergang ebenfalls sentimental gewordene schöngeistige Aristokrat in Dichtung, Landleben und Gartenkunst ihr „Zurück-zur-Natur" begehen, setzt die ungeheure Fluchtwelle der verelendeten Landbevölkerung ein — „weg von der Natur", in die Slums der neu entstandenen Fabrikstädte.

Vor diesem historischen Hintergrund ist alles heutige *Natur-Empfinden* und alles ohnmächtige Verstummen vor dem Phänomen „Natur" entstanden, zusammen mit den linkischen Fluchtversuchen von Hippies, Schrebergärtnern, Reformkostlern und anderen Wald-, Wiesen- und Küchengarten-Magiern, mit dem Warenkontrast der schreienden Naturanpreisungen des Tourismus und seiner Urlaubsmythologie zum Gebrauch des Großstadtbewohners — alles späte Bastardformen der Idee Rousseaus.

Die Besitzverhältnisse haben aber auch noch dem Bauern die oft gerühmte mythische Beziehung zur Natur genommen: Der Dienst der Leibeigenschaft, die Abhängigkeit auch der freien Bauern von Gutsbesitzern, für die sie ihren täglichen Kampf mit der Natur auszufechten hatten, ohne sich in diesem Kampf je gegen diese Herren zu wenden (wo waren die Bauernkriege des ausgehenden Mittelalters!), haben sie stumpf gemacht, weil das gierige Haften an der eigenen kleinen Scholle im Schatten des alles verschlingenden großen Besitzes jedes freie Verhältnis zur „Natur“ pervertierte.

Das ist die kurze Skizze der abendländischen Beziehung zur Natur, in der Dichtung, in der Philosophie und in der gesellschaftlichen Entwicklung; diese führt letztlich, unter dem Druck des Profits, zu einem Zwangssystem von Produktion und Konsum. Deshalb ist die Natur seit dem Zweiten Weltkrieg für die Dichter ein besonderes Tabu, deshalb verliert der gehetzte Leistungs- und Konsumbürger die Beziehung auch noch zum verlogenen Naturbegriff. Die riesigen, farbenprächtigen, aber geschmacklosen Kunstdünger-Früchte und -Gemüse, die verseuchte Umwelt, sind gewissermaßen nur Begleiterscheinungen des Grundübels. Vielleicht aber steckt dahinter doch auch ein Teil der Erkenntnis, daß eine Natur, die als unschuldig einem Menschen-Phantom gegenübergestellt wird, der von „Natur“ aus gut sein soll, eine der absurdesten Possen in der Mythengeschichte der Menschheit darstellt. Die NATUR des Menschen, falls er eine hat, ist das KÜNSTLICHE. Weder die NATUR noch das KÜNSTLICHE besitzen moralische Qualität: die muß erst der Mensch hinzufügen, was er auf seine Weise ja ohnehin tut — eine Erkenntnis, die bewußt gemacht werden müßte, damit erkannt wird, daß die Atombombe ebenso Natur ist wie der Parasolpilz, die Elektronik wie der Wasserfall, die menschliche Gemeinheit wie die Güte. Es kommt bloß darauf an, welche Seite zum Zug kommt.

Und darin sind die objektiven Beziehungen letztlich vom subjektiven Faktor abhängig, auch wenn dieser wiederum von den objektiven Gegebenheiten geprägt wird — als dialektischer Prozeß.

Warum aber kann in Griechenland ein Dichter über die Natur Gedichte schreiben, die zugleich politische Gedichte sind, eine allen Menschen verständliche und nachzufühlende Symbolik anwenden, ohne dabei abgeschmackt zu sein, was auf deutsch nicht mehr möglich zu sein scheint. (Ich bin mir dieser Tatsache gerade auch bei der Übersetzung der Ritsos-Gedichte sehr bewußt geworden.)

Den Griechen der Antike war das Verhältnis Mensch-Natur in der Spontaneität ihres Natur-Mythos immer klar. Die Naturkräfte waren in den Mythen zwar personifiziert, aber niemals sentimentalisiert-vermenschlicht; der Mensch wurde als jene Erscheinung der Natur gesehen, der diese Natur selbst überwindet. Am vollkommensten hat das Sophokles ausgedrückt, in dem berühmten Chorlied in „Antigone“:

Ungeheuer ist viel. Doch nichts
Ungeheurer als der Mensch.
Denn der, über die Nacht
Des Meers, wenn gegen den Winter wehet
Der Südwind, fähret er aus
In geflügelten sausenden Häusern.
Und der Himmlischen erhabene Erde,
Die unverderbliche, unermüdete,
Reibet er auf: mit dem strebenden Pfluge,
Von Jahr zu Jahr,
Treibt sein' Verkehr er, mit dem Rossegeschlecht'
und leichtträumender Vögel Welt

Bestrickt er, und jagt sie:
Und wilder Tiere Zug,
Und des Pontos salzbelebte Natur
Mit gesponnenen Netzen,
Der kundige Mann.
Und fängt mit Künsten das Wild,
Das auf Bergen übernachtet und schweift.
Und dem rauhmähnigen Rosse wirft er um
Den Nacken das Joch, und dem Berge
Bewandelnden unbezähmten Stier.

Und die Red' und den luftigen
Gedanken und städtebeherrschenden Stolz
Hat erlernet er, und übelwohnender
Hügel feuchte Lüfte, und
Die unglücklichen zu fliehen, die Pfeile. Allbewandert,
Unbewandert. Zu nichts kommt er.
Der Toten künftigen Ort nur
Zu fliehen weiß er nicht,
Und die Flucht unbeholfener Seuchen
Zu überdenken.
Vom Weisen etwas, und das Geschickte der Kunst
Mehr, als er hoffen kann, besitzend,
Kommt einmal er auf Schlimmes, das andre zu Gutem.

Für diese Weltbetrachtung, auch wenn sie sich, wie in der Naturphilosophie, für die Ursprünge der Welt interessierte, blieb letztlich der Mensch das Wichtigste — und erst im Menschen die „Natur". Es gab keine getrennte Mythologisierung von Mensch und Natur, wie diejenige, die — vielleicht gerade aus dem Mißverständnis des Griechentums heraus — seit der Renaissance im Menschen die Welt gegen die Welt kehrt: als Natur.

Diese Grundhaltung scheint sich bei den Griechen zusammen mit der Sprache, in der sie sich ausdrückt, erhalten zu haben. Natur heißt PHYSIS, uns aus dem Wort Physik vertraut, das richtig verdeutscht „Naturlehre“ heißt. Wir haben aber den Wortsinn verkehrt, und sprechen von der PHYSISCHEN Kraft, im Gegensatz zur PSYCHISCHEN — für die Griechen ein völliger Unsinn, weil das PSYCHISCHE ebenso PHYSISCH, das heißt „natürlich“ ist wie das SOMATISCHE, das Leibliche, das einzige Gegenstück zum PSYCHISCHEN. Diese Beziehungen und Unterschiede sind den Griechen selbstverständlich, und so ist eine PHYSIS, die alles umfaßt, schwer als romantische Personifizierung vorzustellen, da der Mensch als bewußter Teil immer mitgedacht wird. Auch im antiken Griechenland gab es keinen Gott „Physis“, dafür einen Gott PAN, den Gott „All“, und dieser, der ziegenfüßige Syrinx-Spieler, repräsentierte tatsächlich die Natur.

Dieses Gefühl — oder bereits Bewußtsein — der grundsätzlichen Einheit blieb offensichtlich stets ein Merkmal des seiner Sprache bewußten Griechen, auch in seiner Beziehung zum „Künstlichen“, zur Technik, zur Politik: Im Gegensatz zur Natur hat er sie nie mythologisiert. Daraus mag auch zu erklären sein, daß sich die Griechen niemals Systemen unterworfen haben — nicht einmal jenen, die sie selbst entwickelt hatten. Stets bewahrten sie eine elementare Freiheit der Kritik, der Auflehnung. Das gilt für das klassische Griechentum wie für die Zeit der Fremdherrschaften. Es gilt auch für die Haltung der Neugriechen gegenüber ihrem heutigen Staat. Dazu muß festgehalten werden, daß dieses stets revoltierende Verhalten nicht Ausdruck einer Klasse, sondern ohne Unterschied — wenn auch mit verschiedenen Motiven — allen eigen ist; eine nationale Eigenschaft, die zur „Natur“ der Griechen gehört.

Daß dahinter auch noch eine besondere Beziehung zu den Erscheinungsformen der „Natur", wie wir sie verstehen, vorhanden ist, liegt in der Natur der Sache. Denn das tägliche Leben dieser Bauern, Fischer, Seeleute, ja auch noch der Stadtbewohner, ist auf eine Weise von der „Natur" bestimmt, deren Intensität diejenige anderer Landstriche bei weitem übertrifft. Nicht nur in den schweren Bedingungen der landwirtschaftlichen Produktion, die sich in manchen Fällen seit der Vorgeschichte kaum geändert haben, sondern auch in der eindringlichen Präsenz jener Phänomene, die man „Natur" nennt.

Das Land ist karg. Die Pflanzen, die schon während des Winters aus jedem kleinen Fleck Erde herauswachsen, im Frühjahr alles mit einer wahren Blütenexplosion überschwemmen, verdorren bereits im Mai; außerdem sind sie, abgesehen von einigen wilden Gewürz- und Salatpflanzen, zu nichts zu verwenden. In den meisten Gebieten des Landes gibt es nicht einmal Gras für Heu. Nur Disteln. Jede Kulturpflanze ist das Ergebnis unendlicher Mühe, fortwährender Angst. Wenn es wenig regnet, verkümmert das Getreide, die Ölbäume bringen keine Frucht oder drohen gar zu verdorren, das Vieh findet keine Nahrung. Jeder Ölbaum, jeder Weinstock muß dem Boden abgerungen werden. Üppige Erscheinungen der Fruchtbarkeit, wie der Ölwald von Itea oder die Orangenplantagen der Argolis, sind Ausnahmen. Und selbst diese sind ständig bedroht: Eine weggeworfene Zigarette kann im Sommer Brände auslösen. Fast jedes Jahr gibt es solche Katastrophen, denen oft Tausende Hektar Baumbestand zum Opfer fallen. Diese Natur ist nicht freundlich, „menschlich", wie sie etwa der Tourist empfinden mag, der nur ihre Schönheit sieht. Ja, sie ist schön, aber unendlich hart. Sie ist eine ständige Herausforderung an den Menschen, an seine Anstrengung, damit er leben, überleben kann. Erst so wird „Natur" im menschlichen Sinn geschaffen, durch die künstliche Intervention. Und da wird die Beziehung zur Pflanze, zum Baum oder auch zur Blume, enger, aber auch weniger sentimental. Diese Härte der Natur ist der wichtigste Grund für die gigantische Landflucht, die in den letzten Jahren eingesetzt hat. Und es ist bemerkenswert, wie eng die Verbundenheit der Landflüchtigen zu ihrer „Natur" ist: die Außenbezirke Athens sind alle voll von Ölbäumen — gepflanzt als Zierbäume.

Mit dem ständigen Kampf um die Früchte des Bodens ist der ständige Kampf um das Wasser verbunden. Der Kult der Quellnymphen dürfte nicht aus romantischen Landschaften wie dem Tempe-Tal stammen, wo unter Platanen Dutzende Quellen rauschen, sondern aus den an „lebendigem" Wasser armen anderen Teilen des Landes. Auf manchen Inseln, wie Hydra, gibt es überhaupt keine Quelle; dort muß praktisch jeder Regentropfen aufgefangen und in Zisternen gesammelt werden, damit Mensch und Vieh — und die Touristen — leben können. Wenig Regen bedeutet eine Katastrophe. Es gibt wohl kaum ein Land, in dem mit dem Wasser ein so zärtlicher Kult getrieben wird. Das erste, was einem Gast angeboten wird, ist ein Glas kaltes Wasser, dazu eine Süßigkeit, meistens eine sehr süße kandierte Frucht auf einem Löffel — damit das Wasser noch erfrischender schmecke. Die Geste, mit der an Sommernachmittagen die Kaffeehausbesitzer den heißen Asphalt vor ihrem Lokal besprühen, hat durch die „Verschwendung", die begangen wird, um etwas Kühlung in die stickige Hitze zu bringen, fast etwas Kultisches. Auch wenn der Wasserverkäufer aus dem Stadtbild Athens verschwunden ist — der technische Fortschritt, die Wasserleitung, konnte an der fast mythischen Verehrung nichts ändern. So gibt es ein ungeschriebenes Gesetz, das jedes öffentliche Lokal verpflichtet, einem Durstigen Wasser zu geben, auch wenn er sonst nichts konsumiert. Wasser ist ein kostbares Stück Natur, weil das Land so arm daran ist und so reich an Durst.

Seltsamerweise ist das antike Wort für Wasser, HYDOR, aus dem Neugriechischen verschwunden. Nur noch in abgeleiteten Wörtern wie HYDRONO, ich schwitze, HYDROTAS, der Schweiß, ist es enthalten. Heute heißt Wasser NERO. Die Etymologen sagen, daß es eine abgekürzte Form von NEARON HYDOR, frisches Wasser, junges Wasser, sei. Vielleicht spuken aber ältere, mythische Zusammenhänge im Wort NERO, etwa Verbindungen zum Wassergott NEREUS und seinen Töchtern, den NEREIDEN, die in den Volksmärchen als NERAIDES fortleben. Das mag aber eine Mythologisierung sein, die gar nicht nötig ist: das Wasser selbst ist mythisch im allgegenwärtigen Durst:

„Es gibt kein Wasser, nur Licht.
Der Weg verliert sich im Licht
Und der Schatten der Mauer ist von Eisen",

sagt ein anderes Ritsos-Gedicht, aus dem Zyklus „Romiosyne" („Griechentum"). In diesen Zeilen ist die durstige Sommerlandschaft in ihrer ganzen Härte eingefangen, mit den Mauern, die die in Terrassen angelegten Felder schützen, damit diese nicht von den Winterregen fortgeschwemmt werden. Diese Landschaft, von der Hitze gequält, lehrt den Durst besser kennen als die Wüste. Die Wüste durchwandert man vielleicht, sonst meidet man sie. Hier lebt man.

Durst ist elementarer als Hunger. Der menschliche Körper besteht zum größten Teil aus Wasser; wenn der Wasserhaushalt des Körpers aus dem Gleichgewicht gerät, ist die Katastrophe unmittelbar. Durst bedroht das Leben direkter als Hunger. Vielleicht genügt die Intensität, mit der in Griechenland Durst und seine Stillung empfunden werden, um die Intensität des Lebensgefühls zu erklären: die Psychologie des Durstes als die Psychologie der Freiheit.

Wie ein Hohn auf die allgegenwärtige Erscheinung des Durstes mag die andere, das Land bestimmende Naturerscheinung wirken, die Wassermasse des Meeres — die man nicht trinken kann. Die „Salzflut" heißt die See bei Homer. Sie ist keineswegs das romantische Meer der Badeurlauber und Jachtfahrer, sondern eine stets drohende, unberechenbare, nur zeitweise zahm erscheinende Naturkatastrophe, das „tückische" Element, von Menschen niemals restlos zu kontrollieren. Auch die Dampfschiffahrt, die allgemein wesentlich mehr Sicherheit in die Seefahrt gebracht hat, ist ab einer gewissen Windstärke den Wellen nicht gewachsen. Um wieviel weniger sind es die Fischerboote, die Kaiks, die traditionellen Fahrzeuge der Inselbewohner. Vielleicht ist die eigenartige Mischung aus Fatalismus und schöpferischem Hasardieren, wie auch der stets unbestimmte Zeitbegriff, die Dehnbarkeit von besprochenen Zeitpunkten, zum Teil ein Niederschlag des mehrere Tausend Jahre langen Umgangs mit dem Meer. Dieser Umgang ist eine ständige Herausforderung an die Geschicklichkeit des Seefahrers, die aber zu guter Letzt doch nicht entscheidend ist, weil sich das Element seiner Kontrolle entzieht und es dann nur noch auf sein Glück ankommt. Aber auch weil dieses Element jede Planung, jede Zeiteinteilung, kurz jeden Fahrplan illusorisch macht.

Eine noch unkontrollierbarere, noch verheerendere Naturmacht, die in Griechenland fast überall und immer gegenwärtig ist, das Erdbeben, mag auch ihren Beitrag zur Formung der Griechen geleistet haben. Auch diese Erscheinung der „Natur“ kann nicht vermenschlicht werden. Ein Haus zu bewohnen ist eigentlich ein Risiko. Ein bloß Sekunden dauerndes Zucken eines noch so freundlichen Bergrückens, Uferstreifens, Talbodens, genügt, um ganze Dörfer und Städte zu zerstören. Wenn Tausende unter den Trümmern begraben werden, kann man nicht von einer idyllischen, „gütigen“, nicht einmal von einer „wildromantischen“ Natur sprechen.

Die ständige Gegenwart dieser Naturkräfte, die nicht nur in einzelnen, verstreuten Gebieten wirksam sind, wie bei uns etwa Hochwasser und Lawinen, sondern im ganzen Land, ebenso wie die Kargheit des Bodens und der Durst, müssen sich dem Denken und Fühlen der hier lebenden Menschen unaustilgbar eingeprägt haben: Gerade der Erlebnisinhalt des Wortes „Freiheit“ mag darin wurzeln. Weil die menschliche Möglichkeit, sich von der Nötigung der Natur zu befreien, sich ihr entgegenzustellen, hier so sehr ein tägliches Erlebnis ist, daß es nicht einmal von den Errungenschaften der Technik, die ja das Ergebnis dieser Befreiung sind, verschleiert werden kann wie in unseren Großstädten. All das ist auch die beste Gewähr dafür, daß die Griechen den verlogenen Natur-Sentimentalismus des europäischen Bürgertums nicht einmal als Treppenwitz eines verspäteten Imports akzeptieren.

Und die Kunst — der Mythos des „Künstlichen“? Für den Abendländer ist Kunst gleichsam der mythische Widerpart der Natur. An die Seite der unglücklichen Mythologisierung der Natur tritt als Ergänzung der Mythos von „Kunst“ und „Künstler“. Auch er war das mehr oder weniger mittelbare Ergebnis der Erhebung der neuentdeckten griechischen Kunst zum künstlerischen Ideal, zur Konkurrenzreligion. Denn hier tritt der große Bruch ein: Die religiöse Kunst des Mittelalters — die ja im eigentlichen Sinn gar nicht religiöse Kunst, sondern unmittelbar Religion ist, weil sowohl das Kultbild als auch der Kultbau nicht nur ausdrücken, sondern unmittelbar umsetzen — wird durch die nunmehr bewußt als „Kunst" empfundene, am antiken Vorbild orientierte oder wenigstens von ihm inspirierte Gestaltung abgelöst. Die „Kunst" hört damit auf, Teil der menschlichen „Natur" zu sein, ein Handwerk, eine „Technik" (im Altgriechischen gibt es keinen Unterschied zwischen Kunst und Handwerk, beide heißen TECHNE); vor allem hört sie aber auf, selbstverständlich zu sein — bis sie dann im 20. Jahrhundert aufhört, überhaupt verständlich zu sein.

Die im Mittelalter mit der Religion identische, vollkommen systemimmanente und gesellschaftlich nicht besonders aktive Kunst wird in der Hand des sich bewußt als Künstler fühlenden, denkenden Malers, Bildhauers, Baumeisters eine Art Waffe im Kampf um seine Position in der Gesellschaft, und somit die Grundlage einer Ideologie. Zugleich werden die Erzeugnisse zur Ware, weil der Künstler nicht einfach um Gleichheit kämpft, sondern, wie der frühkapitalistische Handelsbürger, um Sonderstellung und gute Bezahlung. So schafft der Künstler weiterhin Statussymbole, zunächst für den Adel und selbstverständlich für die Kirche, später immer häufiger für den machtvoll aufstrebenden Bürger. Diese Rolle des Kunstwerks bleibt durchgehend erhalten: Es verliert die sakrale Rolle in der Kirche und wird souveräner Ausdruck der Künstlerware.

Nach der Renaissance versuchen Kirche und Adel im Rahmen der großen Restaurationskunst des Barock die

Verhältnisse des Mittelalters wenigstens im Ausdruck noch einmal heraufzubeschwören, deshalb gibt es große Barockkunst auch nur dort, wo Kirche und Adel noch mächtig sind. In Frankreich und in England liegt bereits der Schatten des Bürgertums auf der Entwicklung. In Frankreich inspiriert der Adel nur noch das zierliche Aufflakkern des Rokoko, die Kirche der Rokoko-Abbés inspiriert überhaupt nichts mehr. Aber das Barock Italiens, Spaniens, Österreichs, Süddeutschlands ist auch nicht mehr die alte Herrlichkeit. Nicht die Religion bestimmt dort die Kunst, sondern umgekehrt: die Kunst tritt mehr und mehr an die Stelle der Religion. Der „Künstler" ist der wahre Sieger, der seine Ware als Statussymbol verkauft.

Daß dann Ende des 18. Jahrhunderts das an die Macht gelangte Bürgertum für den Künstler in Wirklichkeit keine Verwendung hat, liegt am neuen Statussymbol, das mit der Industriellen Revolution aufkommt: am Geld. Der Bürger, der Fabrikant braucht *noch* keine Kultur. Das kommt erst später. Außerdem verachtet die neue „Aristokratie" des Bürgertums den Künstler, der als Schmarotzer mit der „echten" Aristokratie meist in guter Freundschaft lebte. Der Künstler sondert sich ab, betritt neue Wege und beginnt nun den Bürger ab Mitte des 19. Jahrhunderts mit seiner neuen Kunst-Ware psychisch zu terrorisieren: Da der Bürger nun auch „Kultur" braucht — das Geld allein genügt nicht mehr —, muß er die Kunstwerke kaufen. An dieser Entwicklung wird der Kunsthandel groß: Er *macht* den Künstler — oft erst nach dessen Tod.

Auf diese Weise überleben die Kunst und ihre Ideologie den sozialen Bruch der Französischen Revolution, und auch die eigentliche Änderung der Produktionsweise und der Lebensform durch die Industrielle Revolution: Verfälscht, zur reinen Ware geworden, hält die Kunst bis nach dem Zweiten Weltkrieg eine Machtposition, an deren wirtschaftlicher und gesellschaftlicher Bedeutung die verschiedenen Phasen, Erscheinungsformen, Richtungen nichts ändern. Den zweiten großen Bruch, den der Technologischen Revolution, dürfte die Kunst nicht mehr überleben: ihr Mythos ist praktisch gestorben. Zwar funktioniert noch — dem Gesetz der Trägheit entsprechend — der Kunsthandel, die Identität das „Künstlers" ist jedoch in eine Krise geraten, aus der es im gegebenen Rahmen der Konsum- und Leistungsgesellschaft keinen Ausweg zu geben scheint. Alle Formen der Auseinandersetzung mit dem Problem, auch in den sozialistischen Ländern, selbst in China, bewirken nichts anderes, als daß der alte bürgerliche Mythos der Kunst perpetuiert wird.

Zugleich mit diesem Verfall des Kunstwerks als Statussymbol-Ware und der totalen Konfusion, in die die Identität des Künstlers geraten ist, hat sich das künstlerische Handwerk — wiederum als Ware — in einer langen Entwicklung seit dem Ende des 19. Jahrhunderts in anderen Bereichen des Systems etabliert: im Design, in der Plakatkunst, generell in der Werbung. Hier wird in einer Karikatur der ursprünglich religiösen Motivation der Kunst die Psychologie des Verkaufs zum unmittelbaren Motiv des künstlerischen Schaffens. Das alles ist die Religion des Zeitalters oder, mit einem beliebten Theologenwort, das „Selbstverständnis" des Zeitgenossen. Es handelt sich nicht mehr um das Kunstwerk als Ware, sondern um die Ware als Kunstwerk. Die künstlerische Inspiration wird zum Verkaufsmechanismus, wie sie ehedem zur Predigt, zur Theologie wurde. Das Design eines Autos, eines Motorrades, eines Kassettenrecorders enthält Elemente, die die psychische Stimmung des Käufers als Reiz, als Statussymbol, als Ausdruck sexueller Potenz ansprechen: das vollendete Maschinenkunstwerk — in Serie. Der Werbeslogan mit seinen unglaublichen Wortschöpfungen in suggestiver Kürze ist die neue Dichtung — das perfekte Verkaufs-Haiku.

Der Künstler, der sich an der Kunstgeschichte orientiert und im alten bürgerlichen Sinn „Künstler" sein möchte, ist hoffnungslos betrogen. Was er mitteilt, interessiert niemanden, am allerwenigsten den Kunsthändler, weil diese Ware nicht mehr „ankommt". Auch jene, die in der allgemeinen Konfusion um die Identität des Künstlers mit Gewaltstreichen und Schabernack, mit „Antikunst" und Happenings, mit der Verkehrung in die Negation „Kunstwerke" schaffen wollen, sind auf dem Holzweg, weil ja auch sie, selbst wenn sie vorgeben, den Mythos zu zerstören, im Rahmen des Systems bleiben, die Methoden der Warenwerbung anwenden und letztlich nichts anderes anstreben, als sich gut zu verkaufen. Hier sind wir wieder beim entscheidenden Mythos der Gegenwart, beim Profit, symbolisiert durch den Kontoauszug oder durch eine Sammlung von Rolls-Royce-Autos, wie sie der Maler Ernst Fuchs in Wien angelegt hat. Die Verrottung ist so total, daß anscheinend nur noch die Askese übrigbleibt, Enthaltsamkeit als Ausgangspunkt. Vielleicht Ansatz einer Kulturrevolution.

In ihrer Beziehung zur Kunst, zum Schönen, sind die Griechen ein sonderbarer Menschenschlag: Nach dem Maßstab europäischer Bildung (insbesondere im Vergleich mit der europäischen Vorstellung von den „alten Griechen") fehlt ihnen jene Haltung, deren pseudoreligiöse Form die bürgerliche Ehrfurcht vor dem „Kunstwerk", vor der „Kultur" ist. Das Kulturbewußtsein der Griechen manifestiert sich in einem außergewöhnlichen Lerneifer, der systematischen Wißbegier der Kommunikation auf praktisch-wissenschaftlicher Ebene. Zur Kunst im europäisch-bürgerlichen Sinn haben die Griechen fast überhaupt keine Beziehung. Zwei besonders bezeichnende Erscheinungsformen illustrieren das: das völlige Fehlen jener Eigenschaft, die man in Europa „Geschmack“ nennt, insbesondere in der Wohnkultur, und die Hilflosigkeit gegenüber der abstrakten Malerei und ihren verschiedenen Richtungen.

Was das Wohnen anlangt, so gibt es eine reiche ländliche Tradition, die sich sowohl in der Architektur als auch in der Inneneinrichtung ausgebildet hatte, doch haben sich diese eigenständigen Formen auf die städtische Entwicklung nicht ausgewirkt. Das mag wohl daran liegen, daß die Wohnung nur vereinzelt als Statussymbol diente, wie bei uns die Aristokratenschlösser (die Paläste der reichen Handelshäuser in Hydra, die „Archontenhäuser“ in Metsowo oder in Kastoria), und keineswegs so wichtig erschien wie im übrigen Europa, wo sich die gesamte Wohnkultur des Bürgertums unter den Einfluß der Aristokratie entfaltet. Man könnte sagen, daß die europäische „Wohnkultur“ eigentlich aus reiner Barbarei stammt, eine Degenerationsform der Statusprotzerei wilder Völkerwanderungs-Clan-Chefs ist, die ihre Zelte besonders schmückten, um zu zeigen, wie groß sie sind. Aus diesem Häuptlings-Zelt entwickelte sich die Grafenburg, das Aristokratenschloß mit Waffen und Jagdtrophäen und mit schönen Möbeln, die von den Handwerkern aus dem Volk, mit dem Geschmack der Volkskunst, für die Herren verfertigt wurden, also entfremdete Volkskunst sind; aber auch mit schönen Ahnenbildern, von deren künstlerischem Wert der Aristokrat meistens selbst nicht viel verstand: erst später entwickelte er „Geschmack“.

Als Gegenmuster ist dann das bürgerliche Heim entstanden; zunächst das bescheidene Biedermeierheim, später, in bewußtem Abstand zur Aristokratie, die Wohnung mit den altdeutschen Möbeln der Gründerzeit — in der Art, wie sich der kleine Gründerzeit-Moritz den altdeutschen Bürger à la Meistersinger von Nürnberg vorstellte. Und noch später, nach einigen Übergangsversuchen in Jugendstil, folgten als Imitation und Variation des nunmehr unbedeutend gewordenen Aristokratenschlosses die moderne Komfortwohnung mit echten oder falschen Barockmöbeln, Beichtstuhl-Bar und barocken Holzschnitzereien, aber auch mit Picasso, Matisse und Klee. Im Schlepptau dieser Entwicklung segelt die Masse, die Kleinbürgerbehausung vom Fließband mit Imitation von Imitationen und Reproduktionen.

Die Griechen haben keine solche „Wohnkultur“: allenfalls ahmen sie die europäische nach. Hier hat sich letztlich nur eine Statussymbolik durchgesetzt, die Nachahmung des „Europäischen“. Natürlich nicht in einer planmäßigen, Schritt für Schritt einsetzenden historischen Nachahmung der Formen, sondern bloß in jener Standard-Erscheinung, die etwa Ende des 18. und Anfang des 19. Jahrhunderts bürgerlichen und aristokratischen Geschmack ungefähr vereinigt hat — Louis XVI. und frühes Empire. Dies hat dazu geführt, daß angefangen von den Großbürger-Wohnungen bis hinunter in den Mittelstand, ja oft bis zu den Arbeitern, die Wohnungseinrichtungen entweder der Tradition des frühen 19. Jahrhunderts entsprechen oder überhaupt ohne einen bestimmten Stil sind. Biedermeier, Gründerzeit, Jugendstil und die Stilformen der ersten Hälfte des 20. Jahrhunderts fehlen fast völlig, ebenso die skandinavischen und italienischen Möbel der jüngsten Zeit, die nur in einigen Nobelgeschäften angeboten werden. Eine griechische Version der altdeutschen Möbel sind „byzantinische“, geschnitzte Möbel und Truhen, die man aber nur in wenigen Häusern sieht, noch am ehesten in kirchlichen Institutionen. Dazu muß gesagt werden, daß die Griechen im europäischen Sinn gar nicht wohnen: das Haus ist eigentlich nur Schlafstätte, wohin man sich zweimal am Tag zurückzieht, am Nachmittag und spät abends, im übrigen aber kein Aufenthaltsort. Dieser Zug — er ist mehr oder weniger für den ganzen Mittelmeerraum charakteristisch — dürfte in erster Linie klimatische Gründe haben: von Mai bis Oktober lebt man fast ausschließlich im Freien, in den heißesten Monaten Juli bis August wird das Haus nahezu unerträglich. In Griechenland kommt aber noch etwas hinzu: die Vorliebe für die Öffentlichkeit, für die Straße, den Hauptplatz, das Kaffeehaus, die Taverne. Die Griechen sitzen nicht gerne daheim; selbst wenn sie einladen, ziehen sie eine Taverne vor, und nur, wenn sie repräsentieren wollen, laden sie zu sich nach Hause ein. (Auch in den Eßgewohnheiten zeigt sich diese Einstellung: Für sich selbst kochen sie fast nur improvisiert, sie gehen sehr oft, auch im engen Familienkreis, in Tavernen, und ein „reguläres“ Mahl bereiten sie nur für geladene Gäste.) All das zeigt, daß die Wohnung nicht die zentrale Bedeutung des „Familienherdes“ besitzt. Nicht einmal die Invasion des Fernsehens hat das grundsätzlich geändert.

Dieser Mangel an „Wohnkultur“ zeigt sich zum Beispiel auch in der traditionellen Gestaltung von Kaffeehäusern und Tavernen, die meistens große, schmucklose Hallen sind, mit einfachen Tischen und Stühlen und einer großen Kühlvitrine. Falls es Bilder gibt, sind es entweder Alpenlandschaften, Helden des Befreiungskrieges oder das Bild des jweiligen Ministerpräsidenten (früher des Königs). Etwas, das viele Europäer irritiert, ist die Behandlung der Lichtquellen: Im allgemeinen verwenden die Griechen keine Lampenschirme, sie lassen die Glühbirne einfach in den Raum baumeln — es handelt sich ja bloß um eine Lichtquelle, warum soll man sie denn „schmücken". Das ist bereits reiner Funktionalismus. Daneben gibt es eine sehr seltsame „Schmuck-Kultur", mit Decken und Deckchen, Plastik-Abziehbildern, Plastikblumen — alles europäische Erfindungen. Ebenso „europäisch" sind die Kaffeehäuser, Konditoreien und Hotelbars, die im Zuge des Tourismus aus dem Boden schießen und eine Akkumulation von europäischen Häßlichkeiten sind, mit griechischem „Geschmack" ausgesucht, in der Meinung, man komme so dem Fremden entgegen — und der eigenen europawütigen „High-Society". Daß die abstrakte Malerei die Griechen im allgemeinen nur verstört, dürfte seinen Grund darin haben, daß die Freude an der „europäischen Kunst" gesellschaftlich bedingt ist, ohne die intellektuelle Komponente des europäischen „Kunstverständnisses" aufzuweisen. Diese spontane Ästhetik orientiert sich jenseits allen Intellektualismus' am Sinnlich-Gegenständlichen ohne Kunst-Ideologie. Die griechischen Maler versuchen mit allen Strömungen mitzuschwimmen, oft ohne rechte Überzeugung. Man braucht bloß eine „Panhellenische Ausstellung" der bildenden Künste im Athener Zappion gesehen zu haben, um zu wissen, wie weit diese wohlgemeinten Versuche von der perniziösen europäischen Realität entfernt sind. Dies um so mehr, als der Kunsthandel kaum eine Rolle spielt.

Diese dem europäischen Bewußtsein völlig fremden Züge sind das Ergebnis jener Entwicklung, die die Griechen seit dem Erlöschen der Klassik durchgemacht haben. Die klassische Kunst führte im römischen Reich bis zum 3. Jahrhundert ein gleichsam museales Dasein, sie diente eben der Statusprotzerei und war Bildungssymbol des reichen römischen Bürgers. Die antike heidnische

Religion, deren unmittelbare Realisierung diese Kunst war, war nicht mehr lebendiger Ausdruck des Bewußtseins und im ungeheuren synkretistischen Religionsgemisch der Zeit aufgegangen, in dem es keine generelle Linie gab; diese sollte erst im 4. und 5. Jahrhundert vom Christentum bestimmt werden. Daran war vor allem die „Verstaatlichung" der neuen Religion schuld, die damit den Reichsapparat und viele Elemente der heidnischen Staatsideologie aufgehalst bekam. Während die Kunst bis dahin — eben weil sie wesentlichen Anteil am heidnischen Kult hatte —, außer als Grabschmuck und im Kunstgewerbe, im Christentum keine Rolle spielte, wurde sie nun durchaus im heidnischen Sinn in Form der Ikone integriert, ebenso wie der Kaiserkult. Das ist der Grund dafür, daß von nun an die Rundplastik verworfen wurde, gleichsam als der formalistische Sündenbock für die im übrigen vom Heidentum übernommene Kunstidee. Daß darin eine Abwendung vom Sinnlichen enthalten ist, vornehmlich in der Schematisierung der menschlichen Gestalt und des Gesichts, ist ebenfalls mehr Ausdruck dieser Abgrenzung gegenüber dem heidnischen Kultbild (etwa der hellenischen Mumienbilder aus Ägypten), als Ausdruck der „Weltflucht", die zwar das Verhalten vieler Christen motivieren mochte, wie bei den Anachoreten und ihren Nachfolgern, den Mönchen, aber sicher nicht der tragende Geist der Reichskirche war. Dagegen sprechen schon solche Bauten wie die Hagia Sophia. In der Lehre der Menschwerdung Gottes, der Auferstehung des Fleisches, der Kirche als Verwirklichung des lebenden Christus in dieser Welt, ist ein Element der Diesseitigkeit enthalten, das der Konzeption vom unüberbrückbaren Unterschied zwischen den seligen Göttern und den unseligen Sterblichen in der heidnischen Religion der Griechen entgegengesetzt ist. Gerade dieser Akzent der christlichen Lehre war ja der stärkste Impuls für das christliche Reich als christlicher „Oikumene". So ist das Starre, das Hieratische der neuen religiösen Reichskunst in erster Linie wohl bewußter Abstand von den bildnerischen Formen der heidnischen Religion, zugleich aber die Fortsetzung der Repräsentation und Verwirklichung des Göttlichen im Kult — wie in der heidnischen Religion. Dennoch hat das Starre und Hieratische niemals den Blick für die Schönheit antiker Kunst getrübt. Die Behauptung, das Christentum habe das antike Schönheitsideal zerstört, ist eine arge Übertreibung. Gewiß hat es Gewaltaktionen gegeben, aber entscheidend bleibt, daß die neue christliche Hauptstadt Konstantinopel zu einem gigantischen Museum der heidnischen Kunst wurde, für das Konstantin und Justinian alles, was sie nur finden konnten, zusammenschleppten. Die christlichen Byzantiner lebten tagtäglich im Schatten dieser Kunstwerke, ja ein Gesetz sicherte ihnen sogar den freien Ausblick aus ihren Häusern auf die Statuen, bis dann unsere Ahnen im Vierten Kreuzzug nach Byzanz kamen und alles kurz und klein schlugen. Für die christlichen Byzantiner war es selbstverständlich, die Werke ihrer Ahnen zu schätzen. Die Psychologie dieses Verhaltens, dieser gegenwartsbezogene mythische Historismus, der sich auch in der Nachahmung der klassischen, vornehmlich historischen Literatur zeigt, läßt sich nur dann verstehen, wenn man von der abendländischen Vorstellung der Kunst abgeht: Sie war den griechischen Byzantinern unbekannt, blieb es bis zuletzt. Dies bedeutete aber nicht, daß dadurch das lebendige Kunstbedürfnis des einzelnen gehemmt gewesen wäre; die angewandte gewerbliche Kunst, Dichtung und Musik spielten weiterhin ihre alltägliche Rolle im Leben des byzantinischen Volkes, aber eben als „Lebensmittel", nicht als Statussymbol. Daher ist auch so wenig davon erhalten. (Die gleiche Einstellung herrschte auch in der klassischen Zeit: Auch für sie war „Kunst“ ein „Lebensmittel“; deshalb ist zum Beispiel nur ein Bruchteil der tragischen Dichtung erhalten, und auch den verdanken wir der musealen Einstellung von Römern und Byzantinern.)

Gerade die grundsätzliche Hieratik der religiösen Kunst — ab und zu durch „Renaissancen“ aus antiken Quellen aufgelockert — bewirkte, daß sich „Kunst“ nicht zu einem chimärisch-mythischen Eigendasein im europäischen Sinn emporgeschwungen hat. Interessant ist in diesem Licht die Kunstentwicklung in den sozialistischen Ländern, die, ausgenommen Polen, die CSSR und Ungarn, sich alle in die byzantinische Tradition reihen: Durch den unfreiwilligen Import der bürgerlichen Kunstideologie im Gewand des marxistischen Bildungsideals ist eine sonderbare Widersprüchlichkeit entstanden. Einerseits ist die Kunst — durchaus in der Tradition der Ikonenmalerei, ja in ihrer direkten Fortsetzung — religiöser Ausdruck der Ideologie, das Bild ist tatsächlich politisches Kultbild, noch dazu in der feierlichen Hieratik des sozialistischen Realismus, andererseits bleibt doch im Sinne der bürgerlichen Kultur, deren traditionelle Überbaufunktion auch die marxistischen Formen bestimmt, der Begriff „Kunst“ gleichsam als materialistischer Mythos in einer seltsamen Schwebe, die dann vom Beginn der Koexistenz an auch noch in Konkurrenz mit ihren bürgerlichen Erscheinungen tritt. Der Künstler ist eine seltsame Mischung aus einem staatlich besoldeten Ikonenmaler und einem mythischen Individuum nach bürgerlichem Vorbild, von der Ideologie manchmal knapper, manchmal lockerer an der Leine gehalten.

In Griechenland war die byzantinische Tradition seit dem Vierten Kreuzzug für längere Zeit vom Zentrum abgeschnitten, das Kunsthandwerk blieb unter den verschiedenen Fremdherrschaften dem Volk überlassen. Immer wieder gab es fremde Einflüsse, besonders in der Literatur und Musik. Sie blieben aber regional — Kreta, Ionische Inseln — und wurden nicht in einem größeren Maßstab bestimmend. Ein einsam herausragendes Zeugnis der unabsehbaren Möglichkeiten, die die lebendige byzantinische Tradition in einer fruchtbaren Verbindung mit der westlichen technischen Entwicklung hätte haben können, war die Person El Grecos, des Griechen: Welche Dimensionen des Impressionismus, aber auch des Expressionismus nahm er vorweg — im Rahmen des Sakralen und im Dienst des europäischen Feudalismus! Lebendig ist aber nur die Volkskunst geblieben.

Sie ist es bis heute, freilich durch die technische Entwicklung vielfach überdeckt, verfremdet, in den Schnickschnack der kitschigen Verzierung verdrängt. Bedeutet das, daß die Griechen keinen Sinn für das Schöne haben? Gott sei Dank, für das „Schöne", wie es von der gesellschaftlichen Ästhetik des übrigen Europa entwickelt und letztlich in das Chaos der gegenstandslosen Kunst entfremdet wurde, hat er tatsächlich keinen Sinn. Man könnte sagen, daß sich für den Griechen das Schöne in erster Linie im unmittelbaren Leben manifestiert, im Menschen, in der Gemeinschaft, im Fest, im Tanz, in der Kommunikation, daher im Gedicht und im Lied, letztlich in der „Natur", wie er sie auffaßt, nämlich als Realität. Das „Ausschmücken" dieser Realität versteht er schlecht: Die Lehre, die er von den Europäern empfangen hat, ist nicht in ihn eingedrungen. Er huldigt dem Kitsch, dem Firlefanz — als Statussymbol. Um als „Europäer" zu erscheinen. Vielleicht hat er instinktiv erfaßt, daß dies der Status eines hoffnungslosen Hanswursts ist. Daß der Grieche „Geschmack" in einem viel ursprünglicheren

Sinn besitzt, nämlich im Körperbewußtsein, wird jeder, der Griechen tanzen gesehen hat, oder auch nur die selbstverständliche Grazie und Würde ihrer allgemeinen Körperhaltung beobachtet hat — bei Männern und Frauen gleichermaßen —, bestätigen können. Das ist Anschauungsunterricht in „Menschenwürde" und Natürlichkeit. Hier dürfte seine Spontaneität wurzeln, die eben auch künstlerisch sein kann, geprägt von der reichen Tradition der Ikonen- und Volksmalerei, der Architektur und der Gebrauchskunst wie Töpferei, Tischlerei und Weberei. In all dem wird die Tradition der unmittelbaren, höchst poetischen Beziehung zum Material wie zur Form sichtbar.

Sobald die Griechen einmal erkennen (und zwar nicht nur in esoterisch-intellektuellen Architektenzirkeln), daß sie sich um keinen Preis an Europa oder Amerika als an etwas „Höherem" orientieren sollen, sondern — wie Le Corbusier an der kykladischen Architektur — an ihren eigenen Quellen, wird die gegebene künstlerische Spontaneität, zusammen mit dem nüchternen Sinn für Funktionalismus, Wunder wirken. Die beste Voraussetzung dafür ist das Fehlen jeder Mythologisierung — wenn man von jener des „Europäischen" absieht. In Griechenland ist nicht einmal die Folklore nationalistisch mythologisiert. Daß nach dem 19. Jahrhundert, als der europäische Mythos der „Kunst" ins Land drang, es die Griechen selbstverständlich fanden, die „wahre" Verwirklichung nur in der Anlehnung und in der Nachahmung zu erreichen, rettete sie vor der falschen Mythologisierung einer „völkisch" verstandenen nationalen Kunst.

Für das Mißtrauen gegenüber der „fränkischen" Kunst gibt es ein besonders schönes Beispiel: den Freiheitskämpfer General Makryjannis, der seine Erinnerung an den Krieg von einem Maler in einer Serie von Bildern festhalten lassen wollte. Er schreibt in seinen Memoiren: „Als ich nach Athen kam, nahm ich mir einen fränkischen Maler, damit er die Bilder von jenen Kämpfen male. Seine Sprache verstand ich nicht. Er malte zwei, drei Bilder, doch waren sie nicht gut. Ich bezahlte ihn, und er ging. Nachdem ich diesen Maler verjagt hatte, schickte ich nach Sparta um einen Kämpfer namens Panayotis Zographos" (Maler, wörtlich „Lebensschreiber") „holen zu lassen . . . wir gingen auf die Hügel, und ich sagte ihm: So war jene Stellung, so jene, dieser Kampf verlief so, der andere so." Statt der dramatischen Stimmungsbilder des romantischen Franzosen malte Zographos auftragsgemäß so etwas wie eine Mischung von geographischen Schlachtplänen und Gemälden. Von den Originalen sind acht auf uns gekommen, wunderbare Beispiele von Volkskunst, mit Elementen der Ikonenmalerei. In den etwas weniger originellen Kopien von der Hand der beiden Söhne des Malers ist die ganze Serie von vierundzwanzig Bildern erhalten. Verallgemeinernd könnte man sagen, daß sich in der Einstellung Makryjannis' die Haltung aller Griechen spiegelt, auch noch der Europa imitierenden Maler; nämlich, daß sie ihr Handwerk ernst nehmen, aber kaum den Mythos der „Kunst". Das Abendland hatte sich bei der Schaffung seines Kunst-Mythos unter die Patenschaft eines mißverstandenen, verfälschten Griechenland der Antike gestellt. Die Griechen von heute in ihrem Drang, Europa nachzuahmen, versuchten, diesen Kunst-Mythos zu übernehmen, zum Glück ohne viel Erfolg, hauptsächlich deshalb, weil die gesellschaftlichen und daher die bewußtseinsmäßigen Voraussetzungen nicht gegeben waren. Jetzt, da der europäische Kunst-Mythos in der Folge der jüngsten technologischen Entwicklung in den letzten Zügen liegt, könnte ein sich selbst von den Resten dieses

Mythos befreiendes Griechentum für den Europäer jener kritische Dialogpartner werden, der ihm beibringt, den ganzen Ballast der europäischen Pseudokultur über Bord zu werfen, auch in der Dritten Welt: kulturrevolutionäre Nachbarschaftshilfe.

4

Musik

3. Erwartung

So wuchsen groß inmitten der Erwartung unsre Nächte,
wo auch die Lieder wurzeln und sich recken wie die Bäume.
Und diese hier, in Fesseln — o Mutter — und jene in der Ferne,
seufzen verbittert ihr „Ach“ — o Mutter — und es wird zum
Blatt der Pappel.

Daß Konzentrationslagergedichte in Form von Blumengedichten in der zweiten Hälfte des 20. Jahrhunderts ebenso möglich sind wie die Konzentrationslager, und daß diese Gedichte nicht die private Flucht des Dichters sind, sondern die Kommunikation mit seinem Volk, könnte man das „griechische Wunder des 20. Jahrhunderts" nennen. Es zeigt, daß es für den Dichter wie für das Volk, für den Gefangenen wie für den „Freien", den Bruch zwischen Idee und Realität, zwischen Leben und Ideologie, diesen fatalen Bruch, der alles Abendländische durchzieht, nicht gibt: Die Idee ist die Realität, das Leben ist die Ideologie. (Das war gewissermaßen auch der Ursprung des griechischen Philosophierens und ist offenbar die Form, in der sich der Grieche auch heute seiner bewußt ist.)

„So wuchsen groß inmitten der Erwartung unsre Nächte ..."

In dieser ERWARTUNG liegt ein wichtiger Ansatz für die Erklärung des „optimistischen" Verhaltens der Poesie, auch noch im Konzentrationslager, in den Nächten der Baracken, ohne Kommunikation mit der Außenwelt, ohne konkrete Hoffnung, daß sich die Zustände ändern könnten, ausgeliefert der Willkür der Wächter, die ja ebenso „Gefangene" sind, mit dem Unterschied, daß sie jene sind, die prügeln. Diese Situation müßte in die abgestumpfte Gleichgültigkeit der Verzweiflung münden. Sie kann „griechisch" überwunden werden: Durch die ERWARTUNG, durch jene Tugend, die dem Abendländer abhanden gekommen ist, wenn er sie je gehabt hat. Der Europäer, der von seinem täglichen Terminkalender bis zu seinem geordneten Lebenslauf niemals im Unbestimmten, im Aorist zu leben versteht, verträgt das Warten nicht. Bevor er sich entschließt, sich der Spannung endlos scheinender ERWARTUNG auszusetzen, findet er sich gleich lieber mit seinem Zustand ab und erwartet nichts mehr. Und wenn er kurzfristig in der ERWARTUNG lebt, so ist das Erwartete bis ins letzte vorausbestimmt, vorausgeplant, was dann zur Folge hat, daß, wenn das Erwartete eintrifft, und so ist, wie es vorausgeplant war, es plötzlich aufhört reizvoll zu sein und schal wird, wenn es aber anders ist, bloß unendliche Enttäuschung hervorruft.

Die ERWARTUNG der Griechen ist eine andere: Sie ist gleichsam die Spannung zwischen Verzweiflung und Hoffnung, die Bestimmung durch das Unbestimmte, die Konzentration auf die ERWARTUNG selbst, nicht so sehr auf das Erwartete: der Aorist. Da sich aber solche fast hochtrabende Bestimmungen, um wahr zu sein, im Alltagsleben bewähren müssen, soll hier eingeschaltet werden, daß sich diese Fähigkeit der ERWARTUNG durchaus nicht auf „große" Momente beschränkt: Nirgends habe ich ganze Schlangen von Wartenden in solcher Ruhe, ohne jede Nervosität gesehen, wie in Griechenland; nicht etwa abgestumpft und verdrossen, oder in verbissener Selbstbeherrschung, sondern heiter, gelassen, eben in ERWARTUNG. Dieses Schauspiel kann man jeden Tag bei den Haltestellen der Autobusse im Zentrum Athens beobachten, wo oft über hundert Menschen auf das Fahrzeug warten und auch dann nicht ungeduldig werden, wenn der Bus schon da ist, aber noch nicht eingestiegen werden darf, weil der Schaffner und der Fahrer vorher noch eine Zigarette rauchen.

ERWARTUNG heißt auf griechisch KARTEREMA, gebildet aus dem altgriechischen Adjektiv KARTEROS, kraftvoll, mächtig, gewaltig, und schon bei Plato im Sinn der beharrlichen Erwartung verwendet. Es gibt noch ein anderes davon abgeleitetes Wort, KARTERI, der beharrliche, voll Erwartung auf etwas gerichtete Blick. Im Gedicht „Das Wasser" steht dieses Wort für den „klaren, fernen Vogelblick".

KARTEREMA umfaßt Erwartung, Sehnsucht, Begehren — Ausharren, Geduld, Hartnäckigkeit. So sagen der Liebende, die Liebende, SE KARTERO, „ich erwarte dich". Der Unterschied zum gewöhnlichen Wort für Warten, PERIMENO (wörtlich übersetzt „herum-bleiben"), läßt sich auf deutsch nicht näher beschreiben. Schließlich stecken fast viertausend Jahre Sprachgeschichte dahinter, die ebenso lange Geschichte des Volkes, in deren Verlauf in diesem Wort das Erleben Tausender Generationen weitergegeben wurde, die Erwartung und die Beharrlichkeit Millionen einzelner, die Erwartung des unbestimmten Bestimmten, das sie Freiheit nennen lernten. Vierhundert Jahre Römerherrschaft, achthundert Jahre Byzanz (die christlichen Byzantiner verachteten die hartnäckig an ihrer heidnischen Tradition festhaltenden Bauern und Hirten des alten Hellas, die erst im 8. Jahrhundert endgültig christianisiert wurden, und „Hellene" war bis ins 12. Jahrhundert ein Schimpfwort für Heide), dreihundert Jahre Lateinerherrschaft, schließlich über vierhundert Jahre Türkenherrschaft, während der sich die Griechen vollends in der Situation des Konzentrationslagerinsassen befanden, dazu noch mit griechischen Wärtern, den Gutsbesitzern und Bischöfen, die im Rahmen der gewährten Autonomie nicht die Interessen der Unterjochten, sondern die der Eroberer und ihre eigenen wahrten. Alles in allem also über zweitausend Jahre Fremdherrschaft, die aber dem bewußten Ausharren, dem Fortbestand nichts anhaben hatte können. Wenn aber

Menschen in ihrer ganzen Haltung HIER und JETZT leben, dazu in der ERWARTUNG, sind sie auch imstande, Hoffnung und Verzweiflung des Konzentrationslageralltags miteinander zu verbinden. Sie werden dabei die Blume im Felsspalt nicht übersehen, sondern mit ihr ein Gespräch beginnen, das mit der Erwartung scheinbar nichts zu tun hat, aber dann in der Symbolik der Blume, die auch noch aus dem Felsen Blut holen kann, wiederum zum Ausdruck von KARTEREMA, der beharrlichen, hartnäckigen ERWARTUNG wird.

Das ist das Wesen der feierlichen Frivolität der Griechen: Im Augenblick für den Augenblick zu leben, aber in ERWARTUNG, in der Leidenschaft eines erwarteten DANN und DORT, die aber das HIER und JETZT nicht auslöschen.

Die Haltung eines Unterdrückten, der nicht pausenlos mit den Ketten rasselt und den Märtyrer des Widerstandes spielt, sondern durchaus den Augenblick genießen kann — soweit er genießbar ist —, mag dem Wertbewußtsein vieler an Pflicht und Leistung orientierter Europäer charakterlos und liederlich erscheinen. Das aus der unterdrückten Mentalität des Leibeigenen, aber auch jener des seinem Lehensherren verpflichteten Adeligen und aus dem besitzvermehrenden puritanischen Zwang des Bürgers stammende europäische Pflicht- und Leistungsbewußtsein ist den Griechen fremd. Das Wort „Pflicht", für den Europäer immer die moralische Zuchtrute seines jeweiligen Systems — egal, ob feudalistisch, bürgerlich oder sozialistisch —, ist für den Griechen nur in der Verpflichtung gegenüber einer Person verständlich, real. Verpflichtet ist er Menschen, die er liebt: der Familie, dem Freund, dem Politiker, den er anerkennt, solange er ihn anerkennt, der Gemeinschaft.

In der ERWARTUNG wurzeln die Lieder. Diese einfache Feststellung umschreibt das musikalische Bewußtsein der Griechen, das alle Welt faszinierende Phänomen der griechischen Musik.

Was läßt sich über sie sagen? Objektiv läßt die griechische Musik sich leicht von der abendländischen Musikentwicklung abgrenzen. In den Jahrhunderten, in denen die abendländische Musik der Völkerwanderungsstämme — unter dem Einfluß der aus dem Mittelmeerraum importierten Kirchenmusik — emotionales Ausdrucksmittel einer patriarchalisch-feudalistischen Gesellschaft wurde, verwurzelt im hierarchischen, vom Erbrecht geprägten Bewußtsein der verschiedenen Klassen, des in seinem Dorf singenden und tanzenden Bauern, des ritterlichen Minnesängers und Ependichters und der psalmodierenden Mönche, die wiederum das religiöse Amalgam aus den beiden anderen sind, war die griechische Musik bereits der emotionelle Ausdruck eines Volkes, dessen Sprach-, Sozial- und folglich auch Musikgeschichte gute eintausendfünfhundert Jahre früher das gleiche Entwicklungsstadium durchlaufen hatte. Eine unvergleichliche Eigenentwicklung hatte in Griechenland bereits im ersten Jahrtausend v. Chr. in die Klassik geführt, von jenem Ausgangspunkt aus, der ungefähr dem frühen Mittelalter entspricht: leibeigene Bauern und höfisch-ritterliche Sänger und Ependichter waren ihre Träger, allerdings keine psalmodierenden Mönche, wenngleich die religiöse Seite der höfischen Musik der mykenischen Zeit auch eine große Rolle gespielt haben mag. In allen diesen Formen des frühen Griechentums müssen Wurzeln lebendig gewesen sein, die direkt in die Vorgeschichte reichen, in die vielleicht matriarchalischen Gesellschaftsformen Kleinasiens, der Kykladen, Kretas. Stammen die Musikinstrumente, vor allem die Lyra, aus diesen Gebieten? Ist die „lydische“ Tonart, die Plato im „Staat“ als verweichlicht ablehnt, ein matriarchalischer Rest aus Kleinasien (woher die kretische Kultur zu stammen scheint), die sich gegen die „männliche“, patriarchalische dortige Weise durchgesetzt und erhalten hat? Die Musikwissenschaftler können darüber nichts sagen.

Jedenfalls hat der musikalische Ausdruck, zusammen mit der Dichtung und parallel zur bildenden Kunst, bis in die Klassik eine Entwicklung durchgemacht, die immer mit der Sprache verbunden blieb. Theater, Gesangswettbewerbe bei sportlichen Festspielen und die Chorlyrik sind die Ausdrucksformen des gesungenen Wortes. Wir haben von dieser Musik keine Vorstellung, weil außer den Texten nichts erhalten, kein Denkmal aufgezeichneter Musik auf uns gekommen ist. Was geblieben ist, sind die Kirchentonarten. Sie stimmen mit den Tonarten der Volksmusik überein.

Das ist das historische Fazit. Was es aussagt? Viertausend Jahre Entwicklung, im Wellengang von Aufstieg und Verfall. Vermischung mit fremden Elementen. Urschrei matriarchalischer Fruchtbarkeitskulte, Kriegsgeschrei patriarchalischer Horden. Höfisch-epischer Singsang in mykenischen Burgen, Bauerntänze, Hirtenlieder, religiöse Prozessionslieder im Stil des kretischen Sarkophags von Hagia Triada, Totenklage der geometrischen Vasen, Vortrag der Epen Homers, Tragödienchöre, anakreontische Trinklieder, Lyrik der Sappho, Pindars Oden, Reigentänze, dionysische Chorlieder der Komödie. Makedonische Kriegsmusik, persische Hofmusik, römisch-arabisch-koptisch-syrisch-jüdische Einflüsse. Psalmengesang des Urchristentums, rhythmische Musik des Isiskultes, orgiastische Lieder aus verschiedenen kleinasiatischen Mysterienkulten, in denen vielleicht altes matriarchalisches Gut wiederauflebt. Sieg des Christentums, slawische Einfälle, Lieder der Kreuzfahrer, höfische Musik der fränkischen Kolonialherren, die die mykenische Epoche wiederbringen, zuletzt die Musik Venedigs und Genuas und die Janitscharenmusik der Türken. Ein Sammelsurium, aufgepfropft auf einen uralten Sprachstamm, der irgendwo am Schnittpunkt von Geschichte und Mythos wurzelt und vielleicht aus dem Zusammenprall von Patriarchat und Matriarchat entstanden ist. Ein Amalgam, das ins Unbewußte der griechisch redenden Hirten, Bauern, Soldaten, Beamten und Mönche hinabgesunken, von Müttern, beruflichen Sängern und lehrenden Priestern weitergegeben, in der immer wieder gesungenen Wortfolge des Volksepos, der Ballade, des Hirtengesanges, des Liebesliedes, der Totenklage, aber auch der Psalmodie, des Troparions und anderer Kirchenhymnen als uraltes Material immer von neuem Form gewinnt und Uraltes im Neuesten verwirklicht.

Welche Wurzeln welchen Ausdrucks! Ist es das, was der Europäer als aufreizende Mischung von Jubel und Melancholie, von bedrohlicher Tragik und leichtfüßiger Frivolität empfindet, wenn er irgendeinen griechischen Gassenhauer hört, der gerade in Mode ist? Ist es diese seltsame androgyne Mischung, in der das „göttliche Kind" des Mythos als Greis der Weisheit musikalischer Ausdruck wird — Abbild der Geschichte?

In das unmittelbare musikalische Erleben der Griechen kann sich der Europäer wohl kaum vollkommen einfühlen. Die musikalische Tradition beider ist so verschieden, das europäische Bewußtsein so sehr durch künstliche Formen beeinflußt, daß es zu einer solchen unmittelbaren Erfahrung kaum fähig sein dürfte, auch wenn es davon berührt wird.

Dennoch gibt es — außer dem rationalen Prozeß des

Bewußtmachens und jenem näher nicht zu begründenden Effekt der unmittelbaren Sympathie gegenüber der griechischen Musik — einen mittelbaren Zugang zu diesem musikalischen Empfinden: den Tanz. Denn im Tanz werden Melodie und Rhythmus in Körperbewegung übersetzt, und diese ist sichtbar. Und ebenso wie die Musik ist der Tanz, zusammen mit der Musik, ein ganz wesentliches persönliches Bedürfnis der Griechen, nicht als „Unterhaltungstanz", als „Gesellschaftstanz", sondern als Mittel sich auszudrücken, man könnte sogar sagen, bewußt zu werden. Daher ist Tanz kein künstliches Bewegungssystem, auch wenn die Bewegungen und Schritte durch Überlieferung gelehrt werden: Er ist immer unmittelbares, persönliches Umsetzen. Jeder Muskel nimmt als Einzelwesen an der Bewegung teil und ist dennoch dem Ganzen untergeordnet, in der Einheit des Körpergefühls, das in Bewegung umgesetzt wird: Straffen und rhythmisches Erschlaffen des Rückens, die fast in Zeitlupe aufgesetzten, dann wieder blitzartig aufstampfenden Füße, die hieratische Kopfhaltung, die vom Körper locker weggestreckten Arme, die im Takt schnalzenden Finger, kurz, das psychosomatische Spiel des ganzen Menschen. Das Schauspiel, welches Geist, Gefühl, Erotik, Leidenschaft, Besinnlichkeit, Freude, Trauer, Stolz und Zorn in sich vereinigt, ist von einer Unmittelbarkeit, die den Fremden immer wieder fasziniert. Und es ist erstaunlich, daß die Fähigkeit zu dieser Unmittelbarkeit auch in der Stadt nicht verlorengeht, selbst in Familien, die seit mehreren Generationen dort leben.

Hier wird also Musik sichtbar, als Ausdruck des seiner selbst im Körper bewußten Menschen, der aus reiner Freude an diesem Selbstausdruck tanzt, meistens allein, in Gruppen oder — seltener — zu zweit. Frauen tanzen meistens nur in Gruppen mit, die betont patriarchalischen Regeln des öffentlichen Lebens verlangen das. Allerdings schwinden diese Beschränkungen auf dem Land immer rascher.

Ein weiterer Zugang zur Musik sind die Worte, die gesungen werden. Das Lied ist in Griechenland in einem ganz besonderen Maß zum Ausdrucksmittel des politischen Bewußtseins geworden, viel mehr als im übrigen Europa, wo diesem Genre immer etwas Künstliches anhaftet: Sowohl die Brecht-Lieder als auch neuere Beispiele dieser Gattung, wie etwa Degenhardt, leiden darunter, selbst die Protestlieder der USA sind nicht ganz frei davon. Die Volksliedtradition der Griechen war immer auch politisch, sowohl in den historischen Epen und Balladen als auch — und hier ganz besonders — in den Liedern des Befreiungskrieges gegen die Türken, in denen dazu noch die sozialkritische Note in bezug auf die griechischen Verhältnisse zu finden ist. Auch die enge Verbindung zwischen Sprache und Musik, Dichtung und Volkslied dürfte sich positiv auf die Unverfälschtheit und Spontaneität jüngster Schöpfungen auswirken. In Europa hat die Akzentverschiebung auf die reine Instrumentalmusik und die Kluft zwischen Volkssprache und Literatursprache diesbezüglich eine sehr negative Wirkung.

Für die Griechen ist im Lied Sprache und Gesang eins. (Das Wort TRAGOUDI, Lied, ist die direkte Volksüberlieferung des Wortes TRAGODIA, wobei der ursprüngliche Sinn, „Bocksgesang“ zu Ehren des Dionysos, in der einfachen Bedeutung von Lied offenbar die Erinnerung an das Theater, an die Tragödie überdauert hat.) Das TRAGOUDI ist integrierender Bestandteil des griechischen Lebens: die Griechen haben es fertiggebracht, das Volkslied lebendig zu erhalten, ja es zu erneuern, den Lebensverhältnissen in der Großstadt anzupassen.

Das Volkslied ist kein musealer Schatz, der von Wissenschaftlern gesammelt und studiert wird, sondern nach wie vor lebendiges Gut aller. Nur so ist es verständlich, daß auf dem Land die Kunst der Improvisation nach uralten Formen nach wie vor weiterlebt: Stundenlang können junge Leute bei einigen Flaschen Bier in einer Taverne sitzen und reihenweise Liebes- und Spottlieder in Stanzen vor sich hinsingen, wie sie ihnen gerade einfallen. Und nur so ist es erklärlich, daß Liederschreiber, aus derselben metrischen und melodischen Tradition schöpfend, nicht nur die Gedanken und Gefühle von Verliebten, sondern auch die Probleme von Arbeitern in den Fabriken oder von Gastarbeitern im Ausland, oder sogar Beobachtungen über politische Zustände, etwa in Südafrika oder in den USA, ausdrücken können. Diese Gedanken und Gefühle werden so umgesetzt, daß sie tatsächlich die Massen der Hörer ansprechen. Die Lieder sind weder künstlich noch theoretisierend, sie sind daher in unserem Sinne auch nicht „kitschig", selbst wenn sie ganz einfach, anspruchslos — eben „Schlager" sind. Theodorakis hatte mit dieser Form des „politischen" Liedes begonnen, und der Erfolg war so durchschlagend, daß sich die Diktatur genötigt sah, sie zu verbieten, was natürlich die gegenteilige Wirkung hervorrief. Nach Theodorakis ist eine ganze Reihe von Liederschreibern vor die Öffentlichkeit getreten; ihre Lieder, während der Diktatur oft für einen kleinen Kreis geschrieben, sind heute jeden Tag im Radio zu hören, als Schlager. Sie haben etwa solche Texte:

Die Fabrik arbeitet Tag und Nacht,
ich stehe an der Maschine
und weiß nicht, wie mein Nachbar heißt
und nebenan der verrückte Italiener.

Schon im ersten Augenblick
hat man mir den Aufseher geschickt,
er sagte mir zwei Worte:
„Hör zu, junger Freund,
denk daran, daß Zeit Geld ist,
sprich nicht mit deinem Nachbarn,
halte die Zeit ein.
Vergiß deinen kleinen Sohn nicht,
er hat Hunger, es wäre schade um ihn."

Oder:

Wenn du deine Hände vermietest,
denk daran, daß deine Hände zwei Maschinen sind,
und daß der Mechanismus, an den du sie vermietest,
keine Menschlichkeit kennt und schon gar nicht
Gefühle ...

Oder:

South Africa ...
ich will euch erzählen, was ich dort erlebt habe:
es gibt weder Medizinmänner noch Kannibalen,
aber wenn zwei sich verlieben, müssen sie von der
gleichen Hautfarbe sein ...

Oder:

Wenn du eine Diktatur machen willst,
nimm ein paar Panzer und eine Kelle zum Grundstein-
legen,
einen Slogan: „Hellas der christlichen Hellenen" — —
ohne Parlament und ohne Wahlen ...

Alle diese Lieder waren Schlager des Jahres 1975. Ein Jahr lang wurden sie gesungen, dann kamen neue. Gewiß, sie bewegen sich im Rahmen der Konsumpolitik der Schallplattenindustrie. Aber sie machen diesen Rahmen zum Vehikel der Bewußtseinsbildung, viel deutlicher als in anderen Ländern.

Daß dies möglich ist, hat seinen unmittelbaren Grund in der eigenartigen Geschichte des griechischen Schlagers, die, in der lebendigen Verbindung mit den Traditionen des Volkslieds, ganz anders verlaufen ist als die des europäisch-amerikanischen Schlagers.

Schon um die Jahrhundertwende hatte sich in Athen eine Art Vorstadt- und Unterwelt-Liedkultur entwickelt, im Kreis der sogenannten „Manges", der Zuhälter, Messerstecher und Haschischraucher der damaligen Unterwelt. Diese Lieder vereinigten Einflüsse des Volkslieds mit denen der europäischen Operette. Die bis dahin eher verschlafene kleine Hauptstadt wurde 1922 zu einem Sammelbecken der verschiedensten lokalen Musiküberlieferungen des gesamten Griechentums — sie stammten aus Kleinasien, von den Inseln, vom Festland — und waren alle wiederum gleich beeinflußt von der importierten europäischen Tanz- und Operettenmusik der Jahrhundertwende. Entsprechend dem Sozialgefüge des von Flüchtlingen überfluteten, über Nacht auf den Weg zur Großstadt gestoßenen Athen, mit allen Deklassierten dieses Großstadtproletariats und seiner Umwelt, entwickelte sich die einmalige Musikkultur der „Rebetika" (Rebetis war der Spitzname der Leute aus der Unterwelt). Vagabunden, Arbeitslose, Landstreicher, Zuhälter, Taschendiebe und Haschischraucher saßen allabendlich in ihren Vorstadttavernen und sangen. So ist Griechenland außer den USA, wo in den Negervierteln der Großstädte eine ähnliche Entwicklung erfolgte, das einzige Land, in dem die Großstadt, ihr Proletariat, ein echtes, nicht künstlich geschaffenes „Volkslied" der Megalopolis des 20. Jahrhunderts hervorbrachte. Dieses „Volkslied der Großstadt" wurde dann im Zweiten Weltkrieg zu einem wesentlichen Ausdruck des unterjochten Griechentums, eine Beseelung des Widerstandes. Aus diesen Wurzeln nahm, nach dem Jahr 1948, die griechische Musik ihren unerhörten Aufstieg, als Manos Hatzidakis das „Rebetiko" in einer Vortragsreihe als die „echteste" lebende griechische Musik präsentierte, was in der „guten" Gesellschaft einen Entrüstungssturm hervorrief. Nach Hatzidakis begann auch Theodorakis im Stil der Rebetika zu komponieren, und so wurde diese Liedform, die schon in ihren Ursprüngen sozialkritisch war, zum Ausdrucksmittel des politischen Liedes. Es gibt heute drei nebeneinander bestehende Formen — Abarten — des griechischen Volksliedes: das ursprüngliche, teils museal gesammelte, auf dem Land aber noch immer gepflegte Volkslied, die sogenannten „dimotika tragoudia", die „laika tragoudia", die nunmehr in Massenproduktionen hergestellten Nachfolger der „rebetika", oft völlig verkünstelt und kitschig; und das politisch-soziale Schlagerlied, zu dem auch die Kompositionen von Theodorakis und Hatzidakis zählen, wenngleich diese bereits einen fast „klassischen" Charakter haben.

Die fremden Einflüsse, besonders der amerikanische Pop, spielen eine gewisse Rolle, doch entwickelten sich auch auf diesem Gebiet Eigenformen. Zwei Musiker haben sich besonders hervorgetan: Dionysis Savvoppulos, der eine gelungene Übertragung des Bob-Dylan-Stils ins Griechische zustande gebracht hat, und Marisa Koch, die in ihren Kompositionen das Volkslied mit den Mitteln des Pop verbindet. Beide sind besonders beliebt. Alle Formen von Liedern und Schlagern werden dem Publikum in

„Boîtes“ angeboten, eine griechische Kopie der gleichnamigen Pariser Institution, die Anfang der sechziger Jahre eingeführt wurde. Während der Diktatur waren einige Boîtes richtige Widerstandsnester. Heute dienen diese Lokale gewissermaßen der Kommerzialisierung der Musik als Konsumware. Eine griechische Eigenheit, für europäische Ohren besonders irritierend, könnte als unbewußter Abwehrmechanismus gegen die Entwertung der Musik zum bloßen „Genußmittel“ gedeutet werden: In den relativ kleinen Boîtes wird die Musik mit Hilfe von Lautsprechern fast ins Unerträgliche verstärkt.

Der übrigen Welt wurde die griechische Musik zunächst durch Hatzidakis und Theodorakis vermittelt. Die Kenntnis der historischen und sozialen Zusammenhänge dieser Musik kann vielleicht dem sogenannten Gefallen an diesen Melodien und Rhythmen eine bewußte Dimension des Verständnisses hinzufügen. Vielleicht sogar im Sinne der Frage, was Musik überhaupt soll.

Diese Frage läßt sich beispielhaft an der abendländischen Musikentwicklung beleuchten, die ja die ganze Welt beeinflußt hat — auch Griechenland. Wir setzen uns ohnehin alle mehr oder weniger bewußt damit auseinander, dabei bleiben aber die sozialgeschichtlichen Zusammenhänge weitgehend unbeachtet: Die musikalischen Moden, die — meist aus Amerika — nach Europa kommen, nehmen die Jugend gefangen, die intellektuellen „Kenner“ wenden sich dem „ernsten“ Jazz zu, der gleichsam auf die Stufe der „klassischen“ Musik emporgestiegen ist; die „klassische“ Musik hat nach wie vor ihre eingeweihten und begeisterten Anhänger; seit den sechziger Jahren ist eine historische „Nostalgiewelle“ dazugekommen, mit ihrer Vorliebe für die Musik des Mittelalters, der Renaissance und des frühen Barocks (ich selbst war maßgeblich an der Popularisierung dieser Nostalgiewelle in Wien durch eine Reihe von Konzerten beteiligt). Diese verschiedenen Vorlieben und Moden kümmern sich wenig um den historischen Hintergrund, der aber zum Verständnis der gesamten Musikentwicklung und insbesondere für deren Auslaufen im musealen Eklektizismus wichtig ist.

Der historische Rahmen ist rasch skizziert: Unter dem Einfluß des jüdisch-griechisch geprägten frühchristlichen Kirchengesangs entwickelt sich im frühen Mittelalter der gregorianische Choral, parallel zur „Volksmusik" der Völkerwanderungsstämme, aus der sich später eine ganz neue Entwicklung ergeben sollte, nachdem verschiedene Formen gesellschaftlich bedingter Musikkultur wie das höfische Epos und der Minnesang verklungen waren. Die Sozialstruktur, aber auch die allgemeinen Kulturformen und ihre Wurzeln im Bewußtsein entsprechen im großen und ganzen der mykenischen Kultur zwischen 1400 bis 1200 v. Chr. Man kann von einem gewaltigen Rückschritt im Vergleich zur Spätantike sprechen. Im Gegensatz zur mykenischen Kultur und ihrer „naiven" Einheitlichkeit gibt es im frühen Mittelalter von Anfang an einen Zwiespalt mit schwerwiegenden Folgen: das zwangsweise auferlegte fremde Element der Religion, verschärft durch die künstliche Sprachbarriere des Latein. Die sich hier abzeichnende Kluft beeinflußt insbesondere auch die Musik: kirchliche Musik ist von „heidnischer", später von „weltlicher" geschieden; ein Zwiespalt, der dann in die bis heute gültige Trennung von „ernster Musik" und „Unterhaltungsmusik" mündet. Die Kirche hat zu dieser Trennung des Ihre beigetragen, da sie immer wieder darauf sah, daß die Volksmusik nicht in die Kirche dringe. So verschwanden aus gegenseitiger Befruchtung zeitweise entstandene Schöpfungen, wie die mittelalterlichen Mysterienspiele (nur ganz wenige sind erhalten, darunter der „Ludus Danielis“ aus dem 12. Jahrhundert).

Im Norden Europas kommt in dieser Zeit etwas ganz und gar Neues zum Vorschein: die Polyphonie. Wo zuerst mehrstimmig zu singen begonnen wurde, läßt sich nicht feststellen. Das erste notierte mehrstimmige Lied stammt aus England. Gleichzeitig mit dem wirtschaftlichen Aufstieg Flanderns und Frankreichs beginnt hier auch die Musik zuerst zu blühen und beeinflußt das übrige Europa, insbesondere Italien. Die erste große Meßkomposition, Machauts „Notre-Dame-Messe“, entsteht in Frankreich. Der immer mehr anwachsende Reichtum folgt dem sozialen und wirtschaftlichen Aufstieg der Epoche nach den Kreuzzügen. Immer ist Musik Statussymbol, die führenden Musiker sind „Hofmusiker“.

Mit der wachsenden Bedeutung der Renaissancehöfe Italiens beginnt unter französisch-flämischem Einfluß die Blüte der italienischen Renaissancemusik. Fast sieht es kurze Zeit so aus, als würde sich hier eine neue Form der Volksmusik (Madrigal) mit der neuen polyphonen Kirchenmusik zu einer einheitlichen Musikkultur entwickeln. Aber der Zwiespalt bleibt bestehen, und nun kommt auch noch die nationale Trennung hinzu: Befruchteten einander im Schmelztiegel des mittelalterlichen Universalismus die verschiedenen nationalen Schöpfungen, so trennen sie sich nun. Im Zeichen des nationalistischen Absolutismus spielen die Höfe weiterhin die Rolle der Musikzentren. Das gilt für Italien, Frankreich, England und Deutschland. In Italien versucht man Ende des 16. Jahrhunderts (zuerst am Hof der Medici in Florenz) auch in der Musik einen Anknüpfungspunkt an die griechische Antike zu finden, und so entsteht die Oper.

Von hier aus gesehen ist der nationale und soziale Aspekt der Musikentwicklung besonders interessant. Während die vielfachen Ansätze der Spätrenaissance und des Frühbarock in den anderen europäischen Ländern zu keiner weiteren großen Entfaltung führen, bekommen Italien und Deutschland die Überhand. Mit aller Vorsicht und mit der gebührenden Achtung vor dem Geist des Genies, der wehen kann, wo er will, wird man in dieser Entwicklung doch auch die Spiegelung der sozialen Verhältnisse sehen: Nur im päpstlichen Italien und in Deutschland hat die Aristokratie ihre mittelalterliche Rolle beibehalten. Obwohl die neue Musik gleichsam als Ausdruck der neuen, bürgerlichen Klasse ihren Aufstieg beginnt, bleiben die vornehmlichen Konsumenten die Adeligen. Die Entwicklung im protestantischen Deutschland, wo die reformierte Kirche in einem gänzlich cäsaropapistischen Sinn in die Abhängigkeit der Fürsten gerät, und so Kirchenmusik und höfische Musik einander noch viel häufiger und deutlicher ergänzen als im Mittelalter, scheint dies zu beweisen. Auch die Rolle Englands weist in die gleiche Richtung: Nach Purcell gibt es keinen großen Komponisten; die Herrschenden brauchen aber gute Musik und können sie auch bezahlen, deshalb ziehen Händel und Haydn für viele Jahre nach England. Das gleiche gilt auch für den österreichischen Hof: Von der Renaissance an, da ein Isaac Hofmusiker Maximilians gewesen war, sammeln die Habsburger gute Musiker um sich, bis zum Höhepunkt der „Wiener Klassik", als Schmuck des letzten „mittelalterlichen" Hofs nach der Französischen Revolution, und zugleich als erste freie Selbstdarstellung des intellektuellen Bürgertums. Die Konsumenten Mozarts, Beethovens und Schuberts sind vorerst durchwegs die Aristokraten. Und es ist bezeichnend, daß sich das revoltierende Bürgertum zunächst in der „leichten“ Musik eines Strauß dargestellt weiß! Hier ist jener Punkt erreicht, an dem sich die „Unterhaltungsmusik“ von der „ernsten Musik“ trennt (E- und U-Musik, wie es die Kürzel-Manie des 20. Jahrhunderts auszudrücken liebt). In der „ernsten Musik“ zerfallen Form und Inhalt immer mehr, sie wird zur ausschließlichen Domäne des kulturbewußten Bürgertums. Der letzte Komponist, der, fast wie in einer Farce, den „Hofmusiker“ Ludwigs II. imitiert, ist Wagner. Die großen Komponisten wenden sich nicht mehr an die Aristokraten und Herrscher: Debussy, Ravel, Schönberg, Webern, Bartók sind Komponisten des kultivierten Bürgertums. Unterdessen geht die „Unterhaltungsmusik“ im Zeichen des um sich greifenden „Consumerism“ ihren Gang — von der klassischen Operette eines Offenbach über Erscheinungen wie Lehár und Kálmán (eigenartigerweise wird diese Musik vom Kleinbürgertum und gleichzeitig von der verkommenen Aristokratie leidenschaftlich geliebt, während das kultivierte Bürgertum sie verabscheut) zum Schlager der Gegenwart, mit Einbeziehung des Jazz. Die „ernste Musik“ ist nach dem Zweiten Weltkrieg — zusammen mit dem kultivierten Bürgertum — in ihre letzten Konvulsionen geraten: John Cage, Stockhausen, Henze.

Was steht hinter dieser Geschichte der abendländischen Musik?

Wie die Skizze der Musikgeschichte nur eine dürftige Aufzählung von Punkten und Linien sein konnte, so können auch nur einige Andeutungen jenen Prozeß beleuchten, in dem, parallel zu allen anderen Kunstgattungen, die Musik zum typischen Medium der bürgerlichen Selbstdarstellung schlechthin wurde, nur eben intensiver, weil sie als Gefühlsreiz eine viel irrationalere Identifikation erlaubt.

Was ist Musik? Vielleicht ist aus dem „Urschrei", aus der Melodie der ersten bewußten sprachlichen Verständigung, verbunden mit dem Rhythmus des Pulses, des Atems, des Schritts, jene Ausdrucksform entstanden, die im gemeinsamen Singen und Tanzen Menschen zu einer Gemeinschaft des augenblicklichen Fühlens verbinden kann.

Die gesellschaftliche Rolle dieses Ausdrucksmittels ist offensichtlich: als Tanz- und Arbeitslied, kultischer Gesang, bald aber auch Statussymbol, etwa in den hochentwickelten Formen des Gottkönigtums der alten Hochkulturen. Eine ähnliche Aufgabe als Statussymbol erfüllte die Musik im europäischen Mittelalter, wie die Trennung zwischen höfischer Musik und Volksmusik zeigt.

Mit der Polyphonie bekam die Musik ein neues Gesicht. Zunächst hatte es den Anschein, als sei die Polyphonie die erhabene Form der Ausgeglichenheit, gleichsam die reine Demokratie der Stimmen. Da aber gleichzeitig die technischen Anforderungen an die Ausführenden stiegen, wurde diese Musik zunehmend zum geistigen Privatbesitz der Komponisten wie der Ausführenden, deren Produkt eine privilegierte Schichte konsumierte. Das gilt sowohl für die sakrale wie für die weltliche Musik. Die weitere Entwicklung entsprach den einzelnen Etappen, in denen das Bürgertum die Weltherrschaft erlangte — zuerst neben dem Adel, dann in der Konfrontation mit ihm. Für die erste Phase war die italienische Renaissance typisch, für die zweite das späte Barock und das 19. Jahrhundert im deutschen Sprachraum. Bemerkenswert ist, daß die große Explosion des Bürgertums, die Französische Revolution, außer der Marseillaise nichts zur Musikgeschichte beigetragen hat. Revolution scheint der Musik nicht zu bedürfen.

Das Besondere an der nun einsetzenden Entwicklung

ist die zunehmende Identifizierbarkeit der Musik mit der neuen Klasse, dem Bürgertum: sie wird gleichsam ihr Wesensausdruck. Während der Maler sich immer mehr von der Gesellschaft in eine Art exzentrische Sonderstellung zurückzieht, ist der Musiker der Liebling der bürgerlichen Gesellschaft. Diese Tendenz beginnt bei Beethoven, der sich in den Salons der Aristokraten vom liebedienernden Hofmusiker zum großen Genie mausert und im Konzertsaal Publikumsliebling wird, und feiert ihre Höhepunkte in den großen Virtuosen-Gestalten des 19. Jahrhunderts: Liszt, Paganini, Chopin. Die deutsche Apotheose ist Wagner, der glaubt, unter der Patronanz der Musik das „Gesamtkunstwerk" schaffen zu können. Die neuen bürgerlichen Verhältnisse zeigen sich auch noch im Anwachsen der Zahl der Ausführenden. Das kleine Orchester der Barockzeit wird zum Monsterensemble, in dessen undifferenzierter Klangfülle sich das triumphale Lebensgefühl der neuen herrschenden Klasse ausdrückt. In die gleiche Richtung entwickelt sich das „Hausinstrument" des Bürgers, das Klavier: die Saiten, nun nicht mehr auf einen Holz-, sondern auf einen Metallrahmen gespannt, müssen widerstandsfähig genug sein, um den Klavierauszügen von Beethovens Symphonien und Wagners Opern standhalten zu können. Der Bürger will sich in seiner Freizeit auch daheim am Gefühlssturm berauschen.

Daß gerade die Musik jenes Medium ist, in dem sich die neue Klasse ausdrückt, dürfte letztlich am abstrakten, nicht rational zu fassenden Inhalt liegen, der nicht mehr an das Wort, ja nicht einmal mehr an den Gedanken gebunden ist, sondern allein an das Gefühl appelliert, durch Melodie, Harmonie und Rhythmus — aber nicht mehr als gemeinschaftliches Singen und Tanzen, sondern nur noch im Zuhören. Auch wenn das musikalische Werk, vom Komponisten her gesehen, genauen rationalen Gesetzen folgt, wird es vom Konsumenten bloß als Folge irrationaler Impulse aufgenommen, „gefühlt“, ohne jenes rationale „Verstehen“, wie es das Wort, aber auch das Bild traditionsgemäß verlangen (erst später werden Bild und Wort gleichsam „musikalisiert“, verfallen sie der gleichen Loslösung von den rationalen Gesetzen des Verstehens. Auch in diesem geschichtlichen Effekt der Rezeption von Musik drückt sich die seltsame Dialektik der Aufklärung aus, wonach mit der Verabsolutierung des Rationalismus auch die irrationale Emotion verabsolutiert wird).

Der Musiker und seine Schöpfungen entsprechen aber auch sonst den Formen der neuen Klasse: Der Komponist ist der Produzent, der Interpret der Zwischenhändler. Das Publikum ist keine Gemeinschaft mehr, sondern besteht aus Einzelindividuen, die konsumieren. Die Musik selbst wird zur totalen Trennwand. War sie noch für den barocken Fürsten unverbindliches Statussymbol, Unterhaltung als Tafelmusik, als Konzert, an dem der dilettierende Fürst selber aktiv teilnahm, wurde sie im späten 18. und vollends im 19. Jahrhundert zum sentimentalen Seelenbad des sich als Individuum bewußten, sich in seinen Gefühlen romantisch selbst bespiegelnden Konsumenten, für den — als Kirchenersatz — der Konzertsaal erfunden wurde. Die komplizierte Struktur der Musik, die nur noch von Fachkräften produziert und reproduziert werden konnte, war dem Konsumenten auf Grund seiner musikalischen Bildung zwar noch zugänglich — der Bürger wie der Aristokrat spielten zu Hause Kammermusik oder wenigstens Klavier —, aber im 20. Jahrhundert verlor sich das Verständnis: Für die meisten ist der Konzertbesuch nun Statussymbol, und der Plattenspieler verdrängt das Musikinstrument.

Reizvoll läßt sich die Skizze bereichern: Produktion und Reproduktion sind Männersache. Wenn der Konsument aber daheim reproduziert, so fällt diese Aufgabe der Frau zu: das unprofessionelle Klavierspiel wird zu einer Pflichtübung der höheren Tochter. Der Musik-Produzent, der Berufsmusiker, ist nicht wirklich gesellschaftsfähig. Aber eine höhere Tochter, die nicht Klavier spielt, ist es auch nicht.

Wie weit geht das zurück? Ist vielleicht die scharfe Trennung der Musik im Rahmen der abendländischen Temperierung in Dur und moll, die seither alle Musik der Welt zu verschlingen droht, Ausdruck des patriarchalischen, besitzenden, bürgerlichen Mannes? Ist letztlich *das* der entscheidende Beitrag des bürgerlichen Bewußtseins zur Musikgeschichte, die Tonalität als gesellschaftliches Symbol, im Sinne jener Symbolik, die die „lydische" und die „dorische" Tonart für Plato gehabt haben?

Und warum gibt es keine Komponistinnen im Bürgertum? Warum sind Interpretinnen — mit seltenen Ausnahmen — bis heute nicht akzeptiert? (Die Ausnahme bilden seit dem 17. Jahrhundert die Opernsängerinnen, nachdem Kastraten verboten worden waren.) Diese Verquickung des Geschlechtlichen mit der Musikgeschichte bekräftigt die besondere gesellschaftliche Rolle der Musik für das Bürgertum: Dur und moll als Zeichen der Unterordnung der Frau unter den absolut herrschenden, besitzenden Bürger, selbst noch in der Äußerlichkeit, daß Dur groß und moll klein geschrieben wird.

Was ist nun die Funktion des „Genusses" der „ernsten" europäischen Musik beim Zuhörer? Die Frage wäre grundsätzlich wohl von einer Art wissenschaftlichen

Kombination aus Musikphilosophie, Musikpsychologie und Musiksoziologie zu beantworten — ein zeitgenössischer Alexandrinismus mehr. Es ist letztlich völlig irrelevant, warum ein Akkord in moll als „traurig“, „dunkel“, „weich“ empfunden wird und eine Melodie in Dur als „hell“, „freudig“, „hart“. Interessant ist bloß, was die erweckten Gefühle im Zuhörer (und im Musizierenden) bewirken. Und wenn man sich das genauer überlegt, wird die Sache unheimlich: im Zuhörer und Musiker entsteht die „heile Welt“ — die es nicht gibt. Das Individuum, das in der Musik aufgeht, schafft sich sozusagen eine außerweltliche Welt, die ganz er selbst ist, eine Ersatzwelt, in der alles schön, edel, erhaben ist, die davon ablenkt, wie häßlich und unedel diese Welt ist und immer mehr wird. Archetyp dieses Musikverständnisses ist jener Konzentrationslager-Kommandant, der abends, nach getaner „Arbeit“, Mozart zu hören pflegte.

Weil es diese Ersatzwelt gibt, in die man flüchten kann, und weil die Erschaffung dieser Ersatzwelt für den Ausführenden schwere Arbeit, aber auch für den Hörer eine gewisse Mühe bedeutet, bietet Musik ein Alibi für den Fortbestand der realen Welt, die man nicht ändern kann, weil man sie gar nicht ändern *will.*

Die Rolle der Musik als Vermittlerin einer „heilen Welt“ wird auch in der Textwahl gesungener Musik seit dem 19. Jahrhundert immer deutlicher. War in der Barockzeit in erster Linie der religiöse Text bestimmend, kommt mit der Romantik die sentimentale Dichtung zum Zug, und der Komponist scheint nicht immer eine lebendige „künstlerische“ Beziehung bei seiner Textwahl zu beweisen. Eine eindrucksvolle Illustration der Qualitätsdiskrepanz, aber auch der späteren Wirkung — noch dazu am Beispiel einer klassischen Dichtung minderer Qualität —, ist der letzte Satz von Beethovens 9. Symphonie.

Er kann gleichsam als Symbol jener „heilen Welt“ dienen, in die sich Generationen flüchteten, deren Welt-, Menschen- und Gottesgefühl von solchen Werken geprägt wurde. Nicht, daß Schiller und Beethoven selbst nicht geglaubt hätten, was sie da sagten. Aber *daß* sie es glaubten, ist erschreckend. Was veranlaßte sie, zu Beginn des 19. Jahrhunderts eine Lawine des Optimismus auszulösen, mitten in einer Entwicklung, an deren Anfang ein Fanal stand wie die Französische Revolution, und die in ihrer ersten Phase die Napoleonischen Kriege, das Europa der Heiligen Allianz und des Wiener Kongresses hervorbrachte? Da gab es doch immerhin Lord Byron, der dem Jahrhundert in seinen Werken einen unmißverständlich pessimistischen Auftakt gegeben hatte, beklatscht, bejubelt und beweint vom ganzen Kontinent — mit jenem Optimismus, den er nicht geteilt hat. Mit jenem Optimismus, den Goethe im Faust bekundet — „Auf freiem Grund mit freiem Volke stehn ...“ —, nachdem er Byron in der Helena-Szene eine ehrenvolle Träne gezollt hatte. Der verfluchte Optimismus des 19. Jahrhunderts, des Bürgertums, den eigentlich weder Beethoven noch Schiller wirklich geteilt haben. Denn, wo gab es Freude? Wo band ihr Zauber wieder, was die Mode streng geteilt? Wo wurden alle Menschen Brüder? In der Revolution? Im Kolonialismus? Das holde Weib, die eine Seele auf dem Erdenrund, überspringen wir lieber: der Weg der bürgerlichen Familie hat es ja gezeigt. Daß nicht alle Wesen an den Brüsten der Natur Freude trinken, daß nicht alle Guten, alle Bösen ihrer Rosenspur folgen, haben Schiller und Beethoven in ihrem eigenen Leben sehr nachdrücklich erfahren. Und warum ist die Wollust dem Wurm gegeben? Damit der Bürger, wenn auch Puritaner, doch lieber Wurm bleibt, und das „Vor-Gott-Stehen“ dem Cherub überläßt? Die große Fermate. Vor dem Gott, der als Guter Vater überm Sternenzelt wohnen *muß*, weit weg, weil er sich mit all dem nicht einläßt, auch nicht mit dem Kuß, der der ganzen Welt gilt, den Millionen, die im Clinch des Krieges aller gegen alle umschlungen sind. Und so geht es munter, „froh, wie seine Sonnen fliegen", mitten in den Fortschritt, in die Leistungsgesellschaft, in die Karriere, in den Status, in den Konsum, „laufet, Brüder, eure Bahn, freudig, wie ein Held zum Siegen".

Sie haben es nicht gesehen, als sie das schrieben, vertonten, mit dieser Musik, die tatsächlich berückt. Sie haben die Angst Byrons vor dem Menschen verdrängt. Sie verdrängten auch die versteckte Ironie Goethes, der den Optimismus letztlich doch dementierte, gerade auch in jenem „höchsten Augenblick", da Faust seine Vision erfüllt glaubt, „mit freiem Volk auf freiem Grund zu stehen", weil er den Lärm der Schaufeln für die Durchführung seiner Befehle hält und nicht sehen kann, daß es bloß die Lemuren sind, die sein Grab schaufeln. Das ist eigentlich das einzig adäquate Bild für den Optimismus des Bürgers. Aber auch diese Ironie half ja nichts: Goethes Faust wurde ebenso zur Bibel des Bürgertums wie die Neunte zu dessen Liturgie. Zu einer Liturgie, bei deren Anhören sich der Bürger blind in das genußvolle Gefühl von Freude, Kuß, Vater, Millionen, Sternenzelt versenkt, und nicht sieht, wie die Lemuren schaufeln. Um zu verdrängen, daß er selbst der schaufelnde Lemur ist.

Nein. So großartig die Schöpfungen dieser abendländischen Kultur auch sind, so sehr sie auch gefangennehmen, berücken, ihre Großartigkeit ist durch das, was unter ihrem Deckmantel in dieser Welt entstanden ist, wohl für lange Zeit ungenießbar geworden: sie sind als Konsumartikel vergiftet. Sie gehören für lange Zeit unter Verschluß, bis man sie so frei betrachten kann, wie etwa die Pyramiden der alten Ägypter, eingedenk der Sklavenheere, die sie gebaut haben.

Freilich dürfen solche Überlegungen nicht dazu führen, daß man einer „revolutionären Programm-Musik" das Wort redet, etwa im Sinne des sozialistischen Realismus oder mancher Schöpfungen Theodorakis', wie zum Beispiel der Vertonung von Nerudas „Canto General", in dem sich zwar großartige Passagen finden, aber auch genug Anklänge an die Neunte, an Bruckner, an Wagner — mit revolutionärem Elan und Bouzouki-Begleitung. Die Gefahr, daß man die pseudoreligiöse bürgerliche Konsumfunktion der vorgespielten „heilen Welt" bloß auf die „revolutionäre" Ebene überträgt, statt sie zu überwinden, ist immer gegeben.

Vielleicht ist es besser, wenn man enthaltsam ist, sich mit den Beatles, mit der Trauer des Blues und mit dem griechischen Rebetiko begnügt. Da wird nicht gelogen, höchstens der Ratlosigkeit Ausdruck verliehen. Allerdings besteht auch hier die Gefahr, daß all das zum Konsumbonbon degradiert wird.

5

Nation

4. Volk

Ein kleines Volk kämpft allein, ohne Waffen und Pulver,
für die ganze Welt, für Brot und Licht und für alle Lieder.
Unter der Zunge hält es fest Wehgeschrei und Jubel,
schickt es sich je zu singen an, springen alle Steine.

9. Konzelebration

Unter den Pappeln sammeln sich Vögel und Kapetane,
gemeinsam mit dem neuen Mai, die Liturgie zu feiern.
Der Blätter Glanz ist Kerzenschein über der Heimat Tenne,
ein Adler, hoch vom Himmel her, verliest das Evangelium.

13. Die weisse Kirche

Die weiße Kirche auf dem Hang leuchtet hell in der Sonne
und ihr kleiner Fensterladen knattert im Wind wie Gewehre,
Und ihre Glocken hoch im Baum, hoch im Geäst der Platane,
stimmt sie die ganze lange Nacht für des heiligen Volkes Fest.

Die bunte Geschichte des europäischen Nationalismus, mit den Höhepunkten der beiden Weltkriege und dem Nachspiel des US-Nationalismus im Vietnam-Krieg ist eines der traurigsten Kapitel der Entwicklungsgeschichte des bürgerlichen Bewußtseins, wie es aus der Industriellen Revolution hervorgegangen war und von der Technologischen Revolution vollendet wurde. Dabei übernahm der Begriff „Nation“ jene Rolle, welche im Mittelalter das „Heilige Römische Reich“ in Verbindung mit der Religion gespielt hatte: die Motivierung irrationaler psychischer Kräfte im Dienst sehr rationaler Interessen.

Der Begriff „Nation“ ist bis heute nicht klar. Sprachgemeinschaft, territoriale Einschränkung, gemeinschaftsbildende Geschichte, alles gilt als bedeutsam, wobei in Grenzfällen, wie im Falle der Schweiz, der Begriff jeden Sinn zu verlieren scheint. Im Altertum spielte das Wort NATIO kaum eine Rolle. Das griechische Äquivalent ETHNOS bezeichnet ein Volk, das man im Unterschied zum eigenen Volk nicht LAOS nennt. Dementsprechend lautet die griechische Übersetzung des hebräischen Ausdrucks GOJIM, die Heidenvölker, in der Septuaginta ETHNI, während er in der lateinischen Vulgata nicht mit NATIONES übersetzt wird, sondern mit GENTES. Jedenfalls enthält die biblische Benennung etwas Herabsetzendes, entsprechend der theokratischen Volksidee des Judentums, das sich als Volk Jahwes stellvertretend für alle anderen Völker als *das* Volk fühlte; wohl die einzige Form von „Nationalismus“ im Altertum.

Die Griechen selbst unterschieden zwar zwischen HELLENEN und BARBAREN (wobei das Wort BARBAR vermutlich als Spottwort für das als Gestammel empfundene Sprechen anderer Völker stand), doch hatte diese Unterscheidung weder rassistische noch im engeren Sinn nationalistische Bedeutung, sie bezog sich auf die Gesellschafts- und Lebensform, und im Prinzip konnte jeder „griechisch" werden, wenn er aufhörte „barbarisch" zu sein. Auch das alte Rom war trotz seines Imperialismus nicht nationalistisch. Der engstirnige Nationalismus der oligarchischen Republik vom Schlage der beiden Catos diente nicht dem Interesse des expandierenden Imperiums und wurde sehr bald überwunden. Die kosmopolitische Kultur der Römer, einschließlich der Sprache, war griechisch, wenngleich die lateinische Dichtung bewußt gepflegt wurde.

Das Römische Reich hat unterlegene Völker niemals gewaltsam latinisiert, nationale kulturelle Formen und Religionen konnten unbehindert fortbestehen. (Das Judentum bildet die einzige Ausnahme, eben weil es im Gegensatz zum Reich „nationalistisch" war.) Erst die römische Kirche, die im Westen gewissermaßen die Erbschaft des Imperiums antrat, wurde im religiösen Bereich gegenüber den nationalen Eigenarten intolerant und begann zu latinisieren. Im Sinne dieser lateinischen, römischen Kirche versteht sich auch das mittelalterliche „Heilige Römische Reich", doch ist es übernational. Eine frühe „nationalistische" Erscheinung — im Rahmen der Religion, die Trägerin des Bewußtseins ist — zeigte sich in Frankreich: als „älteste Tochter der Kirche" erhob es Anspruch auf eine besondere Stellung, ja auf eine Führungsrolle, eine Attitüde, die in die Kirchengeschichte unter dem „nationalistischen" Namen „Gallikanismus" eingegangen ist. Die Kreuzzüge standen alle im Zeichen des übernationalen, christlichen Reichs, wenngleich unter ihrem Deckmantel vielfach nationale Streitigkeiten ausgetragen wurden. Bis herauf in die Neuzeit erscheint aber der Nationalismus eher in verkappten Formen.

Mit der Entfaltung des Bürgertums, der Ausdehnung des Kolonialismus und der nationalen Handelsinteressen einerseits, und der fortschreitenden Verdrängung des religiösen Bewußtseins andererseits, gewann das „Nationalbewußtsein" langsam Gestalt. Zu Beginn noch als Mischform des mittelalterlichen religiösen Bewußtseins — besonders in der Kirchenspaltung unter Heinrich VIII. in England —, später immer klarer als Ausdruck des rationalistischen bürgerlichen Bewußtseins.

In der Französischen Revolution, in der die Bourgeoisie ihrer selbst voll bewußt hervortrat, wurde auch der moderne Nationalismus geboren: Er fand in Napoleons Eroberungszügen seinen Ausdruck und bewirkte in einem dialektischen Prozeß bei den Gegnern die Entwicklung des eigenen Nationalbewußtseins. Parallel dazu klammerte sich das entstehende Bürgertum in kleinen, von Österreichern, Türken und Russen unterdrückten Völkern an die neue Idee der Nation. So war dem Begriff von Anfang an ein ambivalenter Wert eigen: imperialistisches Machtstreben und Auflehnung gegen den Imperialismus. All das stand im Zeichen der Bourgeoisie und ihrer Revolution, die gerade deshalb, weil sie die Revolution der Bourgeoisie ist, „nationalistisch" sein mußte, wie auch ihr historischer Name besagt: sie heißt die „Französische", nicht die „bürgerliche" Revolution.

Das Menschenbild der Bourgeoisie, das in der Revolution den Sieg errungen hatte, ist auch das Kennzeichen aller Nationalismen. Aus den Wurzeln des Bildungsideals der Renaissance stammend, in der Aufklärung ausgebrütet, ist dieses Bewußtsein des in seiner „Vernunft" selbstherrlichen, in seinen „vernünftigen" Emotionen völlig irrationalen Menschen die Kampfposition sowohl gegen die Aristokratie als auch — später — gegen das Proletariat, genauso aber auch die des entfesselten Kleinbürgers im Faschismus: Der Kleinbürger verwirklicht statt der internationalen Revolution des Proletariats die Revolution des „Proleten“ in der Form des Nationalismus.

Das Bildungsideal ist der stärkste Träger des Nationalismus; die Pflichtschule der Aufklärung bringt den ergebenen Untertan und die Universität den engagierten Funktionär hervor. Neben der Familie — ja oft gegen sie — wird die Schule zum erfolgreichsten Agentennetz des Systems: Wie jeder bürgerliche Vater, ist jeder Lehrer, jeder Professor Agent der Gesellschaft. Bürger und Kleinbürger, die keinen Gott und keine Kirche mehr haben, werden fanatische Gläubige der neuen Religion des Nationalismus.

Der europäische Zeitungsleser — und natürlich noch viel mehr der Zeitungsschreiber — glaubt genau zu wissen, wie es um den griechischen Nationalismus bestellt ist. Er beruft sich auf die Militärdiktatur, auf die griechisch-türkischen Spannungen und insbesondere auf die Zypernkrise. Dabei übersieht er, daß die Militärdiktatur eine im Volk nicht verwurzelte, von außen importierte Herrschaftsform war, daß die griechisch-türkischen Spannungen schon oft zum Zusammenstoß geführt hätten, wenn es nach dem Wunsch der Türken gegangen wäre, und daß die Zypernkrise weit mehr durch die böse Erbschaft des englischen Kolonialismus bedingt ist als durch „nationalistische“ Spannungen zwischen den Bevölkerungsgruppen.

Hinter der apodiktischen Fehlbeurteilung steht wohl das zwiespältige Verhältnis der Europäer verschiedener Nationen zu ihrem eigenen Nationalismus, dessen wahre

Wurzeln ihnen entweder unbekannt oder bloß in marxistisch dogmatischer Deutung bewußt sind, und der seit dem Zweiten Weltkrieg zu einer eigenartigen Mischung aus schlechtem Gewissen, historischer Nostalgie und Möchtegern-Kosmopolitismus — in den Ostblockländern Möchtegern-Internationalismus — geworden ist. Inmitten dieser unsicheren Haltung behaupten sich unerschütterlich Fixierungen, die längst unbewußtes emotionelles Gut geworden sind. So betrachten Deutsche und Österreicher die Franzosen, Italiener und Balkanbewohner als zutiefst verdächtige Leute, während sie Engländern und Amerikanern wenn schon keine Sympathie, so doch wenigstens Respekt entgegenbringen. Ebenso sind in den Augen der Italiener und Franzosen alle Deutschsprachigen *die* Barbaren, während für den Engländer überhaupt jeder Nichtengländer ein „bloody foreigner" ist. Für den Europäer, der zwischen Bewunderung vor den russischen Schriftstellern und Angst vor dem russischen Bären schwankt, ist der Russe als Verkörperung der „slawischen Seele" gleichsam ein zerrissenes Geheimnis. Gerade in solchen emotionellen Bildern ist der alte europäische Nationalismus durchaus gegenwärtig.

Und die Griechen? Es mag unglaublich klingen: Bei den Griechen gibt es keinen Nationalismus nach den skizzierten europäischen Mustern, nicht einmal in Form von generalisierenden emotionellen Bildern, selbst wenn in solchen Bildern „nationale Eigenschaften" anderer festgehalten werden, etwa in der immer wiederkehrenden, aus der Zeit der Okkupation stammenden Unterscheidung zwischen „guten" Österreichern und „bösen" Deutschen: Solche Bezeichnungen beziehen sich immer auf konkrete Augenblicksereignisse und sind nicht die Basis für feststehende Urteile. Darin zeigt sich wiederum jene Grundhaltung der Griechen, alles vom Augenblick, von der punktuellen Realität her zu erleben. Dies ist auch besonders wichtig, will man den griechischen „Nationalismus“ gegenüber den Türken verstehen. Daß es ein gewisses Mißtrauen, eine Art Angst insbesondere vor dem Krieg gibt, ist zweifellos wahr. Aber nur wenige Griechen würden gerne „präventiv“ über die Türken herfallen; am ehesten noch Berufsoffiziere, die vielfach nach europäisch-faschistoidem Muster ausgebildet worden sind. Daß den Türken gegenüber ein tiefes Mißtrauen besteht, ist selbstverständlich: Die Art und Weise, wie sie die Griechen vierhundert Jahre hindurch als Untertanen behandelten, hat tiefe Spuren hinterlassen, und die jüngere und jüngste Geschichte hat diese Spuren noch vertieft. Man darf nicht vergessen, wie die Türken nach dem Ersten Weltkrieg verhinderten, daß die von Griechen besiedelten kleinasiatischen Gebiete im Sinne von Wilsons vierzehn Punkten an Griechenland angeschlossen wurden: Sie vertrieben anderthalb Millionen Griechen aus Kleinasien und massakrierten einen Großteil der griechischen Bevölkerung Smyrnas; dabei wurde Erzbischof Chrysostomos vor den Augen der Beobachter der Entente vom türkischen Armeekommando der Soldateska ausgeliefert, die ihn buchstäblich in Stücke riß. Solche Erinnerungen können auch ohne chauvinistische Propaganda — die von faschistoiden Kreisen immer gerne gepflegt wurde und wird, besonders in der Schule — sehr lebendig bleiben. Und dennoch sind sie nicht so lebendig, daß sich aus ihnen ein „brauchbarer“ Nationalismus nähren könnte: Schon 1930 protestierten die Heimatvertriebenen nicht dagegen, daß Griechenland mit der Türkei ein Freundschaftsabkommen schloß und damit praktisch jede Hoffnung auf eine Rückkehr in die Heimat ausgelöscht war. Weil die Griechen den konkreten Augenblick abstrakten Prinzipien und Idealen vorziehen, können sie vergessen. Die Zypernkrise, der Einfall des türkischen Heeres auf der Insel haben in Griechenland freilich wie ein schwerer Schock gewirkt. Zuerst überwog das Wissen um die Schuld der griechischen Diktatoren; als aber angesichts der Art und Weise der Invasion ganz klar wurde, daß die Türken auf Eroberung ausgezogen waren und nicht die „Befriedung" im Sinne des Garantieabkommens anstrebten, und zwar mit Methoden, die an die Türkenkriege des Mittelalters erinnerten und nicht an eine „militärische Intervention" des 20. Jahrhunderts, wuchs die Verbitterung in Griechenland. Die Geschichte des Zypernkonflikts ist noch nicht geschrieben. Die ebenfalls mittelalterliche Grausamkeit der faschistoiden, von General Grivas gelenkten EOKA-Terrorgruppen, die Massaker, welche „Helden" der EOKA, wie der berüchtigte „Präsident" des Putsches, Sampson, in türkischen Dörfern anrichteten, werden von den Griechen nicht geleugnet, doch rechtfertigt dies auf keinen Fall das unqualifizierbare Verhalten der regulären türkischen Armee, nicht nur während der Kampfhandlungen, sondern auch in der „Verwaltungs"-Praxis als Besatzungsmacht.

Und trotzdem gibt es in Griechenland keinen irrationalen Türkenhaß. Unzählige Male habe ich mit Griechen aller Bevölkerungsschichten die historischen Gründe der griechisch-türkischen Spannungen diskutiert. Dabei ergab sich folgendes Muster: Solange die Diskussionspartner mich nicht kannten, versuchten sie mich, als Fremden, mit ihren Argumenten — die sehr nationalistisch klangen — zu beeinflussen, für die griechische „Sache" zu mobilisieren. Nach längerem Gespräch und nach der Feststellung, daß ich keineswegs „türkenfreundlich" sein wollte — wie sehr viele europäische Besucher Griechenlands —, sondern bloß objektiv, konnten sie stets für diese Objektivität gewonnen werden, weil letztlich jeder Grieche zwei Grundwahrheiten vor Augen hat: „Die Türken sind Menschen wie wir, aber verhetzt und in ihrer staatlich-politischen Entwicklung viel weiter zurückgeblieben als Griechenland", und: „Griechen und Türken sind von der Geographie und der Geschichte dazu verurteilt, Freunde zu sein", wie es Außenminister Mavros bei seiner Rückkehr von der ersten Verhandlungsrunde in Genf Ende Juli 1974 etwas bombastisch formuliert hat. Mitten in der überhitzten Atmosphäre des Zypern- und Ägäis-Konflikts zirkulierte ein Volksschlager, der das imaginäre Gespräch eines Griechen und eines Türken, des „Iannis" und des „Mehmet", wiedergibt:

„Du glaubst an Allah, ich an Christus,
aber du bist Volk, und ich bin Volk ..."

Volk, LAOS. Nicht ETHNOS, Nation.

Wie ist das griechische Nationalbewußtsein entstanden, wie ist es beschaffen? Nationalismus im europäischen Sinn hat es niemals gegeben. Vielleicht war bei den mykenischen Achäern, im Trojanischen Krieg, etwas Ähnliches vorhanden, aber auch dies erscheint eher zweifelhaft, weil sie ja schon auf dieser Kulturstufe ein Gemisch aus Eigenem und übernommenem Fremden darstellten. Von da an kannten die Griechen — mit Ausnahme der Spartiaten, die eine Art Nationalfaschismus entwickelt hatten — nur einen extremen Lokalpatriotismus, niemals ein Nationalbewußtsein. Dieser grundsätzliche Lokalpatriotismus ist auch nach dem Verschwinden der autonomen Stadtstaaten erhalten geblieben, in manchen Gegenden bis heute. Inselbewohner, Peloponnesier (Moraiten), Maniaten, Festlandgriechen (Rumelioten), Kreter, Athener, Makedonen, Thessalier, Thraker schwören jeweils darauf, daß sie die besten „Griechen“ sind. In gewisser Hinsicht gibt es auch noch den Geist der alten Stadtstaaten: Korinther wollen mit der etwa hundert Kilometer entfernten Stadt Patras und dem Landstrich Achaia nichts zu tun haben. Die Bewohner von Volos haben mit dem nahen Thessalien und seiner Hauptstadt Larissa nichts gemein, vom übrigen Griechenland werden sie wiederum als „Österreicher“ verspottet, weil sie sich, wie böse Zungen behaupten, 1821 aus dem Befreiungskrieg heraushalten und unter den Schutz Österreichs stellen wollten. Die Unterschiede zwischen den einzelnen Gebieten leben auch noch im Schmelztiegel Athen weiter. Die Landflüchtigen aus einem bestimmten Gebiet ziehen es meistens vor, sich im selben Stadtbezirk anzusiedeln, wodurch sich fast geschlossene Gruppensiedlungen ergeben, etwa die der Maniaten, der Anaphioten, der Kreter. Außerdem hat fast jede Insel, jede Provinz in Athen ihren eigenen Kulturverein, ihr eigenes Kaffeehaus, wo sich die Leute treffen, um die heimatlichen Kontakte und den Lokalpatriotismus zu pflegen. Es gibt kaum ein Volk, das durch regionale Unterschiede so gespalten, ja zerrissen ist wie die Griechen. Dazu kommen noch die politischen Gegensätze, die allerdings oft durch verwandtschaftliche Bindungen, mögen sie auch noch so entfernt sein, neutralisiert werden. Seltsamerweise spielen soziale Unterschiede in der Bewußtseinsbildung die geringste Rolle. Alle Griechen sind insbesondere durch die Sprache verbunden. Dieses Sprachbewußtsein ist der wichtigste Bestandteil jener Gesamthaltung, die der Grieche ROMIOSYNE (Griechentum) nennt. (Nur Griechen mit Europa-Nostalgie möchten die ROMIOSYNE durch einen HELLENISMOS ersetzen, haben aber wenig Erfolg.) Wenn es überhaupt einen griechischen Nationalismus gibt, dann ist er in diesem Begriff der ROMIOSYNE enthalten, nicht im Begriff HELLAS, der ein geographischer Begriff und nicht der einer Bewußtseinshaltung ist. Und als Ausdruck des Bewußtseins gibt es für ROMIOSYNE überhaupt keine analogen Gefühlswerte bei anderen Völkern: weder die französische GLOIRE, noch jenes DEUTSCHLAND, das ÜBER ALLES ist, sind vergleichbar, weil ROMIOSYNE in ihrer Grundbedeutung den Ausschluß aller nationalistischen Ausschließlichkeit bedeutet. In diesem Wort muß das von den Byzantinern fortgeführte Reich als Bezeichnung der Volkszugehörigkeit herhalten. In diesem Namen lebt bewußt die Tatsache fort, daß das Römische Reich, das unter der lateinischen Führung bankrott gemacht hatte, von den Griechen weitere tausend Jahre erfolgreich weitergeführt wurde. In der Verwendung dieses Namens haben die Griechen vorwegnehmend, begleitend und rückwirkend alles desavouiert, was sich im Abendland je auf sie oder auf ein imaginäres „griechisch-römisches Erbe" berufen hat. Der Fortbestand dieses Namens entlarvt den germanischen Aufguß des alten Rom als eine lächerliche Farce und beweist, daß die Renaissance keine „Wiedergeburt" war, sondern bloß die Beschwörung eines nichtexistenten Gespenstes. Letztlich bestätigt die ROMIOSYNE, daß alle Berufungen auf Griechenland, auf Rom, auf das Reich, auf die Kultur, stets nur die ideologische Verschleierung von Machtbestrebungen besorgten, ein Zug, der dem Griechentum, der ROMIOSYNE, in keiner ihrer historischen Erscheinungsformen eigen war.

Nichts kann die Andersartigkeit dieses Nationalbewußtseins besser beleuchten als die Geschichte des Freiheitskrieges gegen die türkische Herrschaft 1821. Bevor es zur bewaffneten Erhebung kam, gab es unter den Griechen zwei Strömungen. Viele Vertreter des griechischen Handelsbürgertums und die in türkischen Diensten stehenden Beamten-Adelsfamilien der „Phanarioten“ (so benannt nach dem Stadtbezirk Phanar in Konstantinopel, wo die Griechen wohnten), die zusammen eine wachsende Kontrolle über das Osmanische Reich ausübten, waren anfangs gegen die Erhebung: Mit dem fortschreitenden Ausbau ihrer Möglichkeiten wollten sie auf „evolutionärem“ Weg die Herrschaft an sich bringen. Der Zusammenhang ist klar: Kämpferischer Nationalismus entsprach nicht den Interessen dieser aufkommenden Bourgeoisie, deren Nationalität zwar griechisch, deren Staatszugehörigkeit jedoch türkisch war, die sich mit dem türkischen Machthaber arrangiert hatte und ihre Interessen daher mit jenen des türkischen Staates identifizierte, und nicht mit einem erst zu gründenden griechischen Nationalstaat. Dagegen hatten die ausgebeuteten Volksschichten, die sich als Klephten (Räuber) in die Berge absetzten, um dem Steuerdruck zu entgehen, unmittelbares Interesse an ihrer Befreiung — nicht nur von den Türken, sondern auch von den Griechen, die im Rahmen einer gewissen Autonomie als Steuereintreiber und Verwaltungsbeamte fungierten. Hier lag die Basis der Befreiungsbewegung, auf der jene in Rußland lebenden Griechen aufbauten, die in Anlehnung an die türkenfeindliche russische Politik und in der Hoffnung auf russische Hilfe den Geheimbund „Philiki Hetairia“ gegründet hatten. Das Fehlen eines „slawischen“ Nationalismus bei den Griechen hielt die Russen in der Folge stets davon ab, die wahren Unabhängigkeitsziele der Griechen zu unterstützen. Einen „Nationalismus“ nach dem Muster der Epoche hatten die Griechen aber gar nicht notwendig, die emotionellen Motive waren anderer Natur, und sie waren den meisten bewußt. Man braucht nur die Gedichte des Freiheitsdichters Rhigas Pheräos zu lesen, der dazu noch unter dem unmittelbaren Einfluß der Französischen Revolution stand, um zu sehen, daß die bürgerliche Ideologie hier in andere, man könnte sagen, „internationalistische“ Kanäle floß: Der griechische Aufruf gegen die Tyrannei ist nicht auf Griechenland beschränkt, er richtet sich ebenso an Slawen, Walachen, Araber, ja sogar an die Türken selbst, ohne Unterschied. Weder der imperialistisch denkende Bürger noch der unterdrückte Leibeigene und Bauer hatten Interesse an einem griechischen „Nationalismus“.

Die Griechen blieben Griechen. Unaristokratisch, weil bei ihnen das „Geborensein“ letztlich nie gezählt hatte und das erbliche Amt sich nicht einmal in den Dynastien durchsetzen konnte. Unbürgerlich, weil das Fehlen einer durch Geburt privilegierten Kaste auch keine entsprechenden Gegenspieler aufkommen ließ, die sich als neue, durch Bildung und Besitz privilegierte, geschlossene Klasse etabliert hätten. So gab es bloß die absurde und chaotische Gemeinschaft von Auf- und Absteigenden im Rahmen desselben Bewußtseins — das der Historiker Fallmerayer als „nivellierend“, für germanische Gemüter erschreckend bezeichnete —, in dem Nation, Religion, Individuum und Kollektiv eine dialektische Ganzheit bildeten, mit einer mobilen Sozialstruktur, die die Ausbildung einer stabilen Klassenstruktur prinzipiell verhinderte.

Jene Maxime, die, nie formuliert, aber stets gelebt, Byzanz im Rahmen des Griechischen zum größten Schmelztiegel verschiedener Nationen machte — Isaurier, Slawen, Armenier, Makedonen lösten einander auf dem Kaiserthron ab, Slawen, Germanen, Armenier wurden als Teile der Reichsbevölkerung dem Heer eingegliedert —, daß nämlich Griechentum schlechthin Christentum und somit eigentlich Menschsein bedeute, blieb auch für die unter der Türkenherrschaft lebenden Griechen selbstverständlich, ja es bekam sogar etwas vom ältesten

Sinn des Christentums wieder zurück, im Sinn von „Verfolgt werden um der Gerechtigkeit willen". Letztlich war dies aber nur eine neue Formulierung jener Maxime, die seit den Vorsokratikern gleichsam als Zusammenfassung des griechischen kulturellen Bewußtseins gelten kann: daß der Mensch das Maß aller Dinge ist. Dieses Maß ist freilich der griechische Mensch, aber nicht in der Absonderung, sondern in der Mitteilung. In diesem Sinn haben die Griechen ihre Identität bewahrt, und die europäischen Motivationen eines Nationalismus blieben ihnen unbegreiflich fremd.

Noch ein Aspekt des ohne Unterbrechung überlieferten Identitätsbewußtseins der Griechen springt ins Auge: Nationalbewußtsein und territoriale Verbundenheit sind nicht unbedingt miteinander identisch, manchmal gehen sie miteinander, manchmal werden sie mühelos getrennt. Anders als bei den Völkerwanderungsstämmen, bei denen man auf Grund der sprachlichen Eigenheiten noch immer die Zugehörigkeit zu territorialen Gruppen feststellen kann, sind die Griechen in einem Maß durcheinandergewürfelt, daß man sie nahezu ein „entwurzeltes" Volk nennen könnte. Im klassischen Altertum war die Stammeszugehörigkeit territorial noch feststellbar, in der Zeit des Hellenismus aber schon nicht mehr, und seither wandern die Griechen inner- und außerhalb Griechenlands ununterbrochen umher. Auch darin haben sie etwas mit dem Judentum gemeinsam: ein großer Teil der Griechen lebte und lebt in der Diaspora, ohne seine Identität zu verlieren. Aber auch innerhalb des Landes sind sie immer unterwegs gewesen. Während der Türkenherrschaft gab es oft schlagartige, einem Bevölkerungsaustausch gleichkommende Fluchtwellen, und in der jüngsten Zeit hat die Landflucht nie dagewesene Ausmaße angenommen. Hier muß noch einmal die Eingliederung der anderthalb Millionen Heimatvertriebenen aus Kleinasien erwähnt werden. Es ist in allen diesen Fällen erstaunlich, mit welcher Leichtigkeit die Griechen die „heimatliche Scholle" verlassen, um anderswo ein neues Leben zu beginnen, ohne daß sich ein krampfhafter Mythos der verlassenen Heimat einstellte. In dieser Eigenschaft setzt sich jene griechische Eigenart fort, die wir die antike „Kolonisation" nennen, obwohl das, was die Griechen taten, mit unserem heutigen Begriff von Kolonien und Kolonialismus nichts zu tun hat: Sie suchten bloß eine neue Heimat, ohne damit Eroberungen und Unterwerfung von Völkern zu verbinden. Und es ist beachtenswert, daß sehr viele von jenen antiken Kolonien bis heute bestehen, wie Alexandrien, Antiochien oder manche pontische Gemeinden und griechische Dörfer in Kalabrien.

ETHNIKOPHRON — national gesinnt — ist ein Wort, das zunächst von den konservativen Rechten gegen den kommunistischen Internationalismus (und gegen die angeblich von den Kommunisten stammenden — oder von ihnen tatsächlich gefaßten? — Pläne der Loslösung Makedoniens von Griechenland zugunsten Bulgariens) verwendet, dann von der Junta überstrapaziert und zuletzt fast zu einem Schimpfwort degradiert wurde. Es erging ihm beinahe wie VASILOPHRON, was übersetzt „königlich gesinnt" heißt, auf deutsch aber, aus der mittelalterlichen Mentalität der Lehenstreue heraus mit „königstreu" wiedergegeben werden muß. Der Republikaner heißt einfach DEMOKRAT, weil die griechische Sprache für das Wort Republik keinen anderen Ausdruck kennt als DEMOKRATIA. Das Wort Demokratie, wie wir es verwenden, mit der ganzen bürgerlichen Mythologie der noch nie verwirklichten „Volksherrschaft", würde auf griechisch LAOKRATIA heißen. Deshalb ist den Griechen der Begriff „Volksdemokratie" — auf Grund ihres Sprachbewußtseins — nie so lächerlich vorgekommen wie dem „klassisch gebildeten" europäischen Bildungsbürger, der sich über die „Volks-Volksherrschaft" mokiert. Denn der Wortsinn von DEMOKRATIA besagt nichts anderes als die Herrschaft des DEMOS, der DEMEN, ein Wort, das im Lauf der mehrtausendjährigen Geschichte der Griechen öfter den Sinn gewechselt hat. Ursprünglich waren die Demen die organisierten Stämme im Rahmen des Stadtstaates, später die nicht mehr nach der Stammzugehörigkeit in Gemeinden zusammengefaßten Bewohner des städtisch-staatlichen Gebietes. In Byzanz hießen die politisch engagierten Zirkusparteien „Demen". Im neuen Griechenland bedeutet DEMOS Gemeindeorganisation, Gemeinderat, der Bürgermeister (welch deutsches Wort!) ist der DEMARCHOS. Eigentlich sollte DEMOKRATIE mit RÄTEHERRSCHAFT übersetzt werden ...

Idealisierend-vereinfachend könnte man sagen, daß die Nationalität der Griechen das Mensch-Sein ist. Nicht im Sinn irgendeines Auftrags, einer „Sendung" für die Menschheit, sondern in der historisch nicht reflektierten Lebensform des Mensch-Seins als Selbstzweck; und daraus stammt gleichsam die bedauernde Reflexion der Griechen über allerlei „Barbaren", die für etwas anderes, für einen König, für ein Reich, für eine „Idee" oder gar für die Arbeit leben und sogar sterben, die nicht wissen, was Leben, was Freiheit, was Menschsein bedeuten.

Und weil dem so ist, bedeutet der Anspruch des Dichters, daß sein kleines Volk „für die ganze Welt, für Brot und Licht und für alle Lieder" kämpfe, keine großsprecherische Anmaßung, sondern ist nur die bewußte Reflexion über diese seltsame Verhaltensweise.

In den Monaten nach dem Überfall der Italiener auf Griechenland im Oktober 1940, der dann von den Griechen zurückgeschlagen wurde, sahen die Athener wiederholt Kolonnen von italienischen Kriegsgefangenen, die, abgerissen und ausgehungert, über den langen Boulevard Syngrou getrieben wurden. Die Reaktion der Athener, deren Angehörige an der Front kämpften und von denen viele gefallen waren, wurde mir von zwei Augenzeugen, beide Nichtgriechen, berichtet: „Beim Anblick der hungrigen, erschöpften, zerlumpten Gestalten bildeten die Passanten ein Spalier und steckten und warfen den Vorbeimarschierenden Sesamkringel, Süßigkeiten und Zigaretten zu."

Menschlichkeit heißt auf griechisch ANTHROPIA, ein Hauptwort, das wie OMORPHIA, Schönheit, ZESTASIA, Wärme, DROSIA, Kühle, gebildet und im Deutschen nur durch das Wort Menschheit wiederzugeben ist. Aber auf deutsch bedeutet eben dieses Wort die ganze Menschheit, für die der Grieche wiederum ein anderes Wort hat, ANTHROPOTIS! Die deutsche Sprache erfaßt die Eigenschaft des Menschseins bloß als etwas Menschen-Artiges, eben „Mensch-liches". Statt dessen hat sie das Wort VÖLKISCH zu bilden gewußt ...

Das für den Europäer ungewöhnliche dialektische Verhältnis zwischen Individuum und Kollektiv, das für den Griechen bezeichnend ist und das in seiner Unmittelbarkeit chaotische Züge aufweist, weil der Grieche in der Regelung seines Verhältnisses zur Gemeinschaft letztlich kein sich dazwischenschaltendes staatliches Organ wirklich akzeptiert, könnte als die ironische Umkehrung jenes

Prinzips aufgefaßt werden, wonach „Religion Privatsache ist" — hier allerdings auf die Politik angewandt: dem Griechen ist das Öffentliche eben ureigenstes, privatestes Anliegen, und er kennt solcherart die Trennung zwischen Öffentlichem und Privatem gar nicht, auch wenn er die private Sphäre mehr respektiert als irgendein europäisches „Kulturvolk". Gerade hier zeigt sich diese Dialektik am erstaunlichsten: Nie wird das Privatleben öffentlicher Amtsträger an die Öffentlichkeit gezerrt, dafür ist aber der öffentliche Bereich tatsächlich jedermanns Privatangelegenheit.

Diese Haltung macht es verständlich, daß jeder Grieche sich von Natur aus für ein politisches Wesen hält, was letztlich ein besonders kräftiger Beweis für den grundsätzlichen Unterschied zwischen der griechischen und der europäischen Sozialgeschichte ist. Das Mißtrauen des Europäers gegenüber der Politik, das Abseitsstehen des einzelnen ist wahrscheinlich die noch immer spürbare Auswirkung jener gesellschaftlichen Organisation, die vom Mittelalter bis heute das Bewußtsein bestimmt: Sie reichte, ausgehend vom erblichen Standesbewußtsein der Feudalaristokratie als Amtsträger über den bürgerlichen Obrigkeitsstaat bis zum „demokratischen Zentralismus" eines Parteifunktionärs-Staates. In allen Formen wiederholt sich das feudalistische Grundmuster des Kaisers „von Gottes Gnaden" und des Adeligen durch Geburt, jene fatale Verquickung von Ideologie, Blut und Boden, die dann eigentlich ungebrochen übergeht in den Obrigkeitsstaat und immer die Trennung zwischen „berufenen" Herrschern und gehorsamen Untertanen perpetuiert. Dieses grundsätzliche Hemmnis hat kein europäisches Volk überwunden, ja nicht einmal das chinesische Volk, urteilt man nach den Bemerkungen, die Mao Tse-tung über die kaiserähnliche Verehrung, die ihm zuteil wurde, zu Snow machte. Weder das demokratische Wahlprinzip noch die Revolution haben die grundsätzliche „Demutshaltung“ des Staatsbürgers gegenüber den Amtsträgern geändert, wobei diese Demutshaltung die willige, gläubige Anerkennung der Obrigkeit ausdrückt. Die Griechen nehmen dem Staat gegenüber ebenfalls diese Haltung ein: nur ist sie nicht gläubig. Sie ist die hellwache Unterordnung des Schwächeren unter den Stärkeren, dem man aber keineswegs blinden und ergebenen Gehorsam zollt. Deshalb ist es zugleich auch möglich, daß der Grieche leidenschaftlich an den Fragen des öffentlichen Lebens teilnimmt, weil er wenigstens dadurch etwas tatsächlich ändern könnte — im Sinne des boshaften griechischen Sprichwortes: „Jeder Grieche Ministerpräsident.“

Daß der Europäer sich „abseits“ hält von der Politik, dürfte seine Gründe hauptsächlich in der feudalistischen Entwicklung haben, genauso wie die eigenartige Sozialgeschichte Griechenlands die Mentalität des Volkes mitgeformt hat: Es ist eine Sozialgeschichte von Menschen mit Freiheitssinn, in ständiger Unfreiheit. Die Griechen leben seit dem 4. Jahrhundert vor Christus im fortgesetzten Widerstand. Das ist weder eine Übertreibung, noch eine symbolische Geschichtsdarstellung, sondern eine knappe Formulierung der psychologischen Lage der Griechen als historische Realität. Es bedeutet nicht, daß sich die Griechen den jeweiligen Herrschaftsformen nicht gefügt, daß sie sie aktiv bekämpft hätten. Sie haben sie bloß nicht bejaht und stets als willkürliche, von außen aufgezwungene Herrschaftsform betrachtet, etwa im Sinne von Brechts Herrn Keuner, der die Gewalt, die sich bei ihm einquartiert, zwar duldet, ohne jedoch die Frage, ob er ihr dienen wolle, zu beantworten. Erst als sie stirbt, sagt er „nein“. Das Alexanderreich, so griechisch es sich auch gegeben haben mochte, war die makedonische Fremdherrschaft. Ein Teil der Griechen spielte aus politischen Interessen mit, aber schon unter den Diadochen zeigte es sich, wie unstet diese Mitwirkung war. Als sich Rom Griechenlands bemächtigte und sich dabei als Befreier aufspielte, benützten die Griechen die erste Gelegenheit, um sich loszutrennen: Sie gingen mit Mithridates, was Sulla sie büßen ließ. Immer wieder versuchten sie, eigene Wege zu gehen, sowohl gegen Cäsar als auch gegen Augustus. Erst dieser unterwarf sie endgültig und gliederte das Land als Provinz Achaia ins Reich ein. Mit der Etablierung des Christentums als Reichskirche und der Verlegung der Reichshauptstadt in den Osten rückte Griechenland selbst etwas abseits: Es sperrte sich gegen die Christianisierung, und in diesem Sinn wurde Byzanz bis ins 8. Jahrhundert als Fremdherrschaft empfunden. Erst nach dem Slawensturm wurde Griechenland zusammen mit den eingedrungenen Slawen christianisiert und nahm nun aktiver an der Reichsgeschichte teil, unter anderem auch durch eine Verschwörung gegen den Kaiser im 9. Jahrhundert. Auch zu dieser Zeit gab es keine Lehens- und Fronverhältnisse zwischen Kaiser und Gutsbesitzer einerseits und zwischen Gutsbesitzer und Bauern andererseits: Die Autorität beruhte auf Gewalt, nicht auf Anerkennung. Revolution und Verschwörung waren als „legitime“ Mittel das Zeichen des unveräußerlichen Freiheitsbewußtseins der byzantinischen Untertanen, ein Gedanke, der im feudalistischen Westen als gotteslästerlicher Wahnsinn erschienen wäre, abgesehen freilich vom Widerstandsrecht der Feudalherren gegen den Herrscher. Als in Byzanz selbst feudalistische Tendenzen überhand zu nehmen begannen (12. Jahrhundert), blieb nicht viel

Zeit, die Griechen zu braven Fronleuten umzuerziehen, weil sie sehr bald wieder unter Fremdherrschaft gerieten: Nacheinander kamen Normannen, Franken, Italiener und schließlich sogar Spanier. Keiner von ihnen wurde akzeptiert, um so weniger, als sie sich immer gegen die orthodoxe Kirche wandten. Während all dieser Wechselfälle blieben die Griechen Griechen, sie assimilierten sich nicht, im Gegenteil, in vielen Fällen machten sie den Eroberer zum Griechen. Im 15. Jahrhundert kamen die Türken: Die Griechen zogen den Kopf ein — allerdings gab es bereits im 15. Jahrhundert gelegentlich Revolten — und warteten vierhundert Jahre, bis sie sich entschlossen, den großen Aufstand zu wagen. Die Begüterten kollaborierten, das Handelsbürgertum beherrschte den osmanischen Handel. Das Volk wartete. Wenn die Verhältnisse nicht mehr zu ertragen waren, zogen ganze Familien, Sippen, Dörfer in die Berge; aus ihnen, den Klephten, sowie aus Söldnertruppen im Dienste der Türken rekrutierte sich später der beste Teil der Freiheitskämpfer. In alldem trat der sehr wache politische Sinn des Volkes zutage: im Zuwarten wie in der Erhebung, im sozialrevolutionären Aspekt des Freiheitskampfes und in den zutiefst demokratischen Formen, in denen sich die ersten Versuche der neuen Volkswerdung manifestierten. Leider wurden diese Versuche von Anfang an behindert: Fremde Interessen verlangten einen schwachen griechischen Staat, deshalb mußte das von befreiten Griechen bewohnte Territorium möglichst klein bleiben. Dem unmittelbaren Einfluß der Großmächte mußte Tür und Tor geöffnet bleiben, und so machte man Griechenland zu einer Monarchie, zuerst mit einem bayrischen, dann mit einem dänischen Monarchen an der Spitze. Bereits 1843 — fünf Jahre vor den großen europäischen Unruhen — gelang es den Griechen, dem König in einer unblutigen Revolution die Verfassung abzuringen. Wie wach der politische Instinkt des Volkes war, zeigen auch die Namen, die das Volk den ersten parlamentarischen Parteien nach 1843 gab: die „russische“, die „englische“ und die „französische“ Partei. (Diese fast zynische Klarheit in der Beurteilung der Lage wird auch heute sichtbar: Griechenland ist das einzige Land der Welt, in dem die Zerrissenheit der kommunistischen Bewegung offen zum Ausdruck kommt, in zwei offiziellen Kommunistischen Parteien. Die „Kommunistische Partei des Inlands“ vertritt die von Moskau Abtrünnigen. Ihren Namen leitete sie vom noch nicht abgespaltenen Exilbüro in Paris ab, das „Büro des Inlands“ hieß. Das Volk nannte daraufhin die alte KPG zu deren größter Verbitterung „Kommunistische Partei des Auslands“.)

Das Bewußtsein der Griechen, von über zweitausend Jahren Fremdherrschaft geschult, läßt sich nicht leicht in einen Freiheitstraum wiegen. Nur kurze Zeit, zwischen 1924 und 1933, sah es so aus, als könnte das Volk frei über sich selbst bestimmen: Es wurde die Republik eingeführt, und nach dem kurzen Zwischenspiel einer Diktatur schien endlich eine demokratische, ruhige Entwicklung einzusetzen. Nach der großen Weltwirtschaftskrise brachten die Engländer 1935 König Georg II. auf den Thron zurück und verhalfen mit ihm dem germanophilen, sich am Muster des italienischen und deutschen Faschismus orientierenden General Metaxas zur Diktatur. Und doch war es der Faschistenfreund Metaxas, der am 28. Oktober 1940 das Ultimatum Mussolinis zurückwies, und so dem Willen des griechischen Volkes mit seinem „ochi“ (nein) Ausdruck gab. Als 1941 der militärische Widerstand der Griechen von Hitler weggefegt wurde, zog das Volk wieder in die „Berge“, in den Widerstand. Auch hier zeigte sich eine große Instinktsicherheit: Außer wenigen Kollaborateuren hat praktisch das ganze Volk am Widerstand teilgenommen, in dem Bewußtsein, daß der Kampf gegen den Faschismus Existenzkampf schlechthin ist. Nach dem Bürgerkrieg, in dem sich wieder einmal der Wettstreit fremder Interessen manifestiert hatte, trat in Griechenland Ruhe ein: die Ruhe vor dem Sturm, weil die extreme Rechte die demokratischen Kräfte nicht hochkommen lassen wollte und mit dem Gespenst der „kommunistischen Gefahr" dem Land die US-Hilfe sicherte. So wurde Karamanlis nach seinen diskreten, aber klaren Demokratisierungsversuchen zwischen 1957 und 1963 von der Rechten gestürzt, und ebenso 1965 der liberale Demokrat Georg Papandreou. Von da war es nur noch ein Schritt zur Diktatur, die 1967 errichtet wurde, damit endlich Klarheit herrsche. Das Volk zog wiederum den Kopf ein. Die politische Führung, an der Spitze die konservative Rechte, ging in den Widerstand: Der konservative Ministerpräsident P. Kanellopoulos und seine wichtigsten Minister distanzierten sich von der extremen Rechten und ihren parastaatlichen Organisationen. All das war dem Volk bewußt, aber es wartete. Erst im November 1973, als sich die Studenten gegen die Diktatur erhoben, war das Volk plötzlich da: das Volk der Hauptstadt und die Bauern von Megara.

Wie soll man dem Nichtgriechen die griechische Studentenerhebung von 1973 verständlich machen? Allzuleicht könnte dieses Ereignis unter die verschiedenen Erscheinungsformen und Aktionen der Studentenbewegung seit 1968 eingereiht werden. Das wäre aber ein Fehler, weil die griechischen Voraussetzungen ganz andere waren.

Die Ereignisse lassen sich kurz zusammenfassen: Die

Liberalisierungspolitik des Diktators Papadopoulos, der im Juni 1973 die Monarchie abschaffte und nun glaubte, durch eine pseudopolitische Regierung und die Ankündigung von Wahlen Popularität zu gewinnen, gab den Studenten auch eine gewisse Bewegungsfreiheit. Schon im Frühjahr kam es zu Studentenunruhen an der juridischen Fakultät, wobei es um rein studentische Angelegenheiten ging. Diesen Unruhen wurde mit strengen Verwaltungsmaßnahmen begegnet. Mit Beginn des neuen Studienjahrs im November spitzte sich die Lage zu. Die Studenten erhoben verschiedene Forderungen, darunter auch die nach freier Wahl ihrer Hochschulvertretungen. Während der Verhandlungen zwischen Studenten und Unterrichtsbehörde, bei denen die Professoren und der Rektor der Technischen Hochschule die Studenten unterstützten, begann die ganze Angelegenheit politische Formen anzunehmen. Schließlich schlossen sich die Studenten in der Technischen Hochschule ein, setzten einen Sender in Betrieb und forderten die Diktatur zum Rücktritt, die Bevölkerung von Athen zur Erhebung gegen die Diktatoren auf. Das für europäische Verhältnisse Unerwartete geschah: Die Bevölkerung der Hauptstadt solidarisierte sich tatsächlich mit den Studenten. Die Demonstrationen nahmen immer größere Ausmaße an, zu Zehntausenden strömten die Athener zusammen. Schließlich kamen auch noch die Bauern von Megara dazu (deren Olivenbestände durch die Errichtung der Erdölraffinerien Vardinojannis zum großen Teil enteignet und vernichtet worden waren), um die Forderungen der Studenten nach Rücktritt der Junta zu unterstützen. Das war etwas anderes als Paris 1968, diese tragikomische Mischung aus bürgerlichem Idealismus, papierener Theorie, Sexpol, Karneval und Gewerkschaftspolitik, das alles im Rahmen einer funktionierenden parlamentarischen Demokratie, und trotz

Polizeiknüppel und Straßenschlachten insgesamt eine Veranstaltung, von der man sagen konnte, „die bürgerliche Jugend amüsiert sich". In Griechenland ging es um die politische Freiheit einer Bevölkerung, der nicht erst die Studenten beibringen mußten, daß ihnen diese Freiheit fehlte, weil sie weder durch die Existenz eines Parlaments noch durch die Garantie verfassungsmäßiger Freiheiten eingeschläfert war — sie hatte das alles nicht. Volk und Studenten erhoben sich solidarisch, weder durch Terror und Folter eingeschüchtert noch durch Versprechungen gekauft. Studenten und Volk wußten, was sie herausforderten, aber sie riskierten es. Sie fragten kaum nach den Erfolgschancen. Manche hofften vielleicht — die meisten müssen aber gewußt haben, daß sie von den Machthabern niedergewalzt würden. Dennoch traten sie den Rückzug nicht an. Für immer wird den Griechen — Soldaten und Zivilisten — die fassungslose Stimme des Radioansagers in Erinnerung bleiben, der angesichts des heranrückenden Militärs, während ein Panzer das Gittertor der Hochschule eindrückte, fast weinend schrie: „Unsere Brüder, Soldaten, ihr könnt nicht auf uns schießen, wir sind unbewaffnet, wir sind eure Brüder!" Es wurde geschossen. Beim Militär hatte die Gehirnwäsche der Diktatur funktioniert. Tagelang zirkulierten die Panzer in der Stadt und schossen auf jede Menschenansammlung, während die Polizei wahllos jeden aufgriff, der wie ein Student aussah.

Nun setzte eine verschärfte Militärdiktatur ein. Aber der politische Instinkt der Studenten und des mit ihnen solidarisierten athenischen Volkes behielt recht: Acht Monate später fiel der Spuk der Diktatur in sich zusammen.

Die Ereignisse im Polytechnikum bewirkten, daß selbst erzkonservative Kreise, die sonst gerne den Slogan vom

Anarcho-Kommunismus hörten, sich eindeutig gegen die Diktatur wandten und die Schlächterei verurteilten. All das trug dazu bei, daß die Generalmobilmachung nach dem mißlungenen Zypernputsch der Diktatur zu einem völligen Fiasko wurde, einem Fiasko, das keine Militärdiktatur, deren Bestehen vom reibungslosen Funktionieren des Militärs abhängt, überleben kann.

Das Fest, das die Athener in der Nacht vom 23. auf den 24. Juli 1974 feierten, hat in der europäischen Geschichte keine Parallele. Das ist verständlich. In keinem anderen Land ist eine faschistische Diktatur so zusammengebrochen, daß sie ein Vakuum hinterließ. Nur die Ereignisse in Budapest im Oktober 1956 lassen sich entfernt mit jenen in Griechenland vergleichen, mit dem Unterschied, daß die Budapester Bevölkerung sofort blutige Rache an ihren Peinigern nahm: Greuelszenen der Lynchjustiz verwandelten Budapest tagelang in eine Hölle.

In Athen gab es in dieser Nacht den größten Kirtag in der Geschichte Griechenlands. Ein Fest, das alle Befreiungsfeiern, alle Ostern, auch das Ende der deutschen Okkupation im Oktober 1944 in den Schatten stellte. Über eine Million Athener strömten auf die Straßen, mit brennenden Kerzen, tanzend und singend, sie fielen einander um den Hals, mit dem traditionellen Ostergruß: „Christus ist auferstanden!" Sie zeigten damit, daß sie bessere Theologen sind als die papierenen Quatschköpfe moderner „Revolutionstheologie".

Ein Mitbruder, ein katholischer Geistlicher aus einem mitteleuropäischen Land, der zufällig an diesem Abend in Athen eingetroffen war, erlebte das Schauspiel, wußte aber nicht, worum es sich handelte. Er erzählte mir von einer „merkwürdigen Demonstration mit Kerzen". Erst als ich ihn nach dem Datum fragte, verstand ich, was er meinte. Es war ihm nicht eingegangen, daß eine Feier politischer Befreiung sich der Auferstehungs-Symbolik bedienen könnte.

Wir Europäer haben längst verlernt, ein Fest zu feiern. Als Volksgemeinschaft haben wir es vielleicht nie wirklich gekonnt. Weil das Fest nie aus spontanem Willen, aus der unmittelbaren Freude entstanden war, sondern gleichsam von oben „gewährt" wurde, vom Kaiser, von den Adeligen, von der Kirche, als eine Art gute Zensur, die die braven Leibeigenen oder Zunfthandwerker von den hohen Herren bekamen, und unter deren Augen sie sich dann tummeln durften. Beethovens Pastorale: „Lustiges Beysammensein der Landleute". Oder Fausts Osterspaziergang. An den Festen des Adels hatte das Volk keinen Anteil, sie waren den „Besseren" vorbehalten. Diese Grundeinstellung ist noch im heutigen Sprachgebrauch gegenwärtig, im furchtbaren Wort „Freizeit", zu deren „Gestaltung" das Konsumfest geworden ist.

Vielleicht ist diese Entwicklung mit ein Grund dafür, daß die Revolution europäischen Stils nie ein Volksfest war, sondern todernster Staatsakt und Blutorgie.

Den Griechen fehlt diese Tradition. Die vielen byzantinischen Revolutionen sind nicht ohne Blutvergießen abgelaufen, aber das war nicht das oberste Ziel dieser Erhebungen; es galt nicht, eine eingesessene Herrscherschicht abzuschaffen, sondern einzelne Träger der Macht auszutauschen, wobei das Gesamtvolk — trotz aller Besitzunterschiede und ungerechter gesellschaftlicher Gliederungen auf Grund der allgemeinen Mobilität tatsächlich als Gesamtvolk seiner selbst bewußt — die entscheidende

Rolle spielte. Freilich war auch das permanente Schauspiel des byzantinischen Hofs nicht — wie das spanische Hofzeremoniell — Selbstzweck, sondern Volkstheater, für das Gesamtvolk.

So war und ist für die Griechen der Begriff des Festes unzertrennlich mit dem Begriff Freiheit verbunden, nicht mit Unterordnung. Die kirchlichen Feste unter den Türken, durch die religiöse Intoleranz der Unterdrücker oft zum Anlaß für Gewaltakte genommen (so zu Ostern 1821, als Patriarch Gregorios von Konstantinopel während der Osterzeremonien als Vergeltung für die bewaffnete Erhebung der Griechen festgenommen und zusammen mit seinen Geistlichen am Tor der Patriarchatskirche des Phanar aufgehängt wurde), wurden bewußt dazu genützt, durch die Glaubensinhalte und die religiöse Praxis die nationale Identität und den Wunsch nach Freiheit lebendig zu erhalten. Daß in einer solchen Symbolik gerade Ostern zum wesentlichen Ausdruck der Freiheit wurde, auch im theologischen Sinn des Kreuzesopfers, ist einleuchtend.

Den Europäern ist das Fest abhanden gekommen. Welcher Trübsinn in den feierlichen Umzügen der Christen und Nichtchristen, der Bürger, Bauern und Arbeiter, bei der Fronleichnamsprozession und bei Mai-Umzügen, beide mit schwarzgekleideten Honoratioren und Gelangweilten, in verlogener Feierlichkeit dahinmarschierenden Teilnehmern, eine unlustige Pflichtübung als „Fest“: Ansprachen, Marschmusik, Fahnen — und die Öde (all das natürlich auch bei den politischen Demonstrationen der linken Jugend). Oder die Idiotie des Fressens und Saufens, wie beim Oktoberfest, bei Karnevalsveranstaltungen und anderen „Belustigungen“, die dumpfe Verbrüderung von Menschen, die einander im Alltag so sehr entfremdet sind, daß sie keine andere Kommunikation mehr finden als die der gemeinsamen Isolation im Saufen.

In all dem dürften die negativen Kräfte des Bürgertums wirksam sein, das die verlogene Ordnung des Feudaladels durch die nicht weniger verlogene Unordnung des „freien", „autonomen" Individuums abgelöst hat. Darum kann heute der Europäer nicht einmal mehr ein „Festessen" veranstalten, auch nicht mehr im Familienkreis, weil nur ganz selten das als Selbstzweck empfundene gemeinsame Essen das bestimmende Element ist, weil es meistens durch die „Verpflichtung", die ideologisierte Statussymbolik, ersetzt wird und im Zeichen von gegenseitigem Mißtrauen und Abneigung stattfindet. So wird das gemeinsame Essen, die ursprüngliche Realität der Gastfreundschaft, des Vertrauens oder auch bloß des Behagens, der Freude, zum Rahmen des Konkurrenzkampfes, der Mißgunst, ja des Hasses. Diese völlige Verkehrung menschlicher Beziehungen setzt sich auch noch in den Parties der bürgerlichen Jugend fort, die sich dem eisernen Zugriff der Gesellschaft so gerne entwinden möchte: Das verlorene Paradies des Festes, der ritualisierten Spontaneität, die man bei jeder „Parea" (Gesellschaft), bei jedem „Glendi" (Unterhaltung) der Griechen — egal welcher gesellschaftlicher Provenienz — findet, verkehrt sich in die Öde des Gezwungenen, in die zwielichtige Verhemmtheit eines Pseudo-Libertinismus isolierter Individuen, die nicht einmal durch Rauschgift oder Gruppensex zur Gelöstheit des kommunikativen Festes finden. Weil statt der Freiheit hier ebenfalls nur die Pflicht, die Leistung und das Statussymbol zählen, auch in der negativen Verkehrung.

Grausiges Symbol für alle Fehlentwicklungen des „Festes", wie es von Europäern und europäisch verseuchten Amerikanern begangen wird, ist das Weihnachtsfest. Schon seine Geschichte ist bezeichnend: Das neue „Establishment“ des zur Staatskirche gewordenen Christentums unter Konstantin dem Großen hat dieses Fest eingeführt, um „Neubekehrte“ zufriedenzustellen, die vom Mithraskult und anderen heidnischen, dem „unbesiegten Sonnengott“ zugetanen Gruppen aus gesellschaftlichem und materiellem Interesse der Kirche zugelaufen waren. Der 25. Dezember war der Geburtstag der „unbesiegten Sonne“ und wurde nun zum Geburtsfest Jesu umgemünzt; ein Datum, das die alte Kirche überhaupt nicht interessiert hatte. In der weiteren Entwicklung der Kirche in Ost und West spielte dieses Fest keine besondere Rolle. Alte heidnische Geschenkbräuche waren ursprünglich nicht mit dem Weihnachtsfest verbunden, sondern mit dem Neujahrstag oder mit dem Fest der Epiphanie. Erst das aufkommende Bürgertum begann die sentimentalen Möglichkeiten des Weihnachtsfestes zu entdecken („holder Knabe in lockigem Haar“) und es als Ausdruck der eigenen Verlogenheit, gleichsam als apokalyptisches Zeichen der gesellschaftlichen Entwicklung, aufzubauen. Mit dem Beginn der totalen Zerstörung der Familie wird hier das „Fest der Familie“ in die Welt gesetzt: Der Glaubenssatz von der Menschwerdung Gottes wird zum Symbol privater Sentimentalität. „Familienfeste“ wären an und für sich jeder Namens- und Geburtstag, jede Taufe, jede Hochzeit, jedes Begräbnis. Die religiösen Feste der Kirche waren von Anfang an für die Allgemeinheit da, nicht für den privaten Kreis. Im Weihnachtsfest wird aber jetzt die Absonderung in die sentimentalisierte „private“ Familie kultiviert, ins häusliche Glück. Selbstverständlich ist dies das Fest der Wohlhabenden, das ihnen zugleich als Alibi dient, damit sie sich herablassen können, in den „Hütten der Armen“

etwas von ihrem „Weihnachtsglück“ zu verteilen, während sie dann selbst im Kerzenschein bei ihrem Weihnachtskarpfen „fasten“. In der ganzen christlichen Geschichte gibt es keinen größeren Hohn auf den Glaubenssatz, daß Gott in der Geburt des Jesus Mensch geworden ist. Die dämonische Kommerzialisierung des Weihnachtsfestes in den letzten fünfzehn Jahren, über die sich empfindliche Seelen so sehr beklagen, die Zerstörung der „Feststimmung“ und der Idee des „Schenkens“, ist bloß die logische Konsequenz der anfänglichen Verlogenheit des zunächst „verinnerlichten“ Weihnachtsrummels, der nunmehr veräußerlicht als das erscheint, was er immer war.

So sieht das europäische Fest aus, das Fest der losgelösten, im Konkurrenzkampf zusammengeschweißten isolierten Individuen. Vergeblich versucht man, dies in politischen Umzügen und Demonstrationen wettzumachen — auch sie zwingen Muster des Pflichtbewußtseins und des Leistungsdenkens auf, oder gar der politischen Romantik, deren Sentimentalität nicht minder widerwärtig ist als die kommerzialisierte „Stille Nacht“. Diesem eisernen Gesetz gehorchen schließlich auch noch die Massenausbruchsversuche der Jugend à la Woodstock, deren augenblickliche Kommunikations-Euphorie sich doch nur wieder als Deckmantel der kommerziellen Veranstalter entpuppt, die auch hier ihr Weihnachten organisieren, auf Kosten des unartikulierten Hungers der Jugend.

Anscheinend kennen in unserem geographischen Raum nur die Griechen den Kirtag des heiligen Volkes. Sie kennen das politische Fest aller, das ebenso „Fest“ ist wie ein spontanes Tanzfest in einem Dorf oder das festliche Abendessen einer Freundesgruppe in einer Vorstadttaverne. Nur, daß hier das Fest alle Grenzen sprengt, die Barrieren gesellschaftlicher Unterschiede überwindet.

Am 8. Dezember 1974 hatte ich selbst Gelegenheit, ein solches politisches Volksfest der Athener zu erleben: Es war nach der Volksabstimmung über die künftige Staatsform. Statt einer Erzählung aus der Erinnerung zitiere ich aus einem Brief, den ich in derselben Nacht an einen Freund geschrieben habe:

„Den ganzen Tag über herrschte eine gedrückte Stimmung. In den letzten Tagen wurde über nichts anderes geredet als über die möglichen Stimmengewinne der Monarchie. Wie wird die Provinz stimmen? Was geschieht im Falle eines Kopf-an-Kopf-Rennens? Was geschieht, falls das Unwahrscheinliche doch passieren sollte und der König zurückgeholt wird? Es wird Blutvergießen geben, Aufstand, Rebellion ...

Und dann kam alles anders. Von sieben Uhr an tröpfelten die ersten Ergebnisse ein — zuallererst aus der finstersten Provinz. Und siehe da, überall, in den kleinsten Dörfern, in den schwärzesten, monarchistischsten Landstrichen, lag die Monarchie meist weit hinter der Republik ... Gegen zehn Uhr wußte man, daß das Endergebnis für den König bei dreißig Prozent liegen würde. Und da brach Athen los.

Von überall strömten Autos und Menschen zum Syntagma-Platz. Hupkonzerte, schreiende Fußgänger, aus allen Autofenstern winkende Arme, die Finger zum V gespreizt. Leute, die Ölzweige schwenkten. Riesige Fahnen, auf winzige Autos montiert. All das vorbereitet, während man angstvoll auf den Ausgang gewartet hatte ... Vor Karamanlis' Wohnung eine jubelnde Menge mit Fahnen, Ölzweigen und Kerzen. Auf dem Syntagma-Platz ein unbeschreibliches Tohuwabohu des Jubels. Weiterhin von überallher Autos, völlig durcheinander, ständiges Hupkonzert, angeführt von den Autobussen. Lachende Leute, aus allen Schichten und Gruppen, aus allen Parteien, bärtig und bürgerlich, mit Plakaten beklebt, Ölzweige schwenkend, jubelnd ... Pesmazoglou (ein bekannter demokratischer Politiker) hörte sich die Ansprache des Ministerpräsidenten im Hotel Grande Bretagne an und wollte von dort nach Hause gehen, wurde aber von der jubelnden Menge erkannt; eine Gruppe Jugendlicher versuchte, ihn auf die Schulter zu heben, massierte sich um ihn und schleppte ihn im Triumph ein Stück die Panepistimiou-Straße hinunter. Und immer wieder einzelne Leute, die wie trunken plötzlich losbrüllen: ‚Dimokratia!' Auch andere Slogans. Transparente: eine Krone, darunter ‚Käufer gesucht!'. ‚Bootsmann mit Olympiaerfahrung gesucht!' ... Alles heiter, ohne Haß, nur mit der köstlichen Leidenschaft des Festes, des Feierns ... In der auf und ab wogenden Menge drei vereinzelte Leute mit brennenden Kerzen und Oleanderzweigen, die vor sich hinsingen: ‚Äonia ... äonia ... ewig ... ewig ...'

Das Wunderbare war die Ordnung im Chaos. Der Verkehr blieb relativ flüssig, obwohl Hunderte über die Straßen rannten und die Autos aufhielten. Die Polizisten waren freundlich, vielleicht auch verschreckt, schließlich muß es ihnen schwergefallen sein, nach sieben Jahren absoluter Willkürherrschaft bloße Zeugen solcher Szenen zu sein ...

Man hat plötzlich gefühlt, was politisches Leben bedeutet, Leben der Gemeinschaft, vom Individuum in voller Freiheit erfaßt und ausgelebt: das freundlich geordnete Chaos der Freude jedes einzelnen und aller. Das Fest des heiligen Volkes aus dem Ritsos-Lied ... Es gibt keinen tolleren Ausdruck für das, was Europa fehlt, und was man neu vermitteln, erfinden, lehren müßte: Mensch-Sein."

6

Familie

•

Exkurs über das Matriarchat

5. Totengedächtnis

Der Großvater steht an der Wand, gegenüber zehn Enkel,
und auf dem Tisch, im Gerstenbrot, stecken neun helle Kerzen.

Die Mütter raufen sich das Haar und die Kinder schweigen
und seufzend blickt die Freiheit vom Lichthof durch das Fenster.

Familie, OIKOGENEIA, bedeutet auf griechisch wesentlich mehr als das europäisch-lateinische Wort, das bloß den traurigen, aus Vater und Mutter bestehenden, von allem abgetrennten Kinderkäfig bezeichnet. Bei den Griechen bedeutet dieses Wort noch immer Großfamilie, Sippe.

Deshalb ist bei der im Gedicht gezeichneten Familienfeier des Totengedächtnisses — für neun Gefallene? Widerstandskämpfer? Hingerichtete? — die zentrale Figur der Großvater, jene patriarchalische Erscheinung, die es in der bürgerlichen Gesellschaft kaum mehr gibt, weil die väterliche Autorität der Jungen das Verschwinden der Alten verlangt. Der Großvater kann überhaupt froh sein, wenn er nicht in ein Altersheim abgeschoben wird.

Dem Großvater-Patriarchen stehen die zehn Enkel in hieratischem Schweigen gegenüber. Gleichsam im Hintergrund raufen sich die Mütter, mit der rituellen Geste der Totenklage, die Haare. Die Mütter: der eigentliche Zusammenhalt der Sippe. Nicht das Wort, das bei uns die dem Vater unterstellte, unterdrückte Frau der bürgerlichen Familie, das haushütende Heimchen am Herd bezeichnet, sondern jenes Urwort, das der hintergründige Goethe, der mehr vom heraufziehenden bürgerlichen Zeitalter wußte als er zugab, ausgesucht hatte, um Faust zu schrecken:

„Den Müttern! Triffts mich immer wie ein Schlag!
Was ist das Wort, das ich nicht hören mag?“

Gemeinplätze: Die Familie ist am Ende; die Familie ist eine Brutstätte der Neurosen; die Familie ist eine Hölle, in der von der Gesellschaft verbogene Väter und entpersönlichte Mütter der Gesellschaft verkrüppelte Kinder bescheren. Kurz: die Grundzelle der Gesellschaft.

Die allgemeine Krise des Individuums, die sich seit dem vorigen Jahrhundert als Massenphänomen jener Gesellschaft erweist, deren Krise seit der Französischen Revolution immer größere Maße angenommen hat, zeigt sich am unmittelbarsten in der Krise der Familie, die zu analysieren Soziologie, Tiefenpsychologie, dogmatischer und undogmatischer Marxismus nicht müde werden, ohne dem Problem wirklich nahe zu kommen. Kirchen und Parteien, Regierungen und revolutionäre Klubs doktern an der Familie herum, von der angenommen wird, daß es sie noch gibt, während sie eigentlich schon zerfallen ist und nur noch selten, im Ausnahmefall, eine „heile Welt" darstellt. Und selbst in diesen seltenen Fällen erweist sie sich oft genug als Seuchenherd, aus deren Schoß Träumer hervorgehen, die dann mitten aus dem Traum zum Trauma erwachen. Das ist das keineswegs übertriebene Fazit aus den summarisch betrachteten Verhaltensformen aller Gesellschaftsschichten, der bäuerlichen, proletarisch-kleinbürgerlichen, bürgerlichen und der — gleichsam als museale Überreste — großbürgerlichen und aristokratischen Familien.

In allen Fällen ist Familie identisch mit dem schrankenlosen Patriarchat. Der biologische Sinn des Einverständnisses einer Frau und eines Mannes, Kinder zu zeugen, wurde zu einem Machtverhältnis verkehrt: Familie ist eine Institution, in der das Einverständnis der Ehepartner dazu dient, daß der Ehemann und Vater Herrschaftsrechte ausüben kann und entsprechende Untertanen bekommt, die er, als Gegenleistung, erhalten muß.

Diese Institution ist am Ende. Aber sie wird nicht von einer Erneuerung des freien Einverständnisses von nunmehr freien Frauen und Männern abgelöst, sondern vom totalen Chaos, vom Zerwürfnis, verbunden mit dem krampfhaften Versuch, die Institution aufrechtzuerhalten. Man könnte sagen, daß die Familie heute jener Ort der Gesellschaft ist, auf den sich der Klassenkampf zurückgezogen hat. *Indirekt* im unerbittlichen Kampf der Geschlechter. Der bedrohte Patriarch sucht mit allen unbewußten Mitteln seine Macht zu verteidigen, und die Frau will sich — anstatt aus sich heraus, von der Polarität der Geschlechter ausgehend, die Unterdrückung zu bekämpfen — durch Anpassung an die ausschließlich vom Mann geformte Industrie- und Konsumwelt emanzipieren und als Sekundärmann „gleichberechtigt" sein. Aber auch im *direkten* Sinn des Wortes kann der Klassenkampf innerhalb der Familie wirksam sein, als Folge des oft unerträglichen psychischen Drucks der verdrängten Klassenunterschiede, weil in der Pseudoklassenlosigkeit des patriarchalischen Spätkapitalismus das Klassenbewußtsein längst zu einer Art *Klassenunbewußtem* geworden ist. In dem oft tödlichen Kampf der Ehepartner wird jener andere Kampf karikiert, der vom siegreichen Kapital und seinem Produktionssystem — in Ost und West — von der Tagesordnung abgesetzt wurde, durch den Kompromiß zwischen Privat- und Staatskapital einerseits (vertreten durch seine Manager, weil der „Besitzer" als handelnde Figur längst von der Bühne abgetreten ist), und den wirklichen Produzenten andererseits, die als Konsumenten ebenfalls die Interessen des Kapitals repräsentieren.

All das hat die Familie tatsächlich zur Hölle gemacht.

Das Schicksal der bürgerlichen Familie ist das Musterbeispiel des Irrweges, den die gesellschaftliche Entwicklung genommen hat, und zugleich der eigentliche Ort, an dem sich dieser Irrweg in die subjektive Realität der Einzelpersonen umsetzt. Als nahezu ironisch-prophetischen Blick auf die Zukunft der bürgerlichen Familie könnte man den Schluß des Helena-Aktes in Goethes „Faust“ ansehen:

HELENA:
Liebe, menschlich zu beglücken,
Nähert sie ein edles Zwei;
Doch zu göttlichem Entzücken
Bildet sie ein köstlich Drei.

FAUST:
Alles ist sodann gefunden,
Ich bin dein und du bist mein;
Und so stehen wir verbunden,
Dürft' es doch nicht anders sein!

CHOR:
Wohlgefallen vieler Jahre
In des Knaben mildem Schein
Sammelt sich auf diesem Paare.
O! wie rührt mich der Verein.

EUPHORION:
Nun laßt mich hüpfen,
Nun laßt mich springen! ...

FAUST:
Nur mäßig! mäßig!
Nicht ins Verwegne;

Daß Sturz und Unfall
Dir nicht begegne,
Zu Grund uns richte
Der teure Sohn.

HELENA:
O denk'! o denke
Wem du gehörest!
Wie es uns kränke,
Wie du zerstörest
Das schön errungene
Mein, Dein und Sein.

CHOR:
Bald löst, ich fürchte,
Sich der Verein!

Marx hat die Rolle der Familie im bürgerlichen Gesellschaftsgefüge klar erkannt, die Kompliziertheit des Zerfallsprozesses jedoch offensichtlich falsch eingeschätzt. Freud hat den Zerstörungsmechanismus bis ins letzte analysiert und fälschlich für den allgemeingültigen, naturgesetzlichen Mechanismus der Menschheit gehalten, weil er nicht erkannte, daß es sich bloß um die spezifischen Erscheinungen der bürgerlichen Familie handelt. Die Literatur des 20. Jahrhunderts befaßt sich eingehend mit dem Schicksal der bürgerlichen Familie und ihrer Individuen. Einer der größten Romanautoren, die sich mit diesem Thema befaßten, ist Thomas Mann. Der tragische Sturz ins Nichts aus dem großartigen materiellen Aufstieg, wie er ihn in den „Buddenbrooks" darstellt, ist ein einzigartiges Dokument, dessen Erkenntnisse und Gestalten im „Zauberberg" und im „Dr. Faustus" sowie in den Erzählungen variiert werden: das Schicksal später Bürgersöhne, die jene Freiheit, welche von ihren Großvätern erfunden wurde, um Reichtümer sammeln zu können, für den Geist mißbrauchen wollen, und, weil dieser Geist nicht ausreicht, den Zwang der Großväter in tatsächliche Freiheit umzusetzen, sich selbst zerstören. Es ist der umgekehrte Sturz der Engel, aus der Welt der Materie des Kapitals in die vermeintliche Welt des Geistes. Was im späten 19. Jahrhundert und im frühen 20. Jahrhundert das Schicksal der Söhne großer Bürgerfamilien war und oft seinen künstlerischen Niederschlag fand, hat sich heute, da das Kapital anonym und die großbürgerliche Familie zur kleinbürgerlichen degeneriert ist, auf eine breitere Ebene verlagert. Zwar gibt es noch museale Fälle von Buddenbrook-Schicksalen in jenen Randbezirken, wo die patriarchalische Familie mit dem Betrieb weiterhin identisch ist, frustrierte Söhne auf der Suche nach der eigenen Identität, doch bleiben sie Einzelfälle. Die Vielzahl kleinbürgerlicher Söhne (und Töchter), soweit sie sich nicht mit dem vorgezeichneten Schicksal einer von ihrer Klasse auferlegten Karriere und der damit verbundenen Neurose abfinden (das richtet sich nach der Robustheit der Konstitution), wirft sich, meistens ebenso neurotisch, der Weltrevolution an den Hals, wie ehedem der Kunst oder der Philosophie. Diese Revolutionäre, Erzeuger neuer Konsumware, betreiben jenen Vatermord, den die Geschichte im Rahmen des Produktionsprozesses schon längst vollzogen hat, und träumen von einer Weltrevolution, die, als sie hätte kommen können, versäumt wurde, und die im technologischen Zeitalter nie mehr so kommen wird können, wie sie von diesen wildromantischen Erben der Französischen Revolution, der Pariser Kommune und der Oktoberrevolution ersehnt wird. Auf diese Weise treibt die spätbürgerliche Familie die sonderbarsten Blüten der Selbstzerfleischung, wie die Studentenbewegung der sechziger Jahre, und in der Folge das Blühen von „hundert Blumen“ marxistischer Splittersekten. Der letzte Ausweg bleibt dann die Rückführung der Gewalt in den Privatbesitz im Stil der Baader-Meinhof-Gruppe, wohl die absurdeste Kreuzung marxistischer Ideologie mit dem bürgerlichen Klassenbewußtsein, seltsames Raubrittertum der ausgehenden bürgerlichen Gesellschaft.

Und die Tochter? Wie ist die bürgerliche Tochter entstanden? Wie ist ihre Entwicklung vom Mädchen zur „höheren Tochter“ abgelaufen, von der höheren Tochter zum bürgerlichen Sekundär-Sohn an den Universitäten, in den Betrieben, in den intellektuellen Berufen, von der Mutter zur Abtreibungs-Megäre „on pills“, von der mittelalterlichen Frau, „Ma-Dame“, „Signora“, „Herrin“, zur bürgerlichen Hausfrau und schließlich zur „Frau Professor“, „Frau Minister“ (immer ein männliches Wort mit der vorgesetzten Bezeichnung „Frau“), zur „Genossin“ (wobei im Deutschen das Suffix besonders verräterisch ist). Wie hat sich jene Mischung aus Herrschsucht und Scheu, die noch im Mittelalter das Verhältnis des Mannes zur Frau kennzeichnete, in die Herrschaftsverhältnisse des Bürgertums verwandelt, die von der Frau akzeptiert wurden und denen sie sich selbst im Befreiungsversuch restlos angepaßt hat, ohne etwas Eigenes entgegenzusetzen?

Sind vielleicht die Hexenprozesse des 16. und 17. Jahrhunderts, die scheinbar noch dem Mittelalter angehören, in Wirklichkeit der erste Schritt des entstehenden Bürgertums zur Ausschaltung der Frau? Wird hier die emotionelle Grundlage der „Minderwertigkeit“ der Frau im buchstäblichen Sinn des Wortes dem bürgerlichen Bewußtsein „eingebrannt“? Ist andererseits der bürgerliche

Puritanismus, wie er insbesondere im Kalvinismus zum Ausdruck kommt, jener Prozeß der Bewußtseinsbildung, der der Frau selbst die Anerkennung ihrer „Minderwertigkeit“ aufzwingt?

Ist ferner die Loslösung der Ehe vom mittelalterlichen, aristokratisch-bäuerlichen Sippenwesen der psychologische Nährboden für jene Art der „Koketterie“, mit welcher die völlig preisgegebene Frau auf „Männerfang“ ausgehen muß, und die dann in der bürgerlichen Konsumgesellschaft zur absurden Erscheinung der „Damenmode“ geworden ist? Führt dies alles unmittelbar zu jener Bewertung der Frau — auch durch sie selbst —, die in Freuds Theorie vom „Penisneid“ ihren klassischen Ausdruck gefunden hat, mit einer solchen Selbstverständlichkeit, als wäre die „Minderwertigkeit“ der Frau eine naturwissenschaftliche Tatsache und ebenso die Überbewertung des Mannes und des Penis, obwohl es eigentlich umgekehrt sein müßte, weil in Wirklichkeit nur die Gebärmutter „schöpferisch“ ist. In alldem zeigt sich eine seltsame Irrationalität des sonst so „rationalen“ Mannes, der zum Beispiel in der Viehzucht ganz anders denkt, viel „realistischer“: Eine Kuh ist ja wesentlich wertvoller als ein Stier, der normalerweise zum Ochsen verschnitten wird, von einigen Zuchtstieren abgesehen. (Wenn die bürgerliche Männergesellschaft tatsächlich so rational wäre, wie sie vorgibt, hätte sie eine ähnliche Praxis einführen müssen; der Nationalsozialismus hat ja Ansätze dazu gezeigt.) Wäre es also nicht logischer, die ganze Männerherrschaft einem mythischen „Gebärmutterneid“ zuzuschreiben?

Jedenfalls steht die Emanzipation der Frau durchaus in der Linie der Männerherrschaft: Die vom Mann geprägten gesellschaftlichen Stellungen werden von der Frau mit dem Anspruch der „Gleichberechtigung“ angestrebt, womit ja nur die Form der Männerherrschaft verewigt wird, anstatt aufgelöst, überwunden zu werden. Diese undialektische Form der Bewußtseinsbildung der Frau gipfelt andererseits in der immer mehr akzentuierten Weigerung, Kinder zu gebären, was tatsächlich als späte Ausdrucksform des Freudschen „Penisneides" interpretiert werden könnte, als unbewußter Wunsch, Sohn zu sein, nicht Tochter. Daß dies auch mit der zunehmenden traumatisierten Stellung der Kinder zusammenhängt, die als „Erwachsene" einen unüberwindlichen Abscheu gegen Kinder haben, weil sie selbst als „unerwünschte Kinder" auf die Welt gekommen sind, wäre auch möglich.

Eines scheint sicher zu sein: die psychische Situation, in der sich die Frau, die Tochter in der spätbürgerlichen Gesellschaft befinden, ist bestens darauf eingestellt, das Ende dieser Gesellschaft durch Geburtenrückgang zu beschleunigen; denn mit dem Aufhören der Mutterschaft hört menschliches Leben selbst auf — es sei denn, die Retorte tritt an ihre Stelle. Ob dies das nächste Kapitel der Technologischen Revolution sein wird — die perfekte Roboterwelt einer nunmehr geschlechtslosen Menschheit?

Familie: Hat es sie in Wirklichkeit je gegeben, so wie sie von den Liebespaar-Ideologen und Sittlichkeitsaposteln des aufkommenden Bürgertums als Hort der Tugend erfunden worden war, als „trautes Heim", als „Fundament der Nation", als „Grundzelle der Gesellschaft"?

Es ist ein interessanter Ausdruck der inneren Widersprüchlichkeit der Familie, daß Marx und Engels zu einer völlig verkehrten Definition der Situation der bürgerlichen Familie gekommen waren. Im „Kommunistischen Manifest" heißt es: „Die Bourgeoisie hat dem Familienverhältnis seinen rührend-sentimentalen Schleier abgerissen und es auf ein reines Geldverhältnis zurückgeführt." Gerade das Gegenteil davon ist wahr.

Familie im bürgerlichen Sinn, nämlich in der Identifikation der Begriffe „Ehe" und „Familie", hat es bis zum Bürgertum kaum gegeben. Die Familie des feudalistischen Mittelalters — und überhaupt aller vorbürgerlichen Gesellschaftsformen, egal ob primitiv oder entwickelt — war immer die SIPPE. Und im Rahmen der Sippe war der EHE niemals ein „rührend-sentimentaler Schleier" übergeworfen, sondern sie war immer, sehr streng und sehr bewußt, ein „Geldverhältnis", ein geschäftliches Abkommen zwischen zwei Sippen. Diese Tatsache hat wohl in der Deutung der Ehe durch die scholastische Sakramententheologie ihren klassischen Ausdruck gefunden: Nach den aristotelischen Gesichtspunkten von „Form" und „Materie" sind auch die Sakramente beschrieben, und wie etwa bei der Eucharistie Brot und Wein die Materie und die Wandlungsworte die Form darstellen, gilt bei der Ehe als Form die Konsenserklärung der Ehepartner vor der Kirche, und als Materie der *Ehevertrag*. Da kann man kaum von einer Sentimentalisierung sprechen.

Diese rein geschäftlich aufgefaßte Ehe ist eingebettet in die Sippe. Und die Sippe wurde in der Gesellschaft der Feudalaristokratie zwar nicht sentimentalisiert, um so mehr aber ideologisiert, ja mythologisiert. Die Idee des erblichen Adels, der privilegierten Geburt, der Mythos des „blauen Blutes", ist der eigentliche Inhalt des aristokratischen Sippenbewußtseins. Dieses Phänomen ist letztlich jener Angelpunkt, der die gesamte klassenkämpferische Dynamik des Bürgertums bestimmt. In der Ablehnung und Bekämpfung des Geburtsadels liegt der letzte Schlüssel zum psychologischen Verständnis der bürgerlichen Entwicklung.

Diese Entwicklung läßt sich in groben Linien nachziehen. Das auf seine Leistung, auf seine Bildung gegründete freie, autonome Individuum der Aufklärung, und der autonome, von keinerlei Sippenrücksichten eingeschränkte „Verliebte" der Romantik bilden die Ursprünge des bürgerlichen Familienverständnisses, sind eingeschnürt in die neuen Besitzverhältnisse, die sich nicht mehr in den Latifundien der Sippe, dem „Fideikommiß" (das immer dem ältesten Sippenmitglied zufällt, mit der Auflage, die übrigen Sippenmitglieder zu erhalten), sondern im „arbeitenden" Geld des Unternehmens ausdrücken. In diesem Zusammenhang sind die Kinder nicht mehr eine Selbstverständlichkeit zum Ruhm der Sippe, sondern, wenn irgend möglich, zahlenmäßig sorgfältig geplante, auf Leistung getrimmte Fortführer des Unternehmens: nicht Erben von Blut und Boden, sondern des leistungsbestimmten Konkurrenzkampfes.

Diese Abkehr vom aristokratischen Ideal, das ja selbst die krasseste Entfremdung „natürlicher" Erscheinungsformen der Sippe war, kann wohl als besonders schwerer psychologischer Eingriff in die Entwicklung des Individuums angesehen werden. Denn in der Ablehnung der Kasten-Klassenideologie der aristokratischen Sippenwirtschaft und der damit verbundenen Verlagerung des Schwergewichts auf das autonome, von der Sippe losgelöste Individuum, jedoch durchaus im Sinne des patriarchalischen Konzepts der bekämpften Aristokratie ausschließlich auf den MANN, ist es erst zu jener totalen Entwertung der Frau gekommen, die das bürgerliche Zeitalter kennzeichnet.

In der Großfamilie, auch in der aristokratischen Sippe, wird der Mutter eine weitaus bedeutendere Rolle eingeräumt, als es der oberflächliche Blick auf die durchaus patriarchalische Struktur des Feudalismus erkennen läßt.

Es scheint, daß sowohl in den Sippen der Völkerwanderungsstämme als auch in den besonders patriarchalisch geprägten Sippen des alten Rom sehr starke unterschwellige matriarchalische Kräfte wirksam waren — meistens wohl in der ritualisierten Form —, die sich sowohl in der Rolle des „Geborenseins" und dadurch in der Rolle der gebärenden Mutter abzeichneten, als auch im religiösen Bewußtsein, insbesondere in der betonten Marienverehrung des Mittelalters. Deshalb waren sowohl in römischer Zeit als auch während des gesamten Mittelalters starke Herrscherinnenpersönlichkeiten eine Selbstverständlichkeit (die veränderte Einschätzung der Frau kündigt sich besonders augenfällig in den Schwierigkeiten an, die mit der „pragmatischen Sanktion", durch die die Erbfolge der Habsburger auf Maria Theresia übertragen wurde, verbunden waren). Im Mittelalter ist das Blut ebenso entscheidend wie der Boden: Der Boden wird vom Vater als Lehen empfangen und vererbt, das Blut kann nur von der Mutter weitergegeben werden. Deshalb sind Mesalliancen verpönt.

Die Ideologie der Aristokraten wurde vom Bürgertum zu Recht als menschenunwürdig bekämpft. Aber anstatt die *Privilegierung* der Sippe abzuschaffen, wird die *Sippe selbst* abgeschafft, der Mann zum einzigen Repräsentanten der Gesellschaft gemacht und die Frau völlig enterbt. Es beginnt die Geschichte der bürgerlichen Familie: der Ödipus-Komplex wird geboren.

Als Freud den Funktionsmechanismus der Familie mit der Theorie des Ödipus-Komplexes enträtselt zu haben meinte und zur Annahme gelangte, das Grundmuster der Menschheit gefunden zu haben, sah er an der Wirklichkeit vorbei, weil er selbst von den Gefühls- und Wertkategorien der bürgerlichen Gesellschaft geprägt war. Für ihn zeigte sich im Verhältnis zwischen Mutter, Sohn und

Vater (und abgeschwächt der Tochter) das Urmuster geschlechtlicher Rivalität. Dabei übersah er völlig die Tatsache, daß diese Rivalität erst durch die neuen Besitzverhältnisse (da nicht mehr der Sippenbesitz, sondern der persönliche Privatbesitz bestimmend ist), sowie durch die neue Stellung von Mann und Frau im Rahmen dieser Besitzverhältnisse entsteht und in erster Linie als zunehmende Ortlosigkeit des Kindes in Erscheinung tritt. Ebenso hat er übersehen, was Romanschriftsteller wie etwa Thomas Mann instinktiv erfaßt haben, daß es sich nicht um ein statisches Grundmuster, sondern um einen Entwicklungsprozeß handelt, der zur Isolierung des Individuums führt; eine Isolierung, deren Ausdruck vornehmlich die Neurose ist. Die Entwicklung der Generationenfolgen, wie sie zum Beispiel in den Buddenbrooks analysiert wird, ist das sprechende Zeugnis dafür, daß es sich um einen fortschreitenden Prozeß handelt, nicht um ein sich wiederholendes „Grundmuster". Diese fortschreitende Entfremdung zeichnet sich in den jüngsten Generationen, zusammen mit dem fortschreitenden Debakel der bürgerlichen Familie, immer klarer ab; dieses wiederum wird in den sich rapid verändernden Verhaltensformen der letzten Generationen sichtbar (etwa in Abständen von sechs bis zehn Jahren seit dem Ende des Zweiten Weltkrieges). Offensichtlich wird die bürgerliche Kleinfamilie, die keineswegs dem Produktionssystem der Industriellen und noch weniger der Technologischen Revolution angepaßt war, unter den fortschreitenden objektiven Veränderungen dieses Produktionssystems — unabhängig von den Besitzverhältnissen! — vernichtet.

Besonders ist dabei die Veränderung der Rolle der Frau zu beachten. Indem sie ihre durch die Sippe vorgezeichnete Rolle in der Gesellschaft einbüßte und keine „Emanzipation" in gesellschaftlichem Sinne — analog zur klassenmäßigen Befreiung des Mannes — als autonomes Individuum erlangte, verlor sie jenen mittelbaren Einfluß auf die Gesellschaft, den sie das ganze Mittelalter hindurch im Rahmen der Sippe tatsächlich noch besessen hatte. Erst jetzt, im 19. Jahrhundert, wurde die Gesellschaft tatsächlich eine „Männergesellschaft", die Frau eine „Zierde des Mannes", beziehungsweise Lustobjekt und Statussymbol. In dieser Rolle der totalen Unterwerfung verlor sie ihre Beziehung zum Sohn, wodurch erst die Eifersucht auf den Vater entstand, der die Mutter beherrschte. Das Ödipus-Bewußtsein, das in der Sippe wohl immer selbstverständlich war, wurde jetzt wirklich zum Komplex. Schließlich hat ja gerade der unfreiwillige Pate des Ödipus-Komplexes, Sophokles, die Selbstverständlichkeit und Un-Komplexität des Ödipus-Bewußtseins klar herausgestellt:

„. . . Fürchte du die Hochzeit
Mit der Mutter nicht! Denn öfters hat
Ein Sterblicher der eigenen Mutter schon
Im Traume beigewohnt: doch wem wie nichts
Dies gilt, er trägt am leichtesten das Leben",

sagt Jokaste selbst zu Ödipus. Letztlich dürfte nicht die Geschlechtsrivalität des Sohnes und des Vaters den Ödipus-Komplex ausmachen, sondern die in Unsicherheit gestürzte Sohn-Mutter-Beziehung. Der Sohn verlor die Basis seiner Identifikation, sah dazu die gesellschaftliche Minderwertigkeit seiner Mutter, seine eigene Übergewichtigkeit als Mann, und zugleich und als unlösbaren Widerspruch, daß er der Autorität des Vaters ausgeliefert war. Und all das auch noch eingebettet in die Tabuierung der Geschlechtlichkeit überhaupt — der er ja seine Existenz verdankte! —, nicht durch ein religiöses, sondern durch ein völlig irrationales gesellschaftliches Tabu, dasjenige der „Unanständigkeit“; ein Tabu, das dem christlichen Mittelalter unbekannt gewesen war.

Die bürgerliche Gesellschaft, in welcher die Frau keine Bedeutung hat, außer in Rollen, die vom Mann geprägt sind, kann aus sich heraus keine Emanzipation der Frau hervorbringen, auch nicht dort, wo die marxistische Revolution zwar die Besitzverhältnisse geändert, aber die patriarchalische bürgerliche Grundstruktur der Familie beibehalten hat. Jeder Emanzipationsversuch wird immer nur die Angleichung an die Berufs- und Verhaltensformen des Mannes bewirken. Gerade die radikalste Ablehnung der patriarchalischen Herrschaftsformen, etwa „Women's Liberation“, erfolgt absurderweise in äußerst „männlichen“ Formen.

Weniges kann den Unterschied zwischen der Situation der Familie in Griechenland und jener in den von der bürgerlichen Entwicklung geformten Gesellschaft besser beleuchten als die Studentenunruhen am Athener Polytechnikum im November 1973. Als die Studenten die Bevölkerung über ihren Sender aufforderten, sich gegen die Diktatur zu erheben, waren es zuerst die Familien der Studenten, die dem Aufruf folgten und demonstrierend auf die Straßen zogen, ohne Rücksicht auf Klassenunterschiede; ein Ereignis, das in keiner europäischen oder amerikanischen Universitätsstadt denkbar wäre.

Andere, kleine und alltägliche Begebenheiten, die den Unterschied beleuchten, beobachtet jeder Fremde, der nach Griechenland kommt; weil aber der Zusammenhang meistens nicht klar ersichtlich ist, werden solche Beobachtungen bloß als Kuriosität registriert. So kann man immer wieder sehen, welche Freiheit Kleinkinder haben: Sie werden noch spät abends in Tavernen mitgenommen, können sich dort frei bewegen, ohne daß die Familie oder die übrigen Gäste etwas dagegen hätten. Auch sieht man bei solchen Tischgesellschaften oft, daß die Frau, die Mutter, für die Kinder die größere Autorität bedeutet, auch wenn der Mann die Hauptperson ist und vom Kellner auf jeden Fall als erster bedient wird. Auch die seltsame „unkindliche" Art der Kinder fällt immer wieder auf, nicht nur bei Kindern, die etwa in Familienbetrieben arbeiten und sich mit der vollendeten Art und Würde von Erwachsenen geben, sondern auch bei spielenden Kindern, die untereinander ebenfalls wie Erwachsene reagieren, aber nicht im „Spiel", sondern völlig natürlich. Umgekehrt hat man häufig den Eindruck, die Erwachsenen wären „kindisch", etwa in ihren oft unkontrollierten emotionellen Reaktionen (so findet beispielsweise ein Grieche nichts Schändliches daran zu weinen), oder in der nahezu fanatischen Leidenschaftlichkeit, mit der sie jeder Form des Spieles frönen (stundenlang können sie in Kaffeehäusern sitzen und mit Hingabe Tavli, Backgammon, spielen. Das Lotteriespiel ist eine wahre nationale Leidenschaft, ebenso das Kartenspiel. Schließlich zeigen die Griechen gerade auch in „ernsten" Betätigungen, wie im Handel oder in der Politik, sehr oft spielerisches Verhalten). Schließt dann der Fremde persönliche Bekanntschaft mit Familien, kommt er aus dem Staunen überhaupt nicht mehr heraus: Er sieht, daß die Mutter im Haus tatsächlich die primäre Autorität ist, auch wenn sie in einer gewissen rituellen Form den Mann fast unterwürfig bedient. Oder man beobachtet, daß die Kinder von den Erwachsenen durchaus als gleichberechtigt behandelt werden; sie dürfen ihre Meinung äußern, diese wird angehört, diskutiert, man verweist die Kinder nicht durch autoritäre Maßnahmen in eine vermeintliche „Kinderwelt", man spricht mit ihnen wie mit seinesgleichen. Diese Freizügigkeit schließt auch die Freiheit der politischen Meinungsbildung ein.

Wie sieht nun die Situation der Familie in Griechenland tatsächlich aus? Zunächst muß vorausgeschickt werden, daß die Familie-Sippe auch in Griechenland von den Veränderungen im Zuge der Industrialisierung und Urbanisierung betroffen ist, also keineswegs eine „heile Welt“ darstellt. Die steigende Zahl der Scheidungen, die Landflucht, die Lebensformen der Konsumgesellschaft, die Tatsache, daß beide Elternteile arbeiten — das alles bringt auch hier Probleme, doch zeigen sich keine direkten Zerfallserscheinungen, insbesondere, was die Beziehung zwischen Eltern und Kindern anlangt. Weder das Ansteigen der Scheidungsziffer noch die Berufstätigkeit beider Eltern führen zu denselben Auflösungserscheinungen wie in der bürgerlichen Kleinfamilie, weil noch immer der größere Familienverband der Sippe da ist. Auch muß bedacht werden, daß die orthodoxe Kirche seit jeher bis zu drei Scheidungen erlaubt hat, so daß der Kampf um die Scheidung, der um die Jahrhundertwende die mitteleuropäischen, insbesondere katholischen Länder, erschütterte und Italien auch noch in der Gegenwart schwer belastet, den Griechen erspart geblieben ist.

Im einzelnen läßt sich bezüglich der Situation der Gesellschaft, wie sie sich in der Familie spiegelt, in ganz Griechenland — abgesehen von kleineren lokalen Unterschieden — generell folgendes feststellen:

1. Trotz der nach außen hin stark patriarchalisch orientierten Struktur der Kleinfamilie (der Vater ist in der Öffentlichkeit der Repräsentant der Familie und auch daheim tonangebend, außer, was die Kinder und den Haushalt anlangt), ist diese selbst nach wie vor in der Großfamilie eingebettet, die aber nicht patriarchalisch, sondern matrilinear ausgerichtet ist, ganz im Sinne alter

matrilinearer gentilizischer (sippenmäßiger) Formen. Konkret bedeutet das, daß nicht die Frau in die Familie des Mannes „einheiratet“, sondern umgekehrt der Mann Mitglied der Sippe der Frau wird. In den meisten Fällen stellt die Frau die gemeinsame Wohnung zur Verfügung, oder das Ehepaar wohnt bei den Eltern der Frau (das ist einer der psychologischen Gründe, warum Ausländerinnen, die nach Griechenland heiraten, sich oft schwer zurechtfinden: Es fehlt ihnen jene gesellschaftliche Basis, auf der sich die griechische Frau behaupten kann). Die „Mütter“ sind daher das Bindeglied der verwandtschaftlichen Beziehungen, was wohl der Hauptgrund dafür ist, daß diese in erster Linie emotionaler Natur sind und von Besitz- und Klassenunterschieden wenig gestört werden (freilich gibt es eine ganz dünne, jedoch wirtschaftlich und politisch vielfach tonangebende Schicht eines europäischen Großbürgertums, von den Griechen spöttisch „die Aristokraten“ genannt, für die diese Feststellungen gar nicht oder nur sehr abgeschwächt gelten. Diese Familien haben aber auf die gesellschaftliche Entwicklung als beispielgebendes Muster kaum einen Einfluß, sie sind gleichsam zu einem entfremdeten Einsprengsel geworden).

2. Die Bedeutung der Frau in der Großfamilie wirkt sich auch innerhalb der Ehe — in der Kleinfamilie — aus: Für die Kinder ist nicht die väterliche, sondern die mütterliche Autorität bestimmend, sogar was die Berufswahl anlangt. Allerdings ist damit auch ein Gefahrenherd für die Entwicklung gegeben: Es können krankhafte Mutterfixierungen entstehen, welche die psychische Entwicklung des Sohnes fürs ganze Leben beeinflussen. Überhaupt gilt es beinahe als Sprichwort, daß ein Sohn, der heiraten will, zuerst den Kampf mit seiner Mutter bestehen muß. Eine besondere Schwierigkeit kann für die Kleinfamilie daraus entstehen, daß die Mutter des Sohnes

im Haushalt bleibt und der Schwiegertochter das Leben zur Hölle macht.

3. Die ambivalente Haltung des Mannes gegenüber der Frau, der als Sohn die Mutter über alles verehrt und als Mann die Frau beherrschen will, ist jenes Phänomen, das von den Emanzipationsbestrebungen der Griechin überwunden werden muß, weil gerade die Mutterbindung den Mann sehr oft zum „Pascha" werden läßt, zu einem verwöhnten großen Kind mit Herrschaftsallüren. Man kann aber trotzdem sagen, daß die Mutterrolle der Frau ein viel sichereres Bewußtsein gibt als die entsprechende Stellung in der bürgerlich-europäischen Kleinfamilie. Es hat den Anschein, als verfüge die Frau-Mutter gleichsam über eine vorweggenommene Basis der Emanzipation. Dies wirkt sich auch auf das Ansehen von Frauen im öffentlichen Leben aus, das oft bedeutend größer ist als im emanzipierten Europa, und gilt besonders für Schauspielerinnen, aber auch für Politikerinnen, Ärztinnen, Wissenschaftlerinnen. Ein interessantes Phänomen ist die verhältnismäßig große Zahl von Malerinnen.

4. Da die Autorität des Mannes nur nach außen hin als primär erscheint, dieser Autorität der „Männlichkeit" aber nicht einmal die offensichtliche Unterordnung unter eine starke Mutterpersönlichkeit nach außen hin Abbruch tun kann (im Griechischen gibt es kein Wort für „Muttersöhnchen"; das analoge Wort, das einen weichen Mann bezeichnet, heißt VOUTYROPAIDO, wörtlich „Buttersöhnchen"), hat diese „Männlichkeit" weder in der Öffentlichkeit noch in der Familie jenen absoluten Unterdrückungscharakter wie in der bürgerlichen Gesellschaft. Man kann nicht von einer Tyrannei des Mannes sprechen. Wenn man nach einer negativen Charakteristik dieser Art „Männerherrschaft" sucht, müßte man sie am ehesten als eine „launische Despotie des Männlichkeitskultes"

bezeichnen, gebremst durch eine starke Mutterbindung und modifiziert durch „weibliche“ Emotionen, die für das Verhalten griechischer Männer bestimmend sind, die aber nach dem europäisch-bürgerlichen Wertschema als „irrational“, „weiblich“, und daher für den Mann als unstatthaft gelten. Gerade diese Eigenschaft muß besonders hervorgehoben werden, weil sie auch zum Verständnis anderer spezifischer Formen des griechischen Lebens unerläßlich sind (diese generalisierende Skizze der Wertung des Mannes in Europa berücksichtigt nicht die sich anbahnenden Veränderungen bei der Jugend in den letzten Jahren).

5. Alles Angeführte formt natürlich auch die Kinder, die innerhalb der „Erwachsenenwelt“ aufwachsen. Überhaupt scheint es für die Griechen kein Äquivalent zur europäisch-bürgerlichen Trennung zwischen „Kinderwelt“ und „Erwachsenenwelt“ zu geben. Sie ist wohl eine spezielle Eigenart der Männerherrschaft und ihres rationalisierten Mythos. Jene verlogene „Kinderwelt“ des „Weihnachtsmannes“ und des „Osterhasen“, der Kinderliteratur, die als neuestes Konsumgeschäft den europäischen Büchermarkt verheert, gibt es in Griechenland vorläufig nur als zaghaften Importversuch einiger europäischer Kreise. Dagegen ist es ein interessantes Phänomen, daß Kinder und Jugendliche relativ früh ein politisches Bewußtsein entwickeln, meistens durch Diskussionen in der Familie.

6. Alle diese Erscheinungen haben auf dem Land stärker ritualisierte, traditionellere Formen, in der Stadt sind sie lockerer, die Grenzen fließender. Besonders interessant ist die Tatsache, daß großstädtische Familien ihre Bindung zur Großfamilie nicht verlieren, auch wenn sie schon seit mehreren Generationen in der Großstadt leben: Die Grundstruktur der Großfamilie ist stärker als die

isolierende und vermassende Tendenz des Großstadtlebens, auch wenn die Wohnverhältnisse in Mietskasernen für den Zusammenhalt der Großfamilie nicht günstig sind. Und diese Widerstandsfähigkeit ist so stark, daß sie sich sogar in den Lebensformen der Dreimillionenstadt Athen prägend bemerkbar macht. Athen bietet nicht das übliche Bild der anonymen Vermassung wie die europäischen und amerikanischen Großstädte, sondern ist ein unüberblickbares Sammelsurium von Gruppierungen, die sogar in der Verwaltungsstruktur der Hauptstadt sichtbar werden: Groß-Athen besteht aus über fünfzig gesonderten Gemeinden mit eigenen Bürgermeistern und Gemeinderäten, die Stadtgemeinde Athen deckt nur das eigentliche Zentrum. Dieser Partikularismus geht so weit, daß zum Beispiel für die Bewohner des Stadtviertels Pankrati, das verwaltungsmäßig zur Gemeinde Athen gehört und unmittelbar in der Nähe des Zentrums liegt, der Name Athen bloß das Gebiet zwischen Akropolis und Syntagma-Platz bezeichnet, so daß man aus Pankrati nach Athen fährt — geht.

Oft leben die Teilfamilien zerstreut in weit auseinanderliegenden Stadtteilen. Um so verwunderlicher ist es, daß sie trotzdem regelmäßig zusammenkommen, auch wenn sie nicht nur durch räumliche Entfernung, sondern durch soziale Unterschiede getrennt sind.

7. Die grundsätzliche Mobilität der griechischen Gesellschaft zeigt, daß sich keine ausgeprägten Formen von Klassenbewußtsein entwickelt haben. Die Verbindung der Kleinfamilie mit der Großfamilie ist klassenunabhängig. Dies gilt insbesondere auch für das Verhältnis zwischen Stadt und Land: landflüchtige Familien, die in der Stadt einen sozialen Aufstieg erleben, kennen kein „Schamgefühl der Herkunft" und eine entsprechende Verleugnung dieser Herkunft. Dieses Fehlen jedwedes Klassenstolzes

und des damit verbundenen Minderwertigkeitsgefühls, das für den europäischen Kleinbürger so typisch ist, kann als *das* Grundmerkmal des griechischen Bewußtseins angesehen werden.

Eine Deutung der skizzierten Strukturen und Verhaltensformen muß historisch-soziologische und psychologische Gesichtspunkte berücksichtigen.

HISTORISCH-SOZIOLOGISCH: Durch die besondere gesellschaftliche Entwicklung Griechenlands in seiner mehr als dreitausendjährigen Geschichte ist jene gegenwärtige Struktur entstanden, die trotz klassenspezifischer Besitzverhältnisse keine geschlossenen Klassenformen entwickelt hat, wie sie für Europa typisch sind und die bürgerlichen Gesellschaftsformen in Europa und in den USA im Lauf der Geschichte bestimmt haben. Nimmt man als Ausgangspunkt der Analyse das byzantinische Mittelalter, dann zeigt sich, daß es bei den Griechen niemals zur Ausbildung eines auf erblichem Adel begründeten Feudalismus kam, und folglich auch nicht eines klassenkämpferischen Bürgertums, das vom Kampf gegen die Privilegien der Aristokratie geprägt wurde. Betrachtet man aber die ganze Geschichte des Griechentums, so kommt man zu dem Schluß, daß dem europäischen Mittelalter analoge feudalistische Formen des erblichen Adels nur während der mykenischen Epoche existierten und mit deren gewaltsamen Untergang infolge von äußeren Ursachen verschwanden. Da diesem Rittertum kein Bürgertum folgte, das durch die Statussymbole und Privilegien dieses Rittertums traumatisiert gewesen wäre, konnte die untergegangene Adelswelt mythisch verklärt, sublimiert und bewältigt werden (in den homerischen Epen). Damit blieb den Griechen die klassenkämpferische Neurotik erspart, die für das europäische Bürgertum bis heute charakteristisch geblieben ist: Weil ja das Wertsystem, der Lebensstil und die Mythologie der Feudalaristokratie noch immer die unbewußte Motivation des Bürgers bestimmen. Da dies den Griechen erspart blieb, kam es zu keinen geschlossenen Klassenbildungen, und das Hauptmerkmal der Gesellschaft blieb die Mobilität, die in der Antike auch den Sklaven miteinbezog. An dieser Mobilität änderte sich weder in der byzantinischen Zeit etwas noch während der verschiedenen, oft jahrhundertelangen Fremdherrschaften. Sie trug ihrerseits wesentlich zur Erhaltung der nationalen Identität bei, weil die Fremdherrschaften meistens den Charakter geschlossener Klassen hatten (Franken, Türken).

Ein weiteres Element, das die Ausbildung geschlossener Klassen verhindert haben dürfte, ist die Präsenz starker unterschwelliger matriarchalischer Kräfte, die wohl bis ins Neolithikum zurückreichen. Schon die Eigenart des Griechentums in der Antike ist ohne diese matriarchalischen Einflüsse kaum verständlich, die auch immer durchaus bewußt waren, wie es die Mythologie (Atriden-Sage, Ödipus-Sage) und ihre künstlerische Behandlung im klassischen Theater zeigen, aber auch andere Erscheinungsformen, insbesondere im kultischen Bereich. Sicher wandte das antike Griechentum große Energien auf, um die matriarchalischen Kräfte zurückzudrängen, doch gelang es ihm nicht: Von einem krassen griechischen Patriarchat kann man — vergleicht man es mit dem römischen oder alttestamentlich-jüdischen — kaum sprechen. Daß nun diese nur oberflächlich verdrängten matriarchalischen Kräfte in der (seit dem Neolithikum kaum veränderten) Lebensform des griechischen Bauerntums und in den Strukturen des (seit der Antike ebenfalls kaum veränderten) städtischen Handelsbürgertums, den beiden

Trägern der sprachlichen und nationalen Identität der Griechen, erhalten geblieben sind, kann kaum bezweifelt werden.

Die PSYCHOLOGISCHE Bedeutung der skizzierten Phänomene liegt auf der Hand: Die Rolle der mütterlichen Autorität innerhalb der Familie läßt für Freuds klassischen Ödipus-Komplex wenig Raum. Da das bipolare Gefüge der elterlichen Autorität, mit dem Schwergewicht bei der Mutter, keine Rivalitätsgefühle aufkommen läßt, dürfte auch eine der wichtigsten Voraussetzungen des bürgerlichen Konkurrenzdenkens entfallen. Die Krampfsituation der bürgerlichen Männerherrschaft, für die Emotionen — außer den aggressiven — als „weiblich“ gelten, als „Schwäche“, dürfte durch die Vorherrschaft der Mutter neutralisiert sein. Damit fehlt einer der wichtigsten Gründe für die zunehmende Isolation des Individuums durch die fortschreitende Verarmung der Gefühlskultur in der bürgerlichen Gesellschaft. All das läßt vermuten, daß jene Verhaltensmuster und Wertvorstellungen, welche die bürgerliche Gesellschaft im Begriff des „Erwachsenseins“ zusammengefaßt hat, eigentlich die Summe jener Verdrängungen darstellen, die die Unterdrückung der Frau durch den Mann dem Kind notwendigerweise aufzwingt und als die Neurose der Männergesellschaft schlechthin gelten können. Umgekehrt kann man schließen, daß eine Entneurotisierung der bürgerlichen Gesellschaft durch die bloße Änderung der Besitzverhältnisse und eine theoretische Rationalisierung nicht möglich sind, weil die wichtigsten Voraussetzungen in der Bewußtseinsbildung des Individuums, die Familienverhältnisse, nicht berührt werden. Tiefere Zusammenhänge müssen bewußt gemacht werden, insbesondere die Bedeutung der Mutterschaft, damit sie auf eine neue — uralte — Basis gestellt werden können. Dies setzt aber einen neuen Typus der Großfamilie voraus, eine Gemeinschaft, die erst gefunden werden muß, die aber sicher nicht in der Gruppenehe oder in der bloßen Wohnkommune gegeben ist.

Wie sich in Griechenland selbst die Auseinandersetzungen mit den Lebensformen der spätkapitalistischen Konsumgesellschaft entwickeln werden, steht offen. Daß auch hier der Streß zunimmt, zeigt sich in zwei alarmierenden Erscheinungen: die Selbstmordziffer steigt und die Geburtenrate sinkt. Allerdings gibt es auch Anzeichen, daß die Bewußtseinsbildung gerade in der Auseinandersetzung mit den Lebensformen der Konsumgesellschaft besonders intensiv ist. Das gilt in erster Linie für die Jugend. Da der allgemeine Grad der politischen Bewußtheit in allen Bevölkerungsschichten wesentlich höher ist als in irgendeinem anderen europäischen Land, dürfte eine positive Entwicklung zu erwarten sein. Es wäre zu hoffen, daß das Fehlen der europäischen gesellschaftlichen Zwänge, der verschiedenen Formen von Klassenbewußtsein und Klassenunbewußtsein, zusammen mit dem wachen politischen Bewußtsein eine günstige Grundlage für eine umfassende Bewußtmachung der Probleme und für deren Bewältigung ergeben, gleichsam die Voraussetzung für jene Veränderung, die man wohl am besten mit dem Wort „Kulturrevolution“ zusammenfaßt.

EXKURS ÜBER DAS MATRIARCHAT

Die nichtmarxistischen Wissenschaftler (Anthropologen, Soziologen, Historiker) halten ein sogenanntes Urmatriarchat in vorgeschichtlicher Zeit für unwahrscheinlich, während marxistische Wissenschaftler auf der Grundlage der Ausführungen Engels' („Der Ursprung der

Familie, des Privateigentums und des Staates") für ein solches Urmatriarchat eintreten.

Die Analyse der vergangenen dreihundert Jahre und jenes Zustandes, in den sie geführt haben, sollte uns beim Rückblick in die Vorgeschichte vorsichtig machen. Was in dieser Zeit mit der Frau geschehen ist, bis herab zu den lahmen Emanzipationsversuchen der Gegenwart, ist für die Beurteilung der Rolle der Frau in der vorbürgerlichen Zeit von grundsätzlicher Bedeutung, weil sich daraus ergibt, daß erst das Bürgertum das absolute Patriarchat durchgesetzt, die Frau nicht nur entrechtet, sondern auch entwertet und schließlich den Mann als absoluten Maßstab eingesetzt hat; bis zu einem solchen Grad, daß die Frau, anstatt ihrerseits Maßstäbe zu setzen und aus der Polarität der Geschlechter heraus „Emanzipation" und „Gleichberechtigung" zu fordern, sich der Männerwelt völlig anpaßt, sich als Sekundärmann gebärdet und ihrerseits zur Irrationalisierung des Rationalismus beiträgt, indem sie den Rationalismus des bürgerlichen Männerdenkens, das die Emotion als irrational und zugleich als „weiblich" abgestempelt hat, kritiklos akzeptiert. Diese Deformierung der Frau zum Sekundärmann, die zugleich ihrer totalen Entfremdung zur Sex-Ware entspricht (nur für den Mann, als Sex-Konsumenten, gab es auf den Titelseiten der Illustrierten und in der Werbung Fotos nackter Mädchen, der männliche Körper war absolut tabu und ist es zum Teil noch immer), führt auch zur totalen Störung der Mutterschaft, so daß es zu der Absurdität kommen kann, daß marxistische Frauen den Slogan vom „Recht auf den eigenen Bauch" verwenden, ohne sich bewußt zu werden, daß sie damit dem Privateigentum an einem Produktionsmittel das Wort sprechen, das in erster Linie der Gemeinschaft zu gehören hätte. (Brecht über die Huren in den Anmerkungen zur Dreigroschenoper: „Diese Damen sind im ungestörten Besitz ihrer Produktionsmittel... Für sie hat die Demokratie nicht jene Freiheit, die sie für alle hat, denen die Produktionsmittel genommen werden können.")

Wie ist es zu dieser Entwicklung gekommen, wie hat es in der vorkapitalistisch-patriarchalischen Welt ausgesehen?

Der Mann herrschte. Er bestimmte die Geschichte seiner Umwelt. Und er hatte Angst vor der Frau, vor der Mutter. Deshalb unterdrückte er sie, erwies ihr aber zugleich eine gewisse Achtung, gewissermaßen als Ausdruck seiner Scheu. Er räumte der Frau in seiner Ideologie (der Religion), und in der Praxis (in der Familie), eine gewisse Machtposition ein. Diese Ambivalenz im Verhalten der vorbürgerlichen Männergesellschaft zeigt sich besonders in der Rolle der Familienmutter des Adels, die ja als Mutter den Träger des Adels, das „Blut" weitergibt. Daher waren die unstandesgemäßen Ehen verpönt, und es gab bei Herrscherhäusern die seltsame Einrichtung der morganatischen Ehe, in der die nicht ebenbürtige Frau und ihre Kinder den Namen des Mannes nicht führen durften und aus der Erbfolge ausgeschlossen waren. In der Religion spielte die Marienverehrung eine große Rolle, und es ist bezeichnend, daß die Reformation, die erste ideologische Ankündigung des heraufkommenden Bürgertums, die Marienverehrung mit starker Emotion, geradezu mit Haß bekämpfte. Obwohl der Feudalismus Männerherrschaft bedeutet, trennte er dennoch auf anderen Gebieten nicht streng zwischen „männlich" und „weiblich": bunte Kleidung, „weibliche" Beschäftigungen wie Singen und Musizieren, waren dem adeligen Mann durchaus gestattet. Der „Weiberdienst" der Minnesänger ist geradezu höchste Ehre. Alles Dinge, die in der bürgerlichen Männerwelt, wo die Männer dunkel gekleidet sein mußten, und die Frau im öffentlichen Leben nichts mehr zu sagen hatte, bis vor kurzem undenkbar waren. Jedenfalls besiegelte die Französische Revolution das Schicksal der Frau: sie verschwand in der Gestalt der Revolutionsmegäre aus dem öffentlichen Leben und tauchte ein Jahrhundert später als die megärenhafte „Suffragette" wieder auf, die nunmehr mit dem Wunsch nach „Gleichberechtigung" ihre Angleichung an den Mann verlangte. Auch die Mutter wurde entwertet: sie wurde zur sentimentalen „Zierde des Hauses", die sich mit „weiblichen" Dingen zu beschäftigen hat, die bürgerliche Mutter, die, wenn sie es sich leisten kann, ihre Kinder dem Kindermädchen überläßt; sie wurde also zum Statussymbol des besitzenden Bürgers. In einem der ersten sozialen Dramen der deutschen Literatur, in Schillers „Kabale und Liebe", ist bereits die ganze bürgerliche Deformation des Frauenbildes klar und deutlich gezeichnet: in der Gestalt der Luise erscheint es völlig unwirklich; in Lady Milford repräsentiert es die verkommene Adelige; Luises Mutter ist bis zur Idiotie dumm; und der Held Ferdinand hat keine Mutter. Goethe kontrolliert sein Unbewußtes besser, dennoch ist es bezeichnend, daß Faust, *die* Symbolfigur des Bürgers, der Mann schlechthin, keine Mutter hat, daß die Mutterschaft Gretchens als Schande erscheint, und daß die Frau, mit der Faust ein Kind hat, ein mythisches Phantom ist (dazu kommt noch die schöne bürgerliche Nuance, daß Helena, die im griechischen Mythos niemals für ihren Ehebruch mit Paris bestraft wurde, im „Faust" vor das Gericht der bürgerlichen Moral gestellt wird!).

Wenn nun das Bürgertum vor der Frau, vor der Mutter eine solche Angst gehabt hat, daß es sie im Zuge des Klassenkampfes gegen den Adel völlig entmachtete, um die absolute Männerherrschaft durchzusetzen (im Rahmen jenes Produktionssystems, das nur den Mann repräsentiert und die Frau nur noch zur Verrichtung der billigeren Frauenarbeit miteinbezieht), müssen in den vorbürgerlichen Gesellschaftsformen wenigstens unterschwellig starke matriarchalische Machtströmungen wirksam gewesen sein, gleichsam Bremsen des absoluten Patriarchats. Dies läßt wiederum darauf schließen, daß in der ursprünglichen Entwicklung der Menschheit zu einem gewissen Zeitpunkt der Frau eine Machtstellung zufiel, gegen die sich das Patriarchat erst durchsetzen mußte. Alle diese Überlegungen führen an den Ausgangspunkt der Entstehung der Menschheit.

Die Grundfrage der Anthropologie nach jener Reihe von Mutationen, die aus dem instinktgesteuerten Säugetier den von dieser Steuerung freien Menschen machte, ist zugleich die Frage nach dem Bewußtsein als Träger dieser Freiheit und Grundlage jener Entwicklungsfähigkeit, in der sich diese Freiheit als Geschichte der Menschheit realisiert. Die Fragen lassen sich wissenschaftlich klar stellen — die Antworten können jedoch immer nur in mythischen Bildern erfolgen: Das Bewußtsein ist nicht imstande, die Frage nach dem Bewußtsein zu beantworten. Von der Verhaltensforschung her drängen sich aber andere Fragen auf. Im Vergleich zum instinktgesteuerten Säugetier zeigt der Mensch zwei besondere Eigenarten: die nicht vom Fruchtbarkeitszyklus geregelte Sexualität, und die Fähigkeit, den unterlegenen Artgenossen, der sich ergibt, zu töten. Besonders der zweite Punkt weist auf die späteren Strukturen und Herrschaftsformen des kriegerischen Patriarchats hin, es ist aber auch möglich, daß bei ihrer Ausbildung die ungesteuerte Sexualität als Herrschaftssymbol eine große Rolle gespielt hat.

Seit Bachofen („Das Mutterrecht") geistert das Bild eines Urmatriarchats durch die Wissenschaft. Engels hat in seinem oben erwähnten Werk auf Grund von Morgans wissenschaftlichen Forschungen diese These begründet und die marxistische Anthropologie und Geschichtswissenschaft in diesem Sinne bestimmt. Da es außer den meist völlig neutralen archäologischen Funden und den diffusen Zeugnissen der verschiedenen Mythen keinen Zugang zur Vorgeschichte der Menschheit gibt, bleibt letztlich nur der Spekulation, der Phantasie und der möglichst logischen Verbindung beider das Feld offen. Auf dieser Grundlage könnte man etwa folgende Skizze machen:

Im Lauf der Entwicklung vom instinktgesteuerten Säugetier zum „freien" bewußten Wesen dürften sich — analog zu den Primaten — jene sammelnden und später jagenden Gruppen gebildet haben, in deren losen Formationen der Mensch in Erscheinung tritt. Ob er bereits in diesem Stadium den wehrlosen Artgenossen „bewußt" töten konnte, ist ungewiß.

Die entscheidende Wendung trat spät, erst etwa vor zwölftausend Jahren ein, in der „Neolithischen Revolution", da Landwirtschaft und Viehzucht das Leben des Menschen grundsätzlich änderten und in jene Bahnen lenkten, in denen es trotz der industriellen Produktion sich auch noch heute bewegt (man könnte geradezu sagen, daß Landwirtschaft und Viehzucht die eigentliche ökonomische Basis darstellen, und die industrielle Produktion den Überbau bildet). Die Mythen enthalten Hinweise, daß die Landwirtschaft eine Erfindung der Frau war, während die Viehzucht eine Errungenschaft des Mannes darstellt. Ob dahinter bereits eine primäre Arbeitsteilung steckt — insofern nämlich, als das Jagen dem Mann zufiel, während sich die Frau um die Kinder kümmerte, und so der Mann auf die Idee kam, Jungtiere von erlegtem Wild daheim großzuziehen, die Frau aber in der Umgebung des Lagerplatzes das Aufgehen von verstreuten Samenkörnern beobachtete —, kann nicht ausgeschlossen werden. Jedenfalls verlieh das Wissen um die Möglichkeit, die lebensnotwendigen Früchte in beliebiger Menge anbauen zu können, Macht. Und es ist durchaus möglich, daß ganz zu Beginn des Ackerbaues diese Macht, die die ersten produzierten Vorräte und Überschußgüter verliehen, bei der Frau war, und daß unter dieser Art „Frauenherrschaft" die ersten festen Siedlungen entstanden sind. Vielleicht gilt das alles nur für den Beginn der landwirtschaftlichen Entwicklung und nur für jenen Raum, in dem es zu diesem Beginn gekommen war (wahrscheinlich liegt er im Nahen Osten, vielleicht zwischen Mesopotamien und Kleinasien). Eine Sentimentalisierung im Sinne eines verklärten (bürgerlichen) Mutterbegriffs, wie sie bei manchen Verfechtern des Urmatriarchats aufscheint (insbesondere auch in der jüngsten großen Arbeit E. Bornemanns, „Das Patriarchat"), dürfte kaum begründet sein: Wenn dieses Urmatriarchat auch nicht aggressiv war wie das kriegerische Patriarchat, so werden wohl andere Formen der bereits gegebenen menschlichen Grausamkeit geherrscht haben, wenngleich vielleicht gebremst durch das natürlich Bewahrende des Mutterinstinkts. Jedenfalls kennen alle Mythen genügend grausame Züge der Urmutter, wie zum Beispiel die alljährliche Tötung des „Frühjahrskönigs".

Man kann sich nun leicht vorstellen, daß neben den ersten seßhaften landwirtschaftlichen Siedlungen dieses Urmatriarchats (wie etwa der in Mittelanatolien ausgegrabenen Siedlung Catal Hüyük) die sammelnden-jagenden Gruppen, vielleicht schon als wandernde Hirten, weiterbestanden, und daß eine solche Gruppe, eventuell mit einem bereits patriarchalischen Hordenleiter, auf den Gedanken kam, sich der Überschußgüter einer benachbarten Siedlung gewaltsam zu bemächtigen: Der erste

Eroberungskrieg wurde geführt. Vielleicht hat dabei der Hordenvater die Urmatriarchin vergewaltigt, woraus dann die erste patriarchalische Familie entstand. Freilich sind das bloß vereinfachende Gedankenspielereien. Was für sie spricht, ist das seit der Neolithischen Revolution sich in den Kulturgebieten des Nahen Ostens und des Mittelmeerraumes stets wiederholende Grundmuster der Geschichte: daß wandernde, kriegerische Völker seßhafte Kulturen überrennen, die Besiegten versklaven, zugleich aber deren Kultur übernehmen. Dieses Grundmuster zeigte sich bei allen Hochkulturen, auch bei den Griechen, und verschwand erst vor etwa drei- bis vierhundert Jahren, mit den Türkenkriegen (die Türken als Nomaden haben sich zuerst die Kultur der Perser und Araber angeeignet und zum Schluß die der Byzantiner).

Die ältesten Siedlungen hat man in Jericho und in Catal Hüyük gefunden. Die Kultobjekte, insbesondere die Frauenidole, die sich als Idole der Muttergöttin deuten lassen, könnten darauf hinweisen, daß in diesen Siedlungen matriarchalische Formen herrschten. Da der griechische Raum von Anatolien her beeinflußt und zum Teil auch von dort besiedelt gewesen sein dürfte, und weil besonders zwischen Kreta, dessen matriarchalische Züge sicher sind, und den mittelanatolischen Kulturen ein engerer Zusammenhang zu bestehen scheint, ist das Zeugnis der Mythen, wonach die einwandernden, patriarchalisch organisierten Griechen auf mutterrechtliche Siedlungen gestoßen seien und die mykenische Kultur aus der Verschmelzung beider entstanden sei, ziemlich wahrscheinlich. Hier aber befinden wir uns bereits auf dem Boden der Atriden- und Ödipus-Sage. Das sich immer wiederholende Muster, in dessen Rahmen der Eindringling von den Unterlegenen, die aber auf einer höheren Kulturstufe leben, aufgesogen wird, ohne jedoch völlig assimiliert zu werden, gilt auch für die Entstehung des Griechentums. Was sich in diesem Zusammenprall von Vater- und Mutterrecht abspielte, ist nach außen hin gewiß ebenso abgelaufen wie viele ähnliche Ereignisse. Warum es zum Ausgangspunkt einer einmaligen Entwicklung wurde, läßt sich schwer deuten und wird uns noch beschäftigen. Vielleicht könnte man einen Grund dafür in der zeitlichen Verschiebung sehen, in deren Folge die beiden Urformen der menschlichen Entwicklung, wandernde Kriegerhorden und seßhafte Kulturwelt, zu einem Zeitpunkt aufeinanderstießen, als in anderen Gebieten die ersten Hochkulturen in ihrer höchsten Blüte standen. So konnte das Primitiv-Uralte in einer zeitlichen Verschiebung von etwa sechstausend Jahren im Strahlungsbereich der bereits bestehenden Hochkulturen etwas völlig Neues beginnen. Deshalb blieb wohl das matriarchalische Erbe, das in Ägypten und Babylonien im Rahmen der patriarchalischen Herrschaftsstrukturen ritualisiert und unschädlich gemacht worden war, in Griechenland ein wirksames Agens — in der mykenischen Zeit noch in aller Offenheit und Wildheit, nach dem Untergang Mykenes und dem Einbruch der Dorer unterschwellig lebendig, bei den Dorern in Sparta durch das viel jüngere patriarchalische System in einem straffen Männerstaat ritualisiert-gebändigt, in Athen, das den Untergang der mykenischen Zeit überlebte, von patriarchalischen Formen zwar verdrängt, aber als ständiger Explosionsstoff stets gegenwärtig.

7

Antikes Griechentum

•

Exkurs über den Überbau

6. Morgen

Strahlend große und fröhliche du, Morgenhelle des Frühlings
und hast Augen, um mich zu sehn, um mich froh zu begrüßen.

Zwei Glutkohlen im Räucherfaß und zwei Körner von Weihrauch
und von Kerzenruß ein Kreuz auf dem Türstock der Heimat.

15. Hier ist das Licht

Den harten, weißen Marmor da, den kann kein Rost verzehren,
es paßt dem Fuß des Griechen nicht und nicht dem Sturm die Kette.

Hier ist das Licht, hier ist der Strand, goldene, blaue Zungen,
auf Felsen scharren Hirsche frei, zermahlen Stahl und Eisen.

Für uns Nachfahren der bürgerlichen Kultur ist das Staunen über die Natur und Landschaft zu etwas sehr Komplexem, wir können ruhig sagen, zu etwas Suspektem geworden. Das ästhetische Moment der Naturbetrachtung — von Generationen des Bildungsbürgertums vorgeformt — und der damit oft verbundene Einfluß historischer Vorstellungen auf Stimmung und Erlebnis können Wirkungen hervorrufen, die sich auf den ersten Blick zwar als spontanes Erleben ausgeben mögen, sich jedoch sehr bald als historische Romantizismen und somit als mythisch-gefühlvolle Autosuggestion entpuppen. Dies um so mehr, als die Werbung diese Bewußtseinsinhalte längst in Beschlag genommen hat. Gerade in Griechenland besteht die Gefahr, daß solche unbewußte Identifikationen den ersten Eindruck weitgehend bestimmen. Erst wenn all das bewußt gemacht ist, wird es möglich, die Einmaligkeit dieser Landschaft, des Lichts und schließlich auch der Marmorreste zu sehen: in der Einmaligkeit des menschlichen Milieus. Weil in Wirklichkeit nur dieses „griechisch" ist. In der Wechselwirkung von menschlichem Milieu und landschaftlicher Umgebung, die ja die Menschen ebenfalls prägt, wird die Subjektivität des Blicks gleichsam objektiviert: des Blicks auf die Landschaft, die in ihrer Kargheit und ihrer abwechslungsreichen Vielfalt, in den unendlichen Variationen des Zusammenspiels von Meer und Land und schließlich in der Intensität der Vegetation, die gerade im Kontrast jeder einzelnen Pflanze zur Kargheit der Erde besteht, tatsächlich kaum mit irgendeiner Landschaft der Welt verglichen werden kann; auf das Licht, das durch die geographische Breite, die klimatischen Verhältnisse und die Bodenbeschaffenheit tatsächlich eine seltene Leuchtkraft hat und den Farben besondere Tiefe verleiht; und auf die Reste der Antike, weil die Griechen in ihren Skulpturen und Bauten tatsächlich etwas Einzigartiges geschaffen haben, das sich mit nichts in den anderen alten Kulturen vergleichen läßt, schon deshalb nicht, weil sie all das nicht zum Zeugnis herrscherlicher Macht und zur Repräsentation der von den Göttern abstammenden königlichen Majestät, sondern zum eigenen Vergnügen erzeugt haben. Auch wollten sie damit niemals andere beeinflussen: Sie machten das alles für sich selbst. Dennoch ist das „Griechische" zweimal zum Prägstock geworden: im Hellenismus für den damals einheitlichen Wirtschafts- und Kulturbereich, der dann vom Römischen Reich übernommen wurde; und in der Renaissance, bei der Ausbreitung der bürgerlichen Kultur, für die ganze Welt.

Aber gerade darum geht es. Das ist gleichsam das Herzstück all dieser Überlegungen: Warum hat das „Griechische" ohne eigenes Zutun die Macht gehabt, auch noch über Jahrhunderte hinweg, alles, was mit ihm in Berührung gekommen ist und selbst nicht griechisch war, zu beeinflussen, zugleich aber gegen die Griechen selbst Abneigung, ja Widerwillen hervorzurufen? (Die Griechen selbst haben ihre eigene Blüte in der Klassik überlebt, blieben aber, auch in der byzantinischen Zeit, bewußte Nachkommen und auch Verehrer ihrer Ahnen, ohne daß es ihnen je eingefallen wäre, sie in einer „Renaissance" zu kopieren, sie in einer Nachahmung wiedererstehen zu lassen. Und auch heute, da sie das Bild ihrer Ahnen in der abendländischen Verfremdung zurückimportieren, machen sie in Wirklichkeit nicht viel Aufhebens davon, auch wenn der von Konservativen und

Faschistoiden mißbrauchte Begriff einer „hellenisch-christlichen" Tradition und Kultur immer wieder herumgeistert; ein Begriff, der aber als Propagandaschlagwort den durchschnittlichen Griechen nicht sonderlich beeindruckt oder gar zu nationalistischer Begeisterung hinreißt.

Was bewog also die Völker des Orients, die Römer, die Leute der Renaissance, die Bürger der Aufklärung und des Klassizismus, das „Griechische" nachahmen zu wollen? Daß die auf kulturellem Gebiet äußerst unproduktiven Römer die bereits zur Weltkultur gewordene griechische Kultur übernahmen, nachdem sie in das von den Diadochenreichen zurückgelassene politische Vakuum eingedrungen waren, ist verständlich. Weltkultur ist sie in erster Linie durch die Handelskolonien, und erst in zweiter durch das Alexanderreich geworden. Für die Oberschicht der verschiedenen Völker wurde die griechische Art zum Statussymbol — wie zum Beispiel im Ersten Buch der Makkabäer im Alten Testament berichtet wird; eine wirkliche „Volkskultur" ist das „Griechische" für die Ägypter, Perser oder Syrer nie geworden. In der Renaissance muß etwas anderes entscheidend gewesen sein, vermutlich das in der griechischen Kunst dargestellte Menschenbild. Die reiche Formenwelt der Gotik war plötzlich zu eng und außerdem mit der strengen Hierarchie des Feudalismus verbunden, die auch das kirchliche Denken des Westens völlig durchdrungen hatte. Mit diesen Motiven dürfte die seltsame Tatsache zusammenhängen, daß das aufkommende Bürgertum zum erstenmal in der Weltgeschichte nicht eine lebende Kultur übernahm, sondern eine, die mehr als tausend Jahre zurücklag. Statt der spontanen Selbstdarstellung wird der gesellschaftlichen Entwicklung ein künstlicher Überbau aufgepfropft. Wie sieht das Verhältnis von Basis und Überbau beim Bürgertum aus, da durch das „Künstliche“ die ursprüngliche, „natürliche“ Dialektik gleichsam auf den Kopf gestellt erscheint?

Und noch etwas ist bezeichnend für beide Fälle, für das Römische Reich und für die Renaissance: während sie das „Griechische“ übernehmen, sind ihnen die Griechen selbst unangenehm, ja verhaßt. Die Römer lassen ihnen überhaupt keine politischen Rechte, die Griechen finden bloß als Lehrer-Sklaven und im eigenen Land als eine Art Museumswächter Gnade vor den Augen der neuen Herren. Sogar Hadrian, den die Römer wegen seiner Sympathie für die Griechen „Griechlein“ schimpften, ist selbst weit davon entfernt, „griechisch“ zu sein. Im Europa des Mittelalters und der Renaissance das gleiche: Byzanz wurde gehaßt und verachtet (das gilt eigentlich bis heute), es wurde im Vierten Kreuzzug zerstört, und diese Haltung war auch für die Renaissance kennzeichnend, die zwar einen Ghemistos Plethon als Philosophen-Maskottchen gern sah, im übrigen aber das in den letzten Zügen liegende Byzanz ohne Skrupel den Türken überließ und dadurch letztlich dieser letzten Völkerwanderungsinvasion das Tor nach Mitteleuropa öffnete. Nach dem Fall von Byzanz wurden dann die Flüchtlinge mit Freuden als Professoren aufgenommen — wie im alten Rom. Daß Ghemistos Plethon gerade jener Mann war, der in Mistra, im letzten Refugium der byzantinischen Kultur, eine ganz andere Renaissance einleitete, indem er die Besinnung seiner Landsleute, die sich als „römische Byzantiner“ verstanden, auf die nationale Identität der „Hellenen“ lenkte, interessierte weiter niemanden im Westen. Nur das „Griechische“ wurde rezipiert, nicht die Griechen. Man betrieb „Kunst“ und „Philosophie“ und war überzeugt, tatsächlich eine großartige Wiederbelebung zu bewirken. Hauptsächlich muß es das Bild des schönen Menschen gewesen sein, das den neuen Bürger berückte: der Gegensatz zur Strenge der Gotik als Ausdruck eines Lebensgefühls, das sich von den mittelalterlichen Formen lossagen wollte.

Hier soll eine Überlegung über die angebliche Zerstörung der antiken Kultur durch das Christentum Platz finden, von der Gibbon in seinem „Decline and Fall of the Roman Empire" spricht; eine Ansicht, der man sich üblicherweise anschließt.

Erstens muß man sagen, daß die hellenistische Kultur nicht als die Fortsetzung der griechischen Kultur im Mutterland angesehen werden kann: Was dort tatsächlich die Kultur der Griechen gewesen war, wurde im Hellenismus zu einer Weltmode, die sich im selben Maße, wie diese einheitliche Welt in ihre Bestandteile zerfiel, verzehrte, bis tatsächlich nichts mehr davon übrig war. Außerdem war das Christentum ja selbst Kind dieser Kultur und stand ihr keineswegs feindlich gegenüber. Nur der heidnische Kult wurde abgelehnt. Aber auch diese Ablehnung war in der Regel nicht zerstörerisch: Konstantin, der Begründer der Reichskirche, und Justinian, der leidenschaftliche Theologe, waren beide bestrebt, Konstantinopel zu einem Museum heidnischer Kunst zu machen. Zerstörungen wurden aus anderen Reichsgebieten gemeldet: aus Ägypten, Syrien und Kleinasien — wiederum ein Zeichen dafür, daß der Hellenismus in diesen Gebieten niemals „Volkskultur" war und so das Volk leicht aufgewiegelt werden konnte, Statuen und Tempel zu zerstören. Für diese Völker war das „Griechische" eben nicht „schön". Das gleiche wird wohl für die Völkerwanderungsbarbaren gegolten haben. Auch für sie dürfte der Mensch, so wie er ist, nicht „schön", nicht das Objekt künstlerischer Darstellungen gewesen sein. Nur die Griechen hatten jenen Blickwinkel, der den Menschen in den Mittelpunkt rückte, ihn zum Maß aller Dinge machte. *Das* scheint die Anfänge der Renaissance bestimmt zu haben, ohne daß man sich der Zusammenhänge bewußt gewesen wäre.

Die plötzlich reich gewordenen Leute der Handelsrepubliken — reich geworden vielfach auf Kosten des Byzantinischen Reiches, auf dessen Gebieten der europäische Kolonialismus die ersten Gehversuche unternommen hatte — mußten dem privilegierten Adel etwas Neues entgegensetzen. Sie fanden dieses Neue im Antik-Griechischen. Es mag für die erste Generation der Renaissance ein Schock gewesen sein, den *schönen* menschlichen Körper so zu sehen, wie ihn die antiken Griechen als schön empfunden hatten. Was in Byzanz selbstverständlich war — die Koexistenz der strengen religiösen Ikonenmalerei und der Zeugnisse der antiken Kunst —, war im Westen nicht möglich: die Völkerwanderung hatte die Verbindungen unterbrochen. Deshalb mußte die Neubegegnung wie ein Schock wirken und letztlich unabsehbare Folgen zeitigen. Die Neuorientierung der gesamten Kunst spiegelt diesen Schock, wobei der relativ kurze Karneval der Hochrenaissance, wie wir ihn etwa vom Hof der Medici-Päpste oder von den Höfen in Florenz oder Mailand kennen, als die ausschweifende Jugendzeit des aufkommenden Kapitalismus und der neuen bürgerlichen Klasse angesehen werden kann, die sich vorläufig nur mit dem Handel beschäftigt und noch nicht eingespannt ist in den Produktionsprozeß der Industriellen Revolution. Aber schon in der Fortsetzung dieser „Renaissance", die, weit entfernt davon, eine „Wiedergeburt" zu sein, eine ganz andere Geburt einleitete, zeichnete sich eine sonderbare Zwitterhaftigkeit ab. Gerade in der Kunst wurde dies augenfällig.

Die Art und Weise, wie der antike Grieche den menschlichen Leib als *schön* empfand, war unmittelbarer Ausdruck des religiösen Bewußtseins: Kunst und Religion fallen in einem Maß zusammen, wie selten in der Geschichte. Im Gegensatz zu den anderen Hochkulturen, deren Religionen nicht-menschliche Gottheiten — die stilisiert sind oder Tiergestalt haben — verehren, und daher auch den Herrscher, der diese Götterwelt vertritt, ebenfalls entmenschlichen, steht bei den Griechen tatsächlich der Mensch im Mittelpunkt des religiösen Bewußtseins: in einer eigenartigen Mischung von Freiheit und Determination, von Rationalität und von Preisgegebenheit an das Irrationale. Daher leben Mythos und Philosophie, Mysterien und Wissenschaft ungestört nebeneinander, und Kunst ist unmittelbar Religion, ohne jenes „Kunstverständnis", das erst mit der Renaissance aufzukommen beginnt: Die Kunst löste die Religion gewissermaßen ab, auch wenn sie für lange Zeit noch im Dienst der Religion stand. Aber sie war nicht mehr unmittelbare Realisierung der Religion. Sie schmückte bloß, sie illustrierte. Deshalb ist es wohl selbstverständlich, daß die Nachahmung des Griechischen bald zur Deformation führte. Der Zwiespalt, der im Abendland nicht aufgehört hat, Leib und Geist gegeneinander auszuspielen, führte in der Folge zu jenem noch tieferen Zwiespalt, der Vernunft und Gefühl als Gegensätze erlebt und im Namen der rationalistisch verstandenen Vernunft das Gefühl als „irrational" denunziert. Die Kunst wurde nun jedoch zum freien Tummelplatz des „Irrationalen" — im genauen Gegensatz zur antiken Auffassung, für die die ästhetische Ordnung tatsächlich höchster Ausdruck der Vernunft war (weil ja die „Kunst" niemals eine Ideologie, sondern höchstens die Theorie der technischen Durchführung war, Handwerk,

„Technik", eben TECHNE). So konnte also Kunst im Sinne der Renaissance gar nicht „griechisch" sein: Die Dämonen anderer Menschheitsentwürfe begatten sich mit dem wiederentdeckten Griechentum und zeugen mit ihm jene Ausdruckswelt, die in unsere unmittelbare Gegenwart führt. Zu Beginn sind die griechischen Dämonenbastarde noch großartig — aber nicht griechisch: Die Gigantomanie römisch-germanischer Machtträume sprengen Michelangelos griechisch gesehene Leiber, und in Rubens' Frauengestalten bricht durch die zarte und doch mächtige Aphrodite der Griechen die gesichtslose Fleischmasse der „Venus von Willendorf" durch. (Wie anders sind die neolithischen Frauenidole — sie sind zwar nicht viel weniger fett, haben aber immer ein ausdrucksvolles Gesicht.)

Von da an blieb das „Griechische" als ständiger roter Faden der bürgerlichen Kultur sichtbar: Der Renaissance-Humanismus ging nahtlos in die Aufklärung über. Während in Italien, Spanien und Österreich Adel und Kirche eine großartige Restauration ihrer mittelalterlichen Welt versuchten — begleitet von einer künstlerischen Ausdrucksform, die sozusagen eine krebsartig wuchernde Deformation klassisch-griechischer Elemente ist, das Barock —, bereitete sich das französische Bürgertum durch die Aufklärung auf den Generalangriff vor und das englische durch die industrielle Entwicklung auf die tatsächliche Änderung der Welt.

Zur selben Zeit betrat in Deutschland einer der seltsamsten Protagonisten der Griechen-Verehrung die Bühne: Johann Joachim Winckelmann. Was für die Künstler und Denker der Renaissance und für ihre Herren unreflektiertes, spontanes Erlebnis gewesen war, wurde für den ersten „Kunsthistoriker" zur Ideologie: „Der einzige Weg für uns, groß, ja wenn es möglich ist, unnachahmlich zu werden, ist die Nachahmung der Griechen." Dies ist Ideologie, in einem ganz anderen Sinn als der Ideologiebehelf einer angestrebten „Wiedergeburt". Die unbewußten soziologisch-psychologischen Motive dürften zwar die gleichen sein, bei Winckelmann scheinen sie aber noch stärker durch das eigene Leben, durch die in Elend verbrachte Kindheit und Jugend, durch die ständige Abhängigkeit von adeligen Gönnern motiviert zu sein.

Hatten schon die Vertreter der Renaissance kaum einen Zugang zu dem, was griechische Form eigentlich meinte, so verschüttet Winckelmann nun überhaupt jede Möglichkeit des Verständnisses. „Stille Größe und edle Einfalt", Eigenschaften, die die Griechen wohl nie gehabt hatten, wurden nun zum Träger des bürgerlichen Pathos in der besonders aufreizenden Form des „deutschen Ernstes". So wurde *die* bürgerliche Ideologie des kommenden Jahrhunderts geboren, die Ideologie des „Guten, Wahren und Schönen", als Inhalt der Bildung in Kunst und Wissenschaft, am antiken Vorbild orientiert.

Die deutsche Klassik brach an und erhielt in Goethes „Iphigenie auf Tauris" und im Helena-Akt des „Faust" formvollendeten Ausdruck. Allerdings ist Goethe auch hier hintergründig-zwiespältig; in der „klassischen Walpurgisnacht" läßt er den durch und durch „deutschen" Mephisto einiges sagen, was stutzig macht. Als Homunculus die klassische Walpurgisnacht verkündet, fragt Mephisto:

Wohin denn aber soll die Fahrt sich regen?
Mich widern schon antikische Kollegen.

Und als er hört, daß es nach Thessalien ginge, in die Nähe von Pharsalus, ruft er:

O weh! hinweg! und laßt mir jene Streite
Von Tyrannei und Sklaverei beiseite.
Mich langweilt's; denn kaum ist's abgetan,
So fangen sie von vorne wieder an:
Und keiner merkt: ...
Sie streiten sich, so heißt's, um Freiheitsrechte,
Genau besehn sind's Knechte gegen Knechte.

und:

Das Griechenvolk, es taugte nie recht viel!
Doch blendet's euch mit freiem Sinnenspiel,
Verlockt des Menschen Brust zu heitern Sünden,
Die unsern wird man immer düster finden.

Unter den klassischen Gespenstern findet er sich „ganz und gar entfremdet", weil das Klassische nackt ist:

Zwar sind auch wir von Herzen unanständig,
Doch das Antike find ich zu lebendig ...

Die Sphinx sagt zu ihm:

Du magst nur immer bleiben,
Wird's dich doch selbst aus unsrer Mitte treiben.
In deinem Lande tust dir was zu Gute,
doch, irr ich nicht, hier ist dir schlecht zu Mute.

Auch der hoffnungslose Ausgang des Helena-Aktes deutet darauf hin, daß Goethe letztlich nicht an die Verbindung des „Griechischen" mit dem „Deutschen" glaubte.

Er selbst hat sich gehütet, seiner „Italienischen Reise", die ihn bis zu den griechischen Tempeln in Süditalien geführt hatte, auch eine „Griechische Reise" folgen zu lassen. Auch Winckelmann hat sich seltsamerweise nie der Begegnung mit Griechenland ausgesetzt, obwohl ihm durchaus realistische Angebote für eine solche Reise gemacht wurden. So trägt die gesamte klassizistische Griechen-Verehrung, bei aller feierlicher Ekstatik, einen Zug des Zögerns, des Unwirklichen. Auch Hölderlins Hyperion ist ein Zeugnis dafür. Andere, wie Byron, sind immerhin nach Griechenland gegangen, um mit den Griechen zusammen zu kämpfen. Die deutschen Idealisten gaben sich lieber der abstrakten Verehrung hin.

So also wurde das „hellenisch-germanische" Schönheitsideal geboren; es griff dann in vielfachen Abwandlungen auf die ganze Welt über. Vielleicht kulminiert diese Art der Griechen-Verehrung, die, ausgehend von der Renaissance, in die Langeweile des Rationalismus, in die mordende Prüderie der Französischen Revolution und über die Apotheose durch Winckelmann zum sterilen Klassizismus degenerierte und bis heute als Bildungsideal, als unbewußte Grundlage unseres Bildungssystems fortlebt, in der Schizophrenie des bürgerlichen Griechischprofessors. Als Diener des Systems handhabte er im 19. Jahrhundert das Instrument der perfekten Verdummung und Unterdrückung, die Schule, in der er den kritischen Geist, die „griechische" Grundlage der anarchischen Freiheit tradieren sollte. Eine Schizophrenie, die sich auf die Formel der beim Wort genommenen Verehrung der griechischen Kunst bringen läßt: Wie sieht der Seelenzustand eines Professors aus, der dem Körpergefühl seiner Gesellschaft und seines Jahrhunderts mit Backenbart, Stahlkneifer, in langen Barchentunterhosen, Stehkragen und Gehrock Ausdruck gibt, zugleich aber als Ideal dieses Körpergefühls die Werke des Phidias und des Praxiteles anpreist und verehrt? Muß er nicht die heiligen Bildwerke hassen, weil sie ihm nicht gleichen, oder sich selbst, weil er ihnen nicht gleicht? Und ist dann die „Wissenschaft", die an den Kindern ausgelassen wird, nicht bloß die verdrängte Form dieses Hasses? (Freilich sollte man zu den Nachfahren dieser Studienräte im 20. Jahrhundert auch nicht viel Vertrauen haben, selbst wenn sie nur noch einen „Job" ausüben, Hornbrillen, Slips und einen Anorak tragen: Die bürgerliche Schule hat sich nicht geändert.)

Uns ist das alles kaum bewußt. Wenn wir uns vom hergebrachten, am „klassischen Erbe" orientierten Bildungsideal abwenden, so tun wir dies aus anderen, meist oberflächlichen Gründen: weil es uns — unreflektiert und unverstanden — anödet. Dabei werden die Grundzüge beibehalten. Jene, die sich beruflich mit diesen Dingen beschäftigen, Historiker, Philologen, Archäologen, sind so sehr dem System verbunden, egal, ob sie Konservative sind oder Revolutionäre, Idealisten oder Materialisten, daß sie Schlußfolgerungen, die sie selbst unmittelbar betreffen, eher aus dem Wege gehen.

Eines bleibt: wir sind infolge der Griechenland-Begeisterung unserer Vorfahren durch und durch griechisch verseucht. Abgesehen von unseren hohen Kulturwörtern wie Theater, Drama, Tragödie, Komödie, Poesie, Lyrik, Logik, Ethik, Philosophie, Politik, Demokratie, Gymnasium, Museum, um nur einige zu nennen, ist auch noch unsere plebejischste Alltagsunterhaltung, Kino und Television, vergriecht: Kino kommt von Kinematograph, was zu deutsch „Bewegungsaufzeichner" heißt, und Television ist eine griechisch-lateinische Bastardbildung — wie Automobil —, aus Tele-fern und Vision-Sicht. (Die heutigen Griechen, die keine Beziehung zur lateinischen Sprache haben, schreiben für Automobil Auto-kineton und für Television Tele-orasis.) Überall geistern sie herum, die Griechen. Nicht nur in der deutschen Sprache — da haben wir wenigstens das Fernsehen und das Schauspielhaus —, sondern in allen Weltsprachen, außer im

Chinesischen. Alles, was irgendwie bedeutend, wichtig oder bloß neu war, sei es aus dem Altertum ausgeliehen, wie das Theater oder die Demokratie, sei es neu erfunden, wie das Auto, das Kino oder das Zyklotron und das Atom, wurde sofort mit griechischen Namen versehen, als wäre die eigene Sprache nicht in der Lage, das zu Bezeichnende zu benennen. Es darf nicht übersehen werden, daß auch das Lateinische in ähnlicher Weise herhalten mußte, aber stets in Verbindung mit dem Griechischen, wie man ja auch allgemein vom griechisch-römischen Erbe spricht — eine besondere Note der bürgerlichen Fehlinterpretation antiker Geschichte. Diese kulturelle Ungeheuerlichkeit des künstlich aufgepfropften Überbaus ist uns gar nicht bewußt — oder eben nur im Glanz der verklärten Griechen-Verehrung —, so selbstverständlich hat sich in unserem System die Meinung eingefressen, daß wir die direkten Abkömmlinge, Erben und Sachwalter der alten Griechen seien.

Hinter alldem steckt die Vorstellung, daß im Prozeß der Menschwerdung, dessen Gipfelpunkt zunächst der „abendländische" und heute der „zivilisierte" (sozialistische und kapitalistische) Mensch ist, dem „Griechischen" eine besondere Rolle zukomme. Das ist unser kultureller Grundmythos.

Dabei geht es in diesem Punkt um das dialektische Verhältnis von Mythos und Historie — beides griechische Wörter —, *daß nämlich der historische Ablauf bei aller wissenschaftlichen Detailerkenntnis immer nur mythisch zu fassen ist, wie der Mythos nur historisch.* Ein approximativer Kreuzungspunkt beider wäre eine Art historisch-soziologischer Tiefenpsychologie, allerdings im vollen Bewußtsein ihres mythischen Charakters.

Der Prozeß der Menschwerdung ist unendlich verzweigt, und das „Griechische" spielt an seiner eigenen historischen Stelle darin fast überhaupt keine Rolle. Erst viel später wird es wirksam, und da bereits als Mythos. Dieser Prozeß der Menschwerdung nimmt, aus der Vorgeschichte kommend, den Weg der politischen Machtentfaltung, der phantastischen Hochkulturen und Großreiche, erreicht monströse Verflechtungen und führt schließlich zu jenem anderen Prozeß, der gegenwärtig die Menschwerdung zu verdrängen scheint: in die Weltwerdung, die das Ergebnis der Industriellen Revolution und des bürgerlichen Kapitalismus ist, auch in der Form der sogenannten proletarischen Revolution — immer im Zeichen des Mythos. Schon die Aufklärung, die rationalistische Idee der „Vernunft", war der Beginn eines neuen Mythos. Dann kam der „Fortschritt" dazu, schließlich die „Revolution", die die beiden anderen zusammenzufassen vorgibt. *Der in seiner „Menschwerdung" steckengebliebene Mensch, der seine ganze Energie für die „Weltwerdung" verausgabt, sowohl als Produkt wie auch als Produzent, verliert seine Realität, die er behauptet, an den Mythos, den er leugnet.*

Das historische Fazit ist ebenso verwirrend wie der mythische Werdegang: Es ist der Sieg des bürgerlichen Menschheitsentwurfs des sich selbst in der Produktion reproduzierenden Konsumenten als Subjekt und Objekt der Weltwerdung, im Zeichen der Leistung. Welcher Alptraum der Öde, verglichen mit anderen Alpträumen, etwa jenen von den pyramidenbauenden versklavten Fellachenhorden oder den wirbelwindartigen Mordmaschinerien Dschingis Khans oder Timus Lenks. Das bleibende Symbol der bürgerlichen Mensch- und Weltwerdung ist der in der Weltgeschichte — bis jetzt — einzig dastehende mythische Höllentraum der Mordindustrie von

Auschwitz: die Produktion, in der das Opfer als Konsument die eigene Vernichtung direkt produziert.

Hier würde sich die gesellschaftlich-ökonomische Analyse des Marxismus aufdrängen, doch ist diese selbst zu einem Mythos geworden und als Überbau selbst Gegenstand historischer Beschreibung. Die Qualität des jeweiligen Menschenbildes entgeht der marxistischen Analyse, weil sie den Überbau in seinen qualitativen Verschiedenheiten nicht fassen kann. Das Spezifische einer sumerischen Königsstatue, eines Pharaonenbildes, einer griechischen Skulptur oder eines römischen Porträtkopfes sagt über den Mythos des jeweiligen Menschenbildes mehr aus, als es die entsprechenden wirtschaftlichen und gesellschaftlichen Strukturen tun. Denn hier geht es nicht um das dialektische Verhältnis von ökonomischer Basis und Überbau — das ja eigentlich selbstverständlich ist —, sondern um die jeweilige Verwirklichung dieser Dialektik in jener anderen, in der sich das individuelle Bewußtsein als Ausdruck des Kollektivs und dessen Bewußtseinsform zu erkennen gibt, und so wiederum das Kollektiv erst schafft — weil ja das Sein das Bewußtsein bestimmt. Allerdings muß dieser Satz, damit er der Dialektik tatsächlich entspricht, mit einem differenzierenden Nachsatz versehen werden: Das Sein bestimmt das Bewußtsein des *Individuums.* Da aber Menschsein als Art immer schon bewußtes Sein ist, *bestimmt das Bewußtsein das Sein der Art.* Hier liegt das gesamte Problem der „Menschwerdung“, mit ihrem ganzen erschreckenden Werdegang auf dem Weg der Entfremdung.

Wenn nun heute in den USA, in der Sowjetunion, vermutlich auch in der Volksrepublik China, die gleichen Produktionsverhältnisse herrschen wie in den alten historischen Reservaten Europas, und wenn die Lebensmotorik, die mit diesem Produktionssystem verbunden ist, die politische Aktivität der Fedajin, der südamerikanischen Revolutionäre und der von Unruhen geschüttelten afrikanischen Völker motiviert, so ist darin nicht nur die weltumspannende Macht des Kapitals wirksam, die sich auch noch im Revolutionsexport zeigt, sondern vor allem die mit dem Produktionssystem eng verbundene Ausbreitung des bürgerlichen Bewußtseins, das die Individuen zunehmend in das Zwangskollektiv der Vermassung eingliedert.

Dieses bürgerliche Bewußtsein ist das Ergebnis jener Entwicklung, die damit begann, daß eine neue Klasse zum ersten Mal in der Geschichte den Überbau ihres gesellschaftlichen Seins *konstruiert* hat, durch die Entlehnung des *„Griechischen“*. Und dieses „Griechische“, vom europäischen Bürgertum absorbiert, hat im Rahmen der Verbürgerlichung die Welt erobert: Die Denksysteme, das Bildungs- und Unterrichtswesen, vor allem aber die Naturwissenschaften, die im Rahmen der Industriellen und der Technologischen Revolution die Welt grundlegend veränderten, sind in ihrem Ursprung zum Teil tatsächlich die Fortsetzung griechischer Bemühungen, die Welt zu begreifen. Allerdings ist dies alles in der Hand der neuen Klasse wirklich „bürgerlich“ geworden, weil es in erster Linie als Waffe gegen die herrschende Klasse eingesetzt wurde. Die Naturwissenschaften wurden darüber hinaus dem ursprünglichen griechischen Motiv des Wissensdurstes entfremdet und in den Dienst des profitmachenden Produktionsprozesses gestellt. Aber auch die Kritik an dieser Entwicklung, der revolutionäre Marxismus, kann dem eigenen Bewußtsein nicht entfliehen: Als dialektisches Ergebnis von Hegels philosophischem System, das sich auf die Griechen beruft, und der wirtschaftlich-gesellschaftlichen Verhältnisse des Bürgertums, wurde er im subjektiven, erkennenden Medium von Karl Marxens Bewußtsein vom Bürgertum ebenso stark geprägt wie vom messianischen Bewußtsein des Judentums in Marxens Familie.

Das Chaos dieser bürgerlichen Welt, das Höllenkarussell des Produzierens und Konsumierens um des Profits willen, welches das anonym gewordene Individuum im anonymen Kollektiv der Vermassung aufhebt, drückt sich in einer Bewußtseinsform aus, die sich auf die Wissenschaft beruft. Diese kann ihrerseits wiederum nur noch durch das profitmachende Kapital weiterforschen, weiterexistieren. (Die Forschung arbeitet teils für die Konsumindustrie, teils für die Rüstungsindustrie, sie bewirkt so einerseits den Profit der Produzenten, trägt aber auch indirekt dazu bei — durch die Vervollkommnung jenes gigantischen Mechanismus, der, zum Schutz der Profitunternehmen errichtet, selbst wiederum dem Rüstungsproduzenten Profit sichert: ein weiterer Teufelskreis innerhalb des allumfassenden großen, mit diesem aber auch noch dadurch verbunden, daß der überwiegende Teil der Konsumgüter direkte „Abfallprodukte“ der Rüstungsindustrie und ihrer Forschungsergebnisse sind.) Und all das im Rahmen politischer „Strukturen“, die sich „Demokratien“ nennen, als stetes Zeugnis der unbewußt gewordenen Berufung auf das „Griechische“.

Dieses „Griechische“ scheint aber zu allen Zeiten — damals wie heute — der diametrale Gegensatz jeder Art organisierter Herrschaft gewesen zu sein, die die Griechen „Barbarei“ nannten, womit sie im Altertum konkret die Herrschaftsmechanismen des Pharaonenreiches und des persischen Großkönigtums meinten, also hochentwickelte Kulturen, nicht etwa irgendwelche „unterentwickelte“ Gebirgshirten, die sie ja zum Teil auch damals selber waren. Sie akzeptierten keine Herrschaftsformen, denen man sich unterordnen mußte: sie lehnten die Ausübung der Gewalt *ohne die Kontrolle durch jeden* ab. Dieses für unser Unterbewußtsein (das von den Vorstellungen der „Zuständigkeit", der „Befähigung", der „Fachausbildung" bestimmt wird) anarchische Grundprinzip war das Wesen der Athener Demokratie, die das Griechentum entscheidend geprägt hat, mehr als Sparta oder die Ionischen Kolonien. Die Ursprünge dieses Prinzips der individuellen Freiheit, die sich aber nur im Kollektiv verwirklichen kann — ohne Untertanenbewußtsein, ohne einen vom Bürger verschiedenen Obrigkeitsstaat anzuerkennen —, sind nicht leicht herauszufinden. Ihnen in der Geschichte nachzuspüren ist fast unmöglich. Es sind Fragen, deren Lösung im Grenzbereich zwischen Soziologie und Tiefenpsychologie liegt. Man kann nur raten — der historischen Phantasie einen gewissen Spielraum lassen.

Die dunklen Urformen der Menschwerdung — da Geschichte und Mythos miteinander verwoben (der Mythos schon Gestalt geworden, die Geschichte noch nicht artikuliert, noch nicht bewußt zurückblickend) in Erscheinung treten — sind in der Nähe des östlichen Mittelmeers entstanden. Catal Hüyük in Mittelanatolien, Jericho in Palästina, sind die ersten Zeugnisse mythischer Historie. In der eher vernachlässigten Ecke der Ägäis wurden diese Lebensversuche zum erstenmal ästhetische Form: Der aus Mittelanatolien stammende barbarische Ur-Urbanismus matriarchalischer Prägung scheint auf den Kykladen und insbesondere auf Kreta neue Formen angenommen zu haben, gleichsam ein frivoles Fest der Fruchtbarkeit geworden zu sein, wie wir es aus der jeweiligen Kunst ersehen können. Diese Welt wurde von Horden überfallen, deren patriarchaler

Machtdrang sich im primitiven Burgideal der Dimini- und Sesklo-Leute in Thessalien zum erstenmal zeigte und am besten wohl von jener mummenschanzartigen Terrakottafigur des autoritären Vateridols aus Thessalien symbolisiert wird, die man im Athener Nationalmuseum sehen kann: das herrschsüchtig vorgeschobene Kinn auf die Faust des in der Imponierpose abgewinkelten Armes gestützt, der andere, ebenfalls abgewinkelte Arm herrscherlich aufs Knie gepflanzt, zwischen den gespreizten Beinen ein geradezu lächerlich gigantischer, wie von Elephantiasis befallener Phallus (etwa anderthalb Jahrtausende später wird der überdimensionierte Lederphallus in der attischen Komödie zum Zeichen ausgelassenen Spottes, eine Eigenart, die im strengen Patriarchat nicht gut vorstellbar ist), sieht diese Statue des Urvaters in der seither unverändert typisch „männlichen" Haltung nahezu wie ein Denkmal des Faschismus aus. Diese scheinbar siegreichen Horden wurden aber in Wirklichkeit von mutterrechtlich organisierten Verehrern der großen Fruchtbarkeitsgöttin besiegt, die man in den zarten, abstrakten Marmoridolen der Kykladen ebenso erkennen kann wie in den kretischen Schlangengöttinnen. Die kretische Frau mit den entblößten Brüsten herrscht auch im Palast von Mykene. Die mythischen Gestalten der Klytemnästra und der Jokaste, gegen die noch die klassische Tragödie ankämpft, sprechen eine eindeutige Sprache. Und wenn die Frau, die Mutter, zur Zeit des Aischylos und des Sophokles nicht ein aktuelles Problem gewesen wäre, hätte die Atriden-Trilogie, die in der feierlichen Rechtfertigung der patriarchalischen Rechtskonzeption gipfelt, oder die Ödipus-Tragödie mit der furchtbaren Betonung des Inzest-Tabus, nicht so geschrieben werden können. Ebenso wären die stärksten „Emanzipationsstücke“ der gesamten Weltliteratur — verfaßt, um eine patriarchalisch lebende Gesellschaft zu verhöhnen und zu persiflieren — Aristophanes’ „Lysistrate“, „Weibervolksversammlung“ und „Die Thesmophoriazusen“ nicht möglich gewesen, hätte es nicht das durchaus emanzipierte Bewußtsein der Frauen gegeben. Die tiefenpsychologische Bedeutung der Mutter legt den Schluß nahe, daß die psychologische Motivation für die Eigenart der Griechen in der unterschwelligen gesellschaftlichen Rolle der Frau, aber auch in ihrer bewußten Rolle als Mutter in der Familie und als Hetäre liegt, sowohl im privaten wie im öffentlichen Leben. (Dazu auch ein Wort über das ausschließlich griechische Phänomen der gesellschaftlich institutionalisierten Homophilie. Erstens wird in der Beurteilung — positiv und negativ — der Aspekt der Institutionalisierung oft übertrieben gesehen. Im klassischen Athen haftet der Erscheinung immer etwas Zwiespältiges an. Wirklich institutionalisiert, im männerbündlerischen Sinn, war sie nur in Sparta. Letztlich dürfte es sich auch hier um ein Zeichen der Auseinandersetzung zwischen Patriarchat und Matriarchat handeln. Teils mag es der Ausdruck patriarchalischer Angst vor der Frau, vor der Mutter sein, teils eine Resterscheinung durch Tabus wenig beeinflußter matriarchalischer Zustände. In rein patriarchalischen Verhältnissen, in denen Sexualität wesentlich Symbol und direkte Ausübung der Herrschaft ist und daher Sexualobjekt, das heißt Frau zu sein, eine Schande, ist Homosexualität streng tabuiert und nur in verdrängter Form akzeptabel. In keiner Gesellschaft wurde die Homosexualität je so tabuiert — gesellschaftlich, nicht religiös! — wie in der bürgerlichen. Das scheint ein ziemlich sicheres Zeichen dafür zu sein, daß die bürgerliche Gesellschaft höchste Form des Patriarchats und mit keiner früheren Gesellschaftsform zu vergleichen ist. Für die männerbündlerische Form verdrängter Homosexualität, verbunden mit gleichzeitiger Ächtung und Verfolgung der offenen Homosexualität, ist wohl der nationalsozialistische Faschismus, diese extremste Form der bürgerlichen Gesellschaft, *das* Schulbuchbeispiel. Die griechische Form scheint jedenfalls auf einem unterschwelligen matriarchalischen Element der Gesellschaft zu beruhen.)

Daß sich die Demokratie in der Gestalt des unbändigen, politisch aktiven Individuums, letztlich über Besitz- und Klassenschranken hinweg, aber im *Kollektiv* und *nur in diesem*, gegen die patriarchalische Form der Tyrannis durchgesetzt hat, muß der direkte Ausdruck der psychischen Struktur der Griechen sein, die das Gleichgewicht hält im Widerspiel zwischen Mann und Frau. Und dies ist nichts anderes als der gesellschaftliche Ausdruck jener Widersprüchlichkeit, in deren Rahmen höchste Rationalität und Determination durch das Irrationale, Philosophie und Mythos, nebeneinander bestehen, ohne einander auszuschalten, und ohne daß eine religiöse „Kirche“ einem „wissenschaftlichem“ Gesellschaftssystem gegenüberstünde. Letztlich dürfte dies das „Griechische“ schlechthin sein, die Voraussetzung für jene Bewußtseinsform, die das Menschsein in seiner ganzen mythischen Dialektik zu erfassen sucht, und die im Gegensatz zu allen anderen Kulturen, welche den darzustellenden Menschen immer stilisieren, als ihren Stil den darzustellenden Menschen selbst auffaßt, die also das Leben nicht einem „Plan“, einem „Gesetz“, unterwirft, sondern das Leben selbst als solches betrachtet und nur aus der konkreten Situation heraus lebt, nicht nach vorgeschriebenen Prinzipien. Diese Hinwendung zum Konkreten, zum Hier und Jetzt, läßt sich in der gesamten griechischen Geschichte unverändert feststellen (auch in der byzantinischen, deren hieratisch-starre Formen uns nicht täuschen dürfen: sie sind *nur* Schauspiel!) und hat ihr dialektisches Gegenspiel wohl in der fast übertriebenen Abstraktionssucht der griechischen Philosophie und ihrer Freude an der Theorie, aus der ein für alle verpflichtendes System zu machen niemandem eingefallen wäre. Aus der Sicht historischen Sendungsbewußtseins oder des Law-and-Order-Gedankens mag diese Haltung, die Hinwendung zum Hier und Jetzt, ohne Rücksicht auf Vergangenheit oder Zukunft, frivol erscheinen, und sie wäre es auch, wenn sie nicht in der Verbindung des einzelnen zur Gesamtheit bestünde. So wird Frivolität durch den Ritus ergänzt, der Inhalt bekommt Stil, einen Stil, den alle Nachahmer stets ohne den Inhalt kopieren wollten.

Dieses Mißverständnis ist die Tragik des Griechentums: Nicht das „Griechische" ist geschichtsmäßig geworden, sondern nur seine äußere Form, ohne den Inhalt. Und es wurde erst wirksam, als die Griechen selbst jener freien Selbstbestimmung verlustig gegangen waren, als deren Ausdruck das „Griechische" überhaupt entstanden war. Jene, die die Griechen kopierten, lehnten den Geist der freien Selbstbestimmung, wie ihn die Griechen verstanden, ab: sowohl die Makedonen als auch die Römer, und die Europäer der Renaissance ebenfalls. Darum hat jeder, der versuchte, das „Griechische" zu kopieren, letztlich nur lügen gelernt. Daß die Griechen, sowohl wegen ihrer vollendeten künstlerischen Ausdrucksformen als auch wegen der Faszination, die von ihren Erkenntnissen ausging, immer wieder zum Kopieren reizten, ist verständlich. Nur wurde das Wesentliche bei den Kopierversuchen übersehen, oder, noch schlimmer, als unwesentlich, ja als schädlich und verächtlich abgetan. Und weil dem so war, mußten die Kopierversuche mißlingen: Rom und die Renaissance; oder die willkürliche Kopie führte in die Katastrophe: die bürgerliche Gesellschaft des Abendlandes.

Daß die Griechen selbst ihre sprachliche Identität und darin ihre Bewußtseinsform über alle Zeiten der mißlungenen Kopierversuche hinweg bewahrt haben, zusammen mit der Freiheit, in jeweils übernommenem Fremden wiederum Eigenes zu verwirklichen, bleibt die erstaunliche Tatsache. Sie weist das „Griechische“ gerade gegenüber dem Anspruch der europäischen bürgerlichen Kultur, griechischer Abstammung zu sein, als etwas Besonderes aus. Das war aber seit jeher das Kennzeichen der Griechen. Übertrieben könnte man sagen, daß sie nie etwas Eigenes gehabt haben, daß sie das Eigene immer aus dem Fremden herausgearbeitet haben: die mykenischen Griechen aus der kretischen Kultur und aus sumerisch-babylonisch-ägyptischen Einflüssen die seltsame Händler-Raubritter-Welt der homerischen Zeit; die Griechen der Archaik aus ägyptischen und orientalischen Elementen die Klassik; die Byzantiner aus hellenistisch-römischen, jüdisch-christlichen und syrisch-persischen Elementen die dauerhafteste und fortschrittlichste Kultur des Mittelalters. Seit dreitausendfünfhundert Jahren halten sich die Griechen im selben geographischen Raum — und doch lebten viele von ihnen wie die Juden in der Diaspora. Einmal haben sie einen großen Teil der Welt, bis nach Indien, mit ihren Ausdrucksformen gleichsam infiziert: in der hellenisch-römischen Ära, in der sie als nationale Gruppe für über zweitausend Jahre ihre Unabhängigkeit eingebüßt hatten. Das zweite Mal hat sich Europa das untergegangene Antik-Griechische künstlich angeeignet, verfälscht und die ganze Welt damit verseucht. Das erste Mal war Griechenland, selbst noch als unterjochte Provinz, eine Art museales Zentrum der Kultur gewesen. Das zweite Mal wurden die Griechen ignoriert, ja sogar bewußt bedroht und der Vernichtung preisgegeben. Erst Jahrhunderte später wurden sie wieder entdeckt, und da brachte man ihnen wieder das verfälschte Griechentum nach Griechenland. Man kann sich kaum etwas Verrückteres vorstellen. Die Frage lautet: Wie springen nun die Griechen über den griechischen Schatten des Abendlandes, das nicht und nicht untergehen will?

EXKURS ÜBER DEN ÜBERBAU

(Ansatz zu einer marxistischen Marxismus-Kritik)

Die herkömmliche marxistische Theorie unterscheidet zwischen der „ökonomischen Basis“ und dem „kulturellen Überbau“, wobei der zweite von der ersten bestimmt wird. Dieses Modell, das in historischer Zeit leicht nachzuzeichnen ist, läßt für die vorgeschichtliche Zeit manche Fragen offen, weil es sich dabei im Grunde um den Prozeß der Bewußtwerdung des Menschen handelt, in dessen Verlauf sich die Differenzierungen der Arbeitsteilung, der Produktionsmethoden und schließlich der Herrschaftsformen ausbildeten.

Im Mittelpunkt steht jene Entwicklung, die den Menschen bewußt gemacht hat, in der das entstehende Bewußtsein noch nicht vom gesellschaftlichen Sein bestimmt war, sondern umgekehrt das Sein des Menschen als Art bestimmte. Eigentlich ist es ungenau, einfach von „Bewußtsein“ zu sprechen. In einer Weise hat auch das Tier Bewußtsein, allerdings mit dem Unterschied, daß es sich seines Bewußtseins nicht bewußt ist und daß ihm die Fähigkeit fehlt, über sein Bewußtsein bewußt zu reflektieren. Der Entwicklungsgang dieser „Bewußtwerdung des Bewußtseins“ übersteigt die Vorstellungsmöglichkeiten, die dem Bewußtsein gegeben sind, in denen jene Welt erschaffen wurde, die uns bewußt ist. Die mythischen Bilder dieser Welt- und Selbsterfahrung als Kern und Grenze dessen, was wir Person nennen, können durch keine Wissenschaft erhellt, geschweige denn ersetzt werden. Ob man „Bewußtsein“ sagt, „Seele“, „Geist“ oder „Es, Ich und Über-Ich“, immer sind es nur mythische Chiffren, dem wissenschaftlichen Denken, das selbst nur Funktion des Bewußtseins ist, unzugänglich.

Im Rahmen des Entstehungsprozesses dieses Bewußtseins haben sich auch alle Ausdrucksformen des menschlichen Verhaltens, mit denen der Mensch die Welt verändert hat und in denen er sich selbst veränderte, herausgebildet. Die Welt veränderte er durch die Erfindung des Werkzeugs, der Waffe und schließlich der Landwirtschaft und Viehzucht. Er selbst veränderte sich durch die Loslösung von den Instinktzwängen, insbesondere in zwei wesentlichen Punkten: in der nicht mehr vom Fruchtbarkeitszyklus geregelten Sexualität, und in der Fähigkeit, den wehrlosen Artgenossen zu töten.

In diesem Entwicklungsprozeß liegen alle Keime der späteren Formen menschlicher Kultur, auch der Trennung von „ökonomischer Basis“ und „kulturellem Überbau“. Vielleicht könnte man dabei die Entwicklung des Überbaus als notwendigen Behelf der Bewußtseinsbildung ansehen.

Sehr oberflächlich und skizzenhaft könnte vielleicht folgendes Modell für die Entwicklung des Überbaus als Behelf des Bewußtseinsprozesses gelten: die Fähigkeit des Menschen, Sinnzusammenhänge zu erfassen, dürfte in den ersten Anfängen kaum von jener der Primaten verschieden gewesen sein; auch bei ihnen gibt es rudimentäre Ansätze einer solchen Fähigkeit. (A. Kortland, zitiert bei E. Fromm: „Alle Schimpansen, die ich beobachtet habe, waren vorsichtige, zögernde Kreaturen ... Hinter ihren lebhaften, forschenden Augen spürte man eine zweifelnde, betrachtende Persönlichkeit, die stets versucht, Sinn in eine rätselhafte Welt zu bringen. Es ist, als wäre die Sicherheit des Instinkts bei den Schimpansen durch die Unsicherheit des Intellekts ersetzt — aber ohne die Determination und die Entschlossenheit, die den Menschen kennzeichnen.") Aus einem solchen, gleichsam „fließenden" Zustand könnten sich die ersten Erkenntnisblitze zu größeren Zusammenhängen verdichtet haben, und um sie zu „behalten", mögen Formen der „Ritualisierung", der künstlich mechanisierten Wiederholung entstanden sein. Jedenfalls dürfte in der ältesten Entwicklung, etwa bei der Erfindung erster Steinwerkzeuge, in der Vervollkommnung der Jagd, wie auch später in der Entwicklung von Ackerbau und Viehzucht, kein Unterschied zwischen der „ökonomischen Basis", das heißt, der Besorgung der Lebensmittel, und dem kulturellen Überbau in Form der bewußten Systembildung, gerade auch in der Form von Arbeits-, Jagd- und Fruchtbarkeitsmagie, gemacht worden sein: Sie bedingten einander, sie bildeten eine dialektische Einheit.

In diesem Rahmen wäre also die Entstehung des Überbaus zu suchen, der als Bewußtwerdung Interpretation *und zugleich* Veränderung der Welt ist — in jenem Sinn, der in Marx' 11. These zu Feuerbach ausgedrückt ist: „Die Philosophen haben die Welt nur verschieden *interpretiert:* es kömmt darauf an, sie zu *verändern.*"

Wenn wir im Sinne dieser These die heutige Welt

ansehen, springen zwei Tatsachen ins Auge: die Veränderung der Welt, die mit der Industriellen Revolution in England begonnen hat (und *nicht* mit der Französischen Revolution) und die Interpretation der Welt durch den revolutionären Marxismus. Dabei wurden von den marxistischen Systemen alle jene Veränderungen übernommen, die der Kapitalismus besorgt hatte, bis zur Raketen- und Computer-Technik. (Die stalinistische Ära war für diesen Tatbestand noch empfindlich: deshalb mußten alle wichtigen Erfindungen von Russen gemacht worden sein.) Der Marxismus bekommt auf diese Weise etwa die Überbaufunktion der mittelalterlichen Kirche. Dafür weist der bürgerliche Kapitalismus eine neue Form der Überbaufunktion auf, die zum Teil auch vom marxistischen System übernommen wurde: einerseits in der Wissenschaft, die völlig in den Produktionsprozeß eingespannt ist und die eigentliche Änderung der Welt besorgt, andererseits in der „Konsumkultur", die, zur Gänze in den Warenverkehr eingegliedert, selbst einen Teil des Produktionsprozesses ausmacht. (Es ist besonders interessant, daß das Christentum im Rahmen dieser Entwicklung seine klassische Überbaufunktion nahezu völlig eingebüßt hat. In zunehmendem Maß scheint es nun seine ursprüngliche Freiheit wiederzugewinnen, im Sinne jener Impulse, mit denen es in die Welt getreten ist.)

Was bedeuten diese Erscheinungen? Daß das klassische Modell des Marxismus, das für das vorindustrielle Zeitalter weitgehend zutraf, für das bürgerliche Zeitalter der Industriellen und vollends der Technologischen Revolution immer weniger zutrifft. Oder aber, daß die Marxsche Analyse zwar richtig ist, daß aber der Überbau nicht von den Besitzverhältnissen, sondern vom Produktionssystem selbst bestimmt wird. Das würde auch erklären, warum in Ost *und* West die gleiche Form der Lohnarbeit herrscht. Nicht die Besitzverhältnisse wären also letztlich entscheidend, sondern *was* und *wie* produziert wird (das bedeutet, daß die industrielle Produktionsweise, mit all ihrer „Rationalität", nicht von den zu produzierenden „Lebensmitteln" bestimmt wird, sondern von dem zu erzielenden Profit, der in den sozialistischen Systemen durch eine selbstzweckhafte Fetischisierung des Produktionsprozesses selbst, als „Arbeit", verschleiert wird). Daß die Mechanismen in beiden Systemen teilweise verschieden sind, daß im Westen durch „Freiheiten" (Freiheit zu konsumieren, was durch bessere Bezahlung ermöglicht wird, aber zugleich eine zusätzliche Quelle der Manipulation ist, weil eben der Konsum als gelenkter Leistungszwang die Produktion fördert) jene Gefügigkeit erzielt wird, die im Osten — insbesondere in der Sowjetunion — durch einen traditionellen, rigorosen Unterdrückungsmechanismus gesichert wird, erscheint in diesem Zusammenhang unerheblich (deshalb ist ja auch die jüngste Kampagne für die „Menschenrechte" letztlich eher als Heuchelei zu werten, weil diese „Menschenrechte" im Westen ebensowenig verwirklicht sind wie im Osten, solange des System von Erscheinungen getragen wird wie Werbung, Manipulation in den Massenmedien oder Vergnügungsindustrie). Allerdings dürfte hierin der wichtigste Grund dafür liegen, daß der Sowjetmarxismus ohne Unterlaß interpretieren muß, anstatt zu verändern, weil ja die weitgehende Identität beider Systeme — und auch die bestehenden Unterschiede, beide als dialektische Einheit — der ursprünglichen Marxschen Theorie diametral entgegengesetzt sind.

Diese zunehmende Konvergenz von „Kapitalismus" und „Sozialismus" — die sich auch in der Konvergenz der Machtpolitik ausdrückt — ist letztlich die Zementierung der erneuerten Formen herkömmlicher Herrschaftsstrukturen im Produktionssystem des ausgehenden 20. Jahrhunderts, mit der in beiden Systemen geübten totalen Unterwerfung des Subjekts, wie sie im Lauf der Geschichte bis jetzt kein Machtapparat erzielt hat. Da das Ergebnis der sich auf das Kollektiv berufenden Revolution keineswegs die von Marx anvisierte Befreiung des Individuums im Kollektiv bewirkt, sondern dessen totale Unterwerfung im *kapitalistischen* Sinn verewigt hat, müßte der „subjektive Faktor" (so verachtet von den Theoretikern der Revolution, und so erschreckend von Manipulation und Gewalt im Griff gehalten) jener Ort sein, von dem eine tatsächliche Veränderung der herrschenden Verhältnisse ausgehen könnte, etwa in der Form einer Kulturrevolution.

Seit dem Anbruch der Renaissance scheint sich das Verhältnis zwischen ökonomischer Basis und kulturellem Überbau verändert zu haben: Mit der künstlichen Schaffung eines „neuen" Überbaus wurde die unreflektierte, unmittelbare Beziehung unterbrochen, was in der weiteren Entwicklung zu einem bemerkenswerten Doppelcharakter führte. Einerseits blieb die Herstellung der unmittelbaren „Lebensmittel" auf jenen Grundlagen, die die Neolithische Revolution gelegt hat, andererseits entwickelte sich in der Industrie ein Produktionssystem, das kaum „Lebensmittel" erzeugt, insbesondere nicht in der Rüstungsindustrie. Man könnte geradezu die Industrie als einen Teil des Überbaus ansehen, als unmittelbare Funktion von Kapital und Wissenschaft, gelenkt vom Profitdenken.

Das Bürgertum war die erste Klasse der Weltgeschichte, das sich einen künstlichen Überbau geschaffen hat. Es läge in der Logik der dialektischen Entwicklung, daß erst eine bewußte — künstliche — Änderung des Überbaus den entscheidenden Beitrag zur Aufhebung der bürgerlichen Herrschaftsformen leisten könnte. Dies ist um so wahrscheinlicher, als die bisherigen Revolutionsversuche (vielleicht mit Ausnahme derjenigen Chinas) den Überbau des Bürgertums — Staatsform, Schulsystem und Bildungsideal, Wissenschaft und Kunst — kritiklos oder nur mit unwesentlicher Kritik übernommen haben. Man könnte sogar sagen, daß selbst die Art des Revolutionsmodells, die Idee des Kampfes, die Mischung aus Wissenschaftlichkeit und moralischer Entrüstung, die Idee der strafenden Justiz als säkularisierte gesellschaftliche Funktion reine Perpetuierungen bürgerlicher Grundvorstellungen sind. (In diesem Zusammenhang ist es bemerkenswert, daß sich die ganze revolutionäre Wucht gegen die Überbaufunktion der Religion gewendet hat und sich noch immer gegen sie wendet, ganz im Sinne des bürgerlichen Rationalismus der Aufklärung.) Alles weist darauf hin, daß die bisherigen Revolutionsmodelle letztlich nur die verschiedenen Phasen der bürgerlich-industriellen Revolution sind und die Perpetuierung des künstlich bürgerlichen Überbaus. Die Theorie der Revolution, ihr Menschenbild, ihre Modelle, bewegen sich alle in der Vorstellungswelt des bürgerlichen Rationalismus. So ist das Modell des Klassenkampfes der Versuch, nach dem Muster des Darwinschen Modells ein „Naturgesetz" des gesellschaftlichen Verhaltens aufzustellen, was natürlich für die Art, in der nicht mehr das instinktgesteuerte Verhalten, sondern das Bewußtsein bestimmend ist, nicht möglich ist (damit soll nicht gesagt werden, daß der Klassenkampf in der Geschichte nicht eine überaus bedeutende Rolle spielt. Nur der „naturgesetzliche" Modellcharakter, ein typisches Produkt bürgerlichen Wissenschaftsglaubens, müßte durch eine historisch-dialektische Sicht ersetzt werden). Dieselbe Wurzel brachte auch die völlige Mißachtung des „subjektiven Faktors" hervor, eine nicht minder bürgerliche Haltung; sie ist gerade die Umkehrung des extremen Individualismus. Erst die Zusammenschau der Individuen und des Kollektivs — das sie ja ausmachen —, der objektiven Verhaltensweisen und ihrer Motivation im Unbewußten, im Emotionellen, letztlich im „Irrationalen", könnte tatsächlich eine Revolution einleiten: Einbeziehung des „subjektiven Faktors", als jener Instanz, in der das Sein überhaupt Bewußtsein wird, die ökonomische Basis sich in den Überbau umsetzt. Bewußtmachung des Bewußtseins, jene oft genannte und nie bewirkte „Bewußtseinsänderung": den Gang der Geschichte, den Werdegang des Bewußtseins bewußt zu machen, von den Anfängen bis zur Sackgasse, in welche der bürgerliche Rationalismus geführt hat; die Erforschung jener Elemente, die in der bürgerlichen Gesellschaft von früheren Entwicklungsstufen weiter wirksam sind, von der Neolithischen Revolution bis zum Feudalismus; das Netz von Einflüssen, Verhaltensmustern, emotionellen Motivationen aufknüpfen, das den spätkapitalistischen Leistungsbürger ausmacht, um endlich über das Phantom des „Klassenbewußtseins" hinauszukommen, das zwar eine Errungenschaft des Bürgertums in seinem Kampf gegen das „Kastenbewußtsein" der Feudalaristokratie war, sonst aber nirgends zu finden ist, weil selbst dort, wo es Ansätze dazu gegeben hat, etwa im antiken Rom oder im 19. Jahrhundert (bei Sklaven und Proletariern), die gesellschaftliche Relevanz viel zu gering war. All das in der richtigen Perspektive bewußt zu machen, mit Hilfe einer selbst von ständiger Kritik kontrollierten Marxistischen Analyse, wäre die lohnende Aufgabe ansonst sinn- und zweckloser Wissenschaften wie Anthropologie, Soziologie, Tiefenpsychologie und Verhaltensforschung. Ein solches Teamwork wäre imstande, den sogenannten Humanwissenschaften endlich jene Rolle zuzuweisen, die sie in der bürgerlichen Gesellschaft nicht haben können.

Eine diffuse Form der Kulturrevolution hat eigentlich schon begonnen: in der Hippie-Bewegung, in der allgemeinen Schulkrise, im Generationenkonflikt, wie er sich nach dem Zweiten Weltkrieg — quer durch alle Nationen und Gesellschaftsformen der Welt — gezeigt hat; Phänomene, als deren bewußte Umsetzung vielleicht die Kulturrevolution Mao Tse-tungs anzusehen wäre. Diese dunklen Ausdrücke des Unbehagens müßten aus ihrer diffusen Form einen bewußten Ausdruck finden, allerdings frei von der Fessel dogmatischer Muster einer am bürgerlichen Denken orientierten Revolutionsidee. Letzten Endes geht es um den einzelnen als einzig möglichen Baustein des Kollektivs, das unter den heutigen Verhältnissen in der Vermassung aufgegangen ist. Es geht um den „subjektiven Faktor", der immer die entscheidende Rolle gespielt hat, auch dort, wo das organische Kollektiv zu handeln scheint: weil es die einzelnen sind, die es bilden. Immer war es das Subjekt, in dem sich der dialektische Prozeß der Umsetzung von Funktionen der ökonomischen Basis in solche des Überbaus und die Veränderung der ökonomischen Basis durch neue Erkenntnisse verwirklicht hat. Weil ja, wie früher bemerkt, das Sein zwar das Bewußtsein des Individuums bestimmt, aber das Bewußtsein, als Artbestimmung des Menschen, das Sein der Art bestimmt. Auch diese dialektische Wechselwirkung ist ein Teil des „subjektiven Faktors", der dadurch zum objektiven Faktor wird. Und weil dies *keine* Interpretation ist, könnte eine konsequente Bewußtmachung die Welt verändern.

8

Griechentum der Gegenwart

•

Exkurs über die Revolution

•

Exkurs über das Christentum

7. Es reicht nicht

Bescheiden, sparsam im Gespräch, bewundert er die Schöpfung
und als des Stahles Blitz ihn traf, da brüllt er wie ein Löwe.
Jetzt reicht der Schrei ihm nicht mehr aus, es reicht nicht
das Verfluchen,
damit er jetzt das Rechte sagt, sagt er es mit der Waffe.

7. Es reicht nicht

Bescheiden, sparsam im Gespräch, senkt er den Blick zu Boden,
um von des Vögleins Schattenbild die Höhe zu bemessen.
Sagt er nur das? Was nützt es ihm? Es reicht nicht das Verfluchen.
Ach, auf des Birnbaums krummem Ast hängt traurig seine Waffe.

14. Grabinschrift

Der junge Held, der sterbend fiel, das Haupt in Stolz erhoben,
ihn deckt die feuchte Erde nicht, kein Wurm darf ihn versehren.
Auf seinem Rücken wird das Kreuz zu Flügeln, und es trägt ihn,
gesellt ihn starken Adlern zu und allen goldnen Engeln.

Im Griechischen gibt es kein Wort, das dem deutschen NÜCHTERN entspricht, mit seiner umfassenden Bedeutung, vom leeren Magen über die Enthaltsamkeit von Berauschendem bis zu jener Tugend, die angeblich den Realisten auszeichnet. Alle Worte, die sich auf diese Bezeichnung beziehen, haben jeweils nur einen bestimmten Sinn, und um die deutsche Bedeutung wiederzugeben, behilft sich das Wörterbuch mit Ausdrücken wie „trocken", „prosaisch", „freudlos", „langweilig", oder es versucht sie zu umschreiben, etwa mit „geistig klar". Auch für das Wort „Realist" gibt es keine griechische Entsprechung; es wurde erst jüngst aus dem Lateinischen übernommen — oder vielleicht aus dem Deutschen.

In dieser Facette der Sprache ist ein wesentlicher Teil jener Haltung eingefangen, die für den Griechen kennzeichnend ist: die Ablehnung von beschränkenden Prinzipien. (Das Wort für DISZIPLIN, ZUCHT heißt griechisch PEITHARCHIA, was übersetzt soviel heißt wie HERRSCHAFT DER ÜBERZEUGUNG!). Das ist um so bedeutungsvoller, als die Griechen keine Neigung zum Rausch haben, sie sind im Essen und Trinken durchaus diszipliniert, die Trunkenheit ist verpönt und bleibt meistens den Touristen vorbehalten. Dennoch leben die Griechen in einem Zustand, den man als ständigen potentiellen Rausch bezeichnen könnte; sie sind stets bereit zur exzessiven Emotion, die aber immer spontan ist und selbst im Exzessiven einen Ausdruck bewahrt, den man als unbewußten Stil bezeichnen könnte, ja als Anmut und Würde. Es ist wie beim Tanz: Selbst die frei losgelassene Emotion hat ihr Maß — auch noch im Maßlosen. Es ist, als wäre die Unbeherrschtheit beherrscht.

Das mag meine persönliche Idealisierung sein, anekdotisch vielfach belegbar, aber ohne Beweiskraft für eine „nationale Eigenart", die in ästhetischen Kategorien zu fassen wäre. Das ist aber auch gar nicht notwendig. Es gibt andere, stärkere Beweise für das, was ich „griechische Menschlichkeit" nennen möchte.

Als General Metaxas am 28. Oktober 1940 um 5 Uhr früh das Ultimatum Mussolinis zurückwies und damit für Griechenland der Zweite Weltkrieg begann, brach in Athen und im ganzen Land ungeheurer Jubel aus. Der von vielen — vermutlich von den meisten — Griechen gehaßte Diktator hatte plötzlich alle hinter sich, außer die von Moskau dirigierten Kommunisten. Für die Nichtgriechen, die dieses Volksfest erlebten, war das alles unfaßbar. In Athen strömten die Menschen auf die Straßen, Schulkinder veranstalteten Umzüge, so daß Ausländer bei den Zeitungen anriefen, ob man verrückt geworden sei, ganze Schulen der Bombengefahr auszusetzen. Viele tanzten und sangen auf den Straßen. Dabei war das Land kaum auf den Krieg vorbereitet. Das Kriegsmaterial war veraltet, die „Metaxas-Linie", die der Diktator nach dem Muster der „Siegfried-" und der „Maginot-Linie" geplant hatte, auf weiten Strecken unvollendet. Die Angreifer waren in der Übermacht. Und trotzdem gab es diesen allgemeinen Jubel, der aber *nicht in Haß* umschlug; ein Phänomen, das sich, wie erwähnt, bereits wenige Wochen nach Beginn des Krieges im Verhalten der Bevölkerung gegenüber den kriegsgefangenen Italienern zeigte. Der Jubel unterstrich bloß die Bereitschaft, sich gegen einen Angreifer zu verteidigen, der das Muster für den eigenen Faschismus war. Die Kriegsbegeisterung der Griechen war vielleicht die echteste antifaschistische Kundgebung auf der ganzen Welt: weil die Griechen sofort begriffen hatten, daß der Angriff des faschistischen Italien auf das faschistische Griechenland den Anfang vom Ende des Faschismus bedeutete. Und dafür zu kämpfen waren alle bereit. Darum tanzten die Athener auf den Straßen, darum zogen die in aller Eile mobilisierten Truppen mit Begeisterung an die Front, darum halfen in den Bergen des Epirus die Frauen der eingezogenen Bauern und Hirten, die Nachschubtransporte durchzuführen, auf Maultieren, meistens aber auf ihrem eigenen Rücken, auf den Gebirgspfaden, die von keinem Fahrzeug befahren werden konnten. Innerhalb weniger Monate — November 1940 bis Ende März 1941 — war die italienische Übermacht praktisch besiegt, so daß der „große Bruder" Deutschland eingreifen mußte.

Ein kriegsbegeistertes Volk, die Griechen? Ganz und gar nicht. Als am 20. Juli 1974, nach dem mißlungenen Zypernputsch der Junta und der türkischen Invasion auf Zypern, Griechenland in akute Kriegsgefahr geraten war und die allgemeine Mobilisierung angekündigt wurde, erlebte ich ein ganz anderes Griechenland. Die Propagandamaschinerie der Diktatur lief sofort auf höchsten Touren, Radio und Fernsehen begannen eine Kriegshetze, daß man den Eindruck hatte, die Haßorgien der Hitler-Propaganda müßten daneben verblassen. Man erwartete, daß eine Stichflamme des Hasses gegen den „Erbfeind" das ganze Land versengen würde. Nichts dergleichen geschah. Statt Kriegsbegeisterung gab es eine allgemeine Ablehnung. Nicht, als wären die Einberufenen nicht bereit gewesen, das Land gegen einen möglichen türkischen Angriff zu verteidigen oder den

Zyprioten zu helfen, aber diese Bereitschaft hatte nichts mit Begeisterung zu tun, sie war eine finstere Entschlossenheit, entstanden im vollen Bewußtsein der griechischen Schuld an der Situation und verbunden mit der vehementen Ablehnung des Krieges. Man wußte eben, daß den Vorwand für den türkischen Einmarsch die Junta geliefert hatte, und man sah den ganzen Irrsinn als direkten und unnötigen Weg ins Verderben an. „Im Krieg gibt es nur Besiegte", sagte mir ein Fischer von den Kykladen. „Das können die Großmächte doch nicht zulassen!" erklärte ein anderer, dessen beide Söhne eingezogen worden waren und der mit ohnmächtigem Zorn zusah, wie man die Einberufenen abtransportierte: „Wie die Schafe werden sie zusammengetrieben", sagte er. Als ich ihm erwiderte, daß sie sich ja weigern könnten und daß eine allgemeine Weigerung die Junta zu Fall bringen würde, sah er mich verständnislos an: „Wenn es zu einem Krieg kommt, können wir doch nicht davonlaufen. Die Diktatur ist schuld an dem, was da geschehen ist, wir müssen es bezahlen. Jahrelang hat die Diktatur jedes Recht mit Füßen getreten, jetzt hat sie es so weit gebracht, daß das Land zum Krieg gedrängt wird. Aber die allgemeine Mobilisierung war das einzig Mögliche. Und wir müssen das Land verteidigen." Ich hatte das Gefühl, eine Lektion über den Begriff „Schicksal" bekommen zu haben.

Diese widersprüchlichen Gefühle im Volk waren wohl die Hauptursache dafür, daß sich der Begeisterungssturm von 1940 nicht wiederholte. Damals hatte die allgemeine Mobilisierung mit einer automatischen Perfektion funktioniert, wenngleich es fast keine Organisation gegeben hatte und die Soldaten mit Privatautos und den beschlagnahmten städtischen Autobussen an die Front transportiert werden mußten; die gesamte Bevölkerung half mit: Emotion ersetzte die Organisation. Diesmal geriet ein hypermoderner Militärapparat, mit allen Mitteln der NATO versehen, ins Stocken: Die Mobilisierung entwickelte sich innerhalb von zwei Tagen zum totalen Chaos. Die Einberufenen lungerten in der Hauptstadt herum, weil sie nicht erfahren konnten, wo sie hin sollten, es fehlte an Waffen, Uniformen und Lebensmitteln; selbst im kritischen Gebiet, an der griechisch-türkischen Grenze in Nordgriechenland, fanden viele Einberufene nicht die Einheit, zu der sie einzurücken hatten. Dieses allgemeine Durcheinander dürfte letztlich die besonneneren Offiziere der Junta, vor allem die Chefs der Waffengattungen, von der Notwendigkeit überzeugt haben, die Regierung wieder den alten Politikern in die Hand zu geben.

Diese Gegenüberstellung der beiden Mobilisierungen und ihre Wirkungen auf das Volk ist wohl die beste Illustration dafür, welche Rolle bei den Griechen die Realität des Begriffs „Volk" spielt, in der unmittelbaren Umsetzung in die Emotion des einzelnen und der Rückwirkung dieser Umsetzung auf das Funktionieren des Ganzen. Zugleich wird darin die Spontaneität dessen sichtbar, was wir „Menschlichkeit" nennen.

Die Frage nach der Menschlichkeit: Wo wurzelt sie im Allgemeinen, wo in der Historie des Einzelnen? Das „Humane" als Ideal, ist es menschlich? Das „Menschliche" als Realität, ist es idealisierbar? Kann Menschlichkeit gültig begriffen werden? Und in welchem dialektischen Verhältnis stehen Menschlichkeit als Anspruch und menschliches Verhalten als das jeweilige, hier und jetzt gelebte Verhalten der einzelnen Menschen zueinander? Inwieweit ist „Unmenschlichkeit" menschlich und „Menschlichkeit" unmenschlich?

In der abendländischen Entwicklung wurde der Begriff gleichsam zum Leitmotiv, und unter diesem Leitmotiv ist diese Kultur in die unmenschlichsten Formen der Menschheitsentwicklung hineingeschlittert.

Der Begriff „Menschlichkeit“ ist an und für sich die Übersetzung des lateinischen Wortes „Humanitas“, das im Begriff des „humanistischen“ Bildungsideals für immer mit jenem Bild verbunden ist, das sich das aufkommende Bürgertum von der griechisch-römischen Antike gemacht hatte. Das ist sozusagen der Firnis, mit dem in Europa seit der Renaissance Denk- und Verhaltensformen — aber noch mehr das unbewußte Menschenbild — systematisch überzogen wurde.

Wie ist das Menschenbild, das den Abendländer unbewußt bestimmt, entstanden? In welcher Beziehung steht das „humanistische“ Ideal zu jenem Menschenbild, das sich die antiken Griechen gemacht haben? Welche Kräfte der Sprache, der Klasse, der Familie, des vererbten und erworbenen psychischen Bestandes haben das eine und das andere geformt?

Zunächst muß gesagt werden, daß die römische Vorstellung von der „Humanitas“ kaum als jene prägende Macht des Römertums angesehen werden kann, als die sie einer späten Geschichtssentimentalität erscheinen mag. Sicher hat es eine Reihe von Persönlichkeiten gegeben, wie Julius Cäsar, Hadrian, Antoninus Pius und Marc Aurel, in denen die „Humanitas“ tatsächlich ihren höchsten Ausdruck fand und zu deren Lebzeiten das römische Staatswesen für kurze Zeit relativ human wurde. Aber das waren Ausnahmefälle. Von der Republik, die Karthago zerstört und Griechenland geplündert hat, bis zu den Monstren des Prinzipats — Tiberius, Caligula, Nero, Domitian, Caracalla — war Rom die unübertreffliche Illustration chaotischer Unmenschlichkeit, die sich auch in weniger spektakulären Vertretern nicht weniger unmenschlich zeigte: Sulla und Cicero, Augustus, Trajan, Septimus Severus, Aurelian, alles tüchtige und gewissenhafte Staatsmänner, keine Monstren; sie können aber kaum als Musterbeispiele der „Menschlichkeit“ gelten. Dazu ist es besonders charakteristisch, daß jene Römer, die tatsächlich dem Ideal der „Humanitas“ zu entsprechen trachteten, als besondere Verehrer und Nachahmer des „Griechischen“ galten, wie zum Beispiel Cäsar oder Marc Aurel und insbesondere Hadrian, der ja von den Römern wegen seiner Sympathien für die Griechen verächtlich „Graeculus“, „Griechlein“, geschimpft wurde.

Die Griechen selbst hatten in der Antike überhaupt keinen Begriff für „Menschlichkeit“. Sie prägten zwar das Wort, daß der Mensch „das Maß aller Dinge“ sei, und der Mensch stand im Mittelpunkt ihrer Religion, ihres Denkens, ihres politischen Lebens, aber sie machten daraus keine Ideologie. Sie trafen bloß die Unterscheidung zwischen „Hellenen“ und „Barbaren“; der Gedanke an eine „Humanitas“, noch dazu im Sinn von „Sendungsbewußtsein“, war ihnen unbekannt. Waren sie aber „menschlich“? Sie verhielten sich „menschlich“; so etwa, wenn die homerischen Helden zusammen mit ihren Gegnern weinend das Schicksal beklagten, das sie zwang, einander umzubringen, und sie daraus keine Haß-Ideologie zur Verherrlichung des Heldentodes machten. Oder wenn die Athener zur Zeit des Attischen Seebunds aus den Heldentaten während der Perserkriege materiellen Vorteil zu ziehen suchten, anstatt einen „Marathon-Mythos“ aufzubauen, wie die abendländischen Historiker es taten. (Wir dürfen auch nicht übersehen, daß die „griechischen Tugenden“, die Plutarch in seinen Biographien bezeugen will, eigentlich römische sind; er hatte diese Biographien ja auch nicht für Griechen, sondern für Römer geschrieben. Im Negativen wie im Positiven, im Unrecht wie im Recht, waren die Griechen vermutlich „menschlicher“ als alle ihre Zeitgenossen. Das furchtbare Massaker von Milos (das Massaker ist übrigens eine in der assyrischen, babylonischen, persischen und ägyptischen Eroberungspolitik ständig geübte Praxis) stellt einen Ausnahmefall dar. Die Todesstrafe war eine Alternative zur Verbannung und kein Volksspektakel, auch kein öffentlicher, grausamer Racheakt wie bei den „humanen“ Römern, sondern eine relativ „vermenschlichte“ Maßnahme und wurde meist mittels Gift vollzogen.

Diese Art „griechischer Menschlichkeit“, die nicht als eine von außen, von einer Religion, von einem Herrschaftssystem auferlegte moralische Haltung erscheint, sondern gleichsam als anarchisches Pendeln zwischen Individual- und Gemeinschaftsinteressen, hat das Grundmerkmal der Zügellosigkeit, der Maßlosigkeit, die nur von ritualisierten Überlegungen eingeschränkt wird. Deshalb wohl der ständige Wunsch nach Maß, nach dem „Metron“, wie er sich in allen künstlerischen Schöpfungen der Antike ausdrückt, nur nicht in der historischen Realität der Griechen selbst. Denn der Wunsch nach Maß und Ordnung hat zwar zu vielen Versuchen geführt, ein System zu erfinden, doch hat keiner dieser Versuche je Erfolg gehabt. Es gab im antiken Griechenland kein „offizielles“ für alle Griechen gültiges Staatssystem und es gab auch keine „Staatsreligion“. Nicht einmal die „nationalen“ Einrichtungen der Amphiktyonie in Delphi und der „Olympischen Spiele“ haben als „Systemersatz“ gewirkt. Vermutlich hat aber dieses Fehlen jeder ordnenden Systematik im Zusammenleben der Griechen jene Blüte ermöglicht, die so faszinierend ist. (Ein gutes Gegenbeispiel dazu ist der Versuch des Pharao Echnaton, in Ägypten ein neues, freieres religiöses Denken und damit verbunden eine neue „naturalistischere“ Kunst einzuführen, die dem hieratischen Herrschaftsbild und seinem System widersprach. Der Versuch scheiterte am Widerstand des traditionellen Systems.) In Griechenland konnte jene Vielfalt entstehen, in welcher Ordnungsentwürfe wie Platos Staat und der seltsame anarchische Existentialismus des Diogenes ebenso Platz haben wie die hohe Moral des Sokrates und der Zynismus der Sophisten, mit denen die Griechen Sokrates auch noch in einen Topf geworfen haben. Wichtig ist, daß keine dieser Erscheinungen zu einem „offiziellen“ System wurde. Auch die Verurteilung des Sokrates ist nicht als Ausdruck eines Systems zu sehen, das ihn aus „ideologischen“ Gründen beseitigen wollte. Es war ein politischer Racheakt, verbunden mit persönlichen Motiven der Gegner. Man darf den Tod des Sokrates auch nicht im Licht des Todes Christi sehen: Der Philosoph wurde mit der Alternative der Verbannung zum Tode verurteilt, und hätte er die Verbannung akzeptiert, wäre er wahrscheinlich nach einiger Zeit im Triumph zurückgeholt worden, wie es vielen Griechen geschehen ist. Es ist auch wichtig festzuhalten, daß seine Lehre, wie auch die des Plato und des Aristoteles, auf die Griechen selbst keinen entscheidenden Einfluß ausgeübt hat: dieser setzt erst in der abendländischen Entwicklung ein. Die Griechen wollten keine Systeme. Sie zogen ihr maß- und zügelloses Freiheitskonzept vor. Zwar führte diese Maß- und Zügellosigkeit in den politischen Ruin und in die mehr als zweitausendjährige Fremdherrschaft, zugleich scheint sie ihnen aber dazu verholfen zu haben, mit der Freiheitsidee ihre nationale Identität zu bewahren. Das gebrannte Kind wärmt sich am Feuer.

Gibt es so etwas wie eine „Volksmentalität", im Sinne von Nation? Die Frage ist besonders heikel. Hinter ihr verbergen sich jahrhundertealte Vorurteile der Nationen gegeneinander, und jene Ungeheuerlichkeiten aus der jüngsten Vergangenheit, die eine auf solche Fragen gegründete Ideologie ermöglichte: der Rassismus der Nationalsozialisten. Es ist daher verständlich, wenn diese Fragestellung, belastet mit einer solchen Erbschaft, lieber übergangen wird. Dennoch taucht die Notwendigkeit solcher Überlegungen schüchtern wieder auf, und zwar in der Frage nach dem „eigenen Weg zum Sozialismus", gleichgültig, ob er, wie in China, praktisch verwirklicht, oder, wie in Jugoslawien, mit zaghaften theoretischen Begründungen angegangen wird. Jedenfalls wird damit gleichzeitig auch die Frage nach der „nationalen Eigenart" gestellt.

Gerade weil die Gefahren, die mit der Charakterisierung von Völkern verbunden sind, wiederum in der Eigenart verschiedener Völker wurzeln — niemand wird leugnen, daß zum Beispiel der deutsche und der österreichische Antisemitismus eine eigene, volksbedingte Färbung hat —, ist es letztlich notwendig, sich mit den Voraussetzungen und Erscheinungen der „Volksmentalität" auseinanderzusetzen, wenn auch nur skizzenhaft.

Daß sprachlich, geographisch und durch ihre geschichtliche Entwicklung als nationale Einheit gekennzeichnete Völker durch diese Faktoren auch eigene psychologische Züge bekommen, erscheint logisch. Der Mensch ist kein abstraktes Wesen, sondern wird von konkreten Verhältnissen geformt. Und wenn es „Klassenbewußtsein" gibt, dem man durchaus die „Klassenmentalität" zur Seite stellen könnte und den Begriff des

„Klassenunbewußten" zur Seite stellen müßte, dann muß es auch möglich sein, von einer „Volksmentalität" und einem „nationalen Unbewußten" zu sprechen. Daß aus solchen Begriffen keine Wertungen im Sinne von Machtansprüchen abgeleitet werden dürfen, ist selbstverständlich. Die Geschichte zeigt, daß es niemals Begründungen für Machtansprüche geben kann. Alle solche Versuche haben zur Katastrophe geführt, von Rom bis zu den Kreuzzügen, vom Kolonialismus bis zum Dritten Reich; und das gleiche gilt wohl auch für Machtansprüche wie jene der USA als „Hüterin der Demokratie" oder der Sowjetunion als „Mutter der Revolution". All das ist so augenscheinlich, daß der Hinweis eigentlich überflüssig sein müßte. Da aber solche Gedanken — wenn auch verstärkt und oft in der Umkehrung — durchaus lebendig sind, etwa in der Beurteilung „unterentwickelter" Völker, im Prioritätsanspruch der „westlichen Zivilisation" oder in der Beschwörung einer „gelben Gefahr", kann diese Selbstverständlichkeit nicht genug betont werden.

Was sind nun die Faktoren, die die verschiedenen, einander letztlich so ähnlichen Ausdrucksformen der europäischen Volksmentalitäten geprägt haben? Als Ausgangspunkt können wir das Aufeinandertreffen der Völkerwanderungsstämme und der spätantiken, soeben christianisierten Bewohner des Römischen Reiches nehmen. Die Bewohner Italiens, Spaniens, Südgalliens und der Balkanhalbinsel waren zum Teil seit Jahrhunderten, einige seit Jahrtausenden, in die allgemeine Kulturentwicklung der Mittelmeerwelt integriert, während die mitteleuropäischen Gebiete erst später mit dieser Kultur in Berührung kamen. Der Unterschied zwischen der allgemeinen Lebensauffassung und den Verhaltensmustern in den römischen Gebieten einerseits und den Zuzüglern andererseits war sehr groß. Man könnte sagen, daß die Mentalität der verschiedenen Völkerwanderungsstämme etwa jener der mittleren Bronzezeit entsprach, so daß die eroberten Völker, insbesondere im Mittelmeerraum, ihnen bis zu zweitausend Jahre voraus waren. Als dann die Zuzügler teils von ihren eigenen Herrschern, teils von außen her christianisiert wurden, meistens mit Gewalt, mußte sich dieser künstliche Eingriff übel auswirken: Erkenntnisse und Verhaltensmuster, die aus einer jahrtausendealten Entwicklung gewonnen worden waren — und schon im Rahmen dieser Entwicklung oft kaum akzeptiert werden konnten —, sollten mittels Zwangsmaßnahmen weitergegeben werden, an Bewußtseinsformen, die die Welt etwa mit den Augen der mykenischen Könige betrachtete. Das Ergebnis war dann zwangsläufig die völlige Verfremdung des Christentums, seine Anpassung an die Macht- und Lebensvorstellungen der verschiedenen Stämme, woraus dann einerseits eine den Ordnungsprinzipien des germanischen Feudalismus angepaßte Kirche entstand, andererseits ein nunmehr europaweiter christlicher Feudalismus, der den Anspruch erhob, *die* gottgewollte Ordnung der Gesellschaft zu sein.

Auf der einen Seite steht das Wertsystem der Eroberer, das organisierte Hordenwesen, das Kampfideal, die Unterordnung unter einen Führer, die „Ehre" als zusammenfassender, stark emotionell motivierter Moralbegriff, alles immer im Zeichen des aggressiven Männerideals. Auf der anderen Seite sehen wir jene Lehre, die aus den Erfahrungen des Judentums und des jungen Christentums, wenn auch verfremdet durch Konstantins „Verstaatlichung", doch die Negation jener nordischen Werte schlechthin war. Die Verschmelzung beider mußte die Lehre neutralisieren, was um so leichter ging, als man alles Unbequeme, mit dem eigenen Ideal Unvereinbare, entweder ins Jenseits abschob oder aber als Mönchen und Einsiedlern vorbehaltene Eigenheit in die Klöster einschloß. Allerdings konnten auch die Mönche nicht aus den Denkformen ihrer Völker ausbrechen, und so finden wir einen Thomas von Aquin als philosophischen Ordner eines feudalistisch gesehenen Kosmos und einen Bernhard von Clairvaux als flammenden Prediger der Kreuzzüge, die ja nichts anderes waren als die Trojanischen Kriege dieser „bronzezeitlichen" Ritter, nur eben mit dem Zeichen des Kreuzes versehen. An der Schwelle des großen bürgerlichen Umbruchs sehen wir den letzten Zeugen des feudalistisch interpretierten Christentums, Ignatius von Loyola, mit seinem aus der Idee der Lehenstreue gebildeten Gehorsambegriff, dessen disziplinierende Kraft die Gesellschaft Jesu für Jahrhunderte zum Stoßtrupp der feudalistisch-kirchlichen Restauration machte; ein Stoßtrupp, der sich auch noch des stärksten bürgerlichen Kampfmittels, des Bildungsideals, bediente.

So sieht die Grundlage der Mentalität aller europäischen Völker aus: eine kriegerisch-aggressive Horden- und Herrenmoral, wie sie für die Wandervölker des späten Neolithikum und der Bronzezeit typisch war, verbunden mit dem höchsten Ausdruck des seit dem Neolithikum entwickelten Bewußtseins; ein Widerspruch, an dem noch heute alles krankt: Kirche, Produktions- und Gesellschaftssystem, aber auch die Revolution in allen ihren europäischen Formen.

Von dieser Grundlage ausgehend verlief dann die Entwicklung der verschiedenen Völker nach der Maßgabe ihres weiteren wirtschaftlichen und politisch-gesellschaftlichen Werdegangs. Die erste Auseinandersetzung mit dem Feudalismus erfolgte in Italien: In den Handelsrepubliken entstand die Urform des kapitalistischen Bürgertums, noch nach dem Muster der Antike, aber unter veränderten gesellschaftlichen Verhältnissen. Die Wirtschaft blieb aber, trotz der großen Kapitalanhäufung, vorkapitalistisch. Vielleicht war gerade dies der Grund dafür, daß das neue Bewußtsein dieses Bürgertums in der italienischen Renaissance dem künstlichen Überbau eine derartige Kraft verlieh, als „Ersatzreligion" gegen das feudalistische Christentum, im Zeichen der „Wiedergeburt" der Antike. Von hier griff die Entwicklung auf Frankreich über, wo sich die politische Macht der Zeit konzentrierte und im Zuge der Reformation das Bürgertum nun auch auf religiösem Gebiet zum Ausdruck kam. Andere Länder, wie Spanien und Portugal, verblieben gänzlich im Feudalismus, was auch der Grund dafür sein dürfte, daß ihr Kolonialismus letztlich scheitern und den Unternehmungen der Niederländer und Engländer das Feld räumen mußte. Während sich nun in Frankreich in den Hugenottenkriegen die künftige Auseinandersetzung der Revolution abzeichnete, blieb Mitteleuropa, noch von den Türken bedroht, trotz der Bauernaufstände fest in der Hand der Feudalaristokratie, deren Vertreter der absolutistische Herrscher ist. In England hatte sich unterdessen in Cromwells Revolution und im wachsenden Kolonialismus die Basis für die kommende Industrielle Revolution entwickelt, und während Frankreich der Welt das spektakuläre Schauspiel der Revolution bot, begann in England jene Entwicklung, die die Welt tatsächlich verändert hat. In all diesen verzweigten Prozessen verlief die Auseinandersetzung mit dem gutsbesitzenden Feudaladel, der dem Handel und der Geldwirtschaft feindlich gegenüberstand, und dem Handelsbürgertum, das die Macht zunehmend in die Hand bekam. Diese Auseinandersetzung wurde aber erst entschieden, als die beim

Handelsbürgertum angesammelte Macht sich in einer neuen Produktionsform niederschlug. Diese Entwicklung fiel in den verschiedenen Gebieten in verschiedene Zeiten, was wiederum die Psychologie der Völker beeinflußte: so übten Revolution und Napoleonische Kriege auf die Ausbildung des nationalen Bewußtseins der Deutschen, der Italiener und der osteuropäischen Völker unterschiedlichen Einfluß aus, je nach der gesellschaftlichen Situation. Eines blieb für alle bezeichnend: das Lebensgefühl; die Statussymbolik des Bürgertums orientierte sich überall an der überwundenen Klasse der Aristokraten, am stärksten wohl in Deutschland und Österreich, weil hier die Scheinherrschaft der Aristokratie bis zum Ende des Ersten Weltkriegs ungebrochen blieb und das Bürgertum sich nichts Höheres vorstellen konnte, als einen Adelstitel und ein Wappen zu bekommen. Aristokraten erfreuten sich in der bürgerlichen Welt, aber auch in den sozialdemokratischen Parteien, fast mythischer Achtung. Dies zeigte sich auch in der bürgerlichen Wohnkultur mit ihrer Vorliebe für Barock einschließlich echter oder falscher geschnitzter Engelköpfe und alter Paramente, weil ja die Kirche auch zur aristokratischen Statussymbolik gehört. (Der bürgerlich-liberale Antiklerikalismus, der die Kirche noch um die Jahrhundertwende heftig bekämpft hatte, weil sie mächtig und gefährlich war, hat sich längst in eine Kirchenfreundlichkeit verwandelt, die das augenzwinkernde Spießgesellenbewußtsein: „Wir sitzen ja im selben Boot", mit der Bewunderung des Ancien régime verbindet, zu dessen liebenswürdigen Vertretern Bischöfe, Prälaten und Abbés geworden sind.)

(Diese allgemeine europäische Skizze wird von ähnlichen Skizzen von Rußland und den USA ergänzt, die ja beide zur Fortsetzung Europas geworden sind. Nordamerika kann gleichsam als der Schmelztiegel aller europäischen Nationen angesehen werden, entstanden unter der Ägide der englischen Kolonisatoren, als Erbe jener Strafkolonie, in der sich der Abfall der ersten großen Auseinandersetzung der gesellschaftlichen Entwicklung sammelte und die als Widerschein der Französischen Revolution Freiheits- und Menschenrechte in einem Atemzug mit ihrer flagranten Verletzung an den Eingeborenen verkündete. Dieses Völkergemisch vergrößerte sich im Lauf der Jahrhunderte immer mehr. Die wirtschaftliche Entwicklung des „geschichtslosen" Kontinents nahm Dimensionen an, die diejenige Europas schließlich bei weitem übertrafen und den Amerikanern generell jene Mischung von Überlegenheitsgefühl und Minderwertigkeitskomplex verliehen, die dem Verhalten des Bürgers gegenüber dem Aristokraten so ähnlich ist. Rußland, aus der von Marx „halbasiatisch" genannten Produktionsweise durch Peter den Großen halb, durch die Oktoberrevolution ganz herausgerissen, hat sich von diesen Eingriffen nie erholt. Die gewaltsamen Eingriffe, die immer nur Symptome beseitigen, aber die Grundstruktur der Machtverhältnisse, die Stellung des Unterdrückten zum Machtapparat, überhaupt nicht berührten, perpetuierten in der Gesellschaftsform und im Bewußtsein die Charakterzüge des „halbasiatischen Despotismus" mit dem gleichen Minderwertigkeitskomplex gegenüber dem „kapitalistischen" Westen, wie ihn die Vorfahren vor dem „aufgeklärten Europa" hatten.)

So etwa sehen also die Grundlagen jener Mentalität aus, die in verschiedenen Formen und Graden die höchste technische Entwicklungsstufe erreicht hat und diese mit der höchsten Form menschlicher Entwicklung überhaupt identifizieren will.

Die Kluft zwischen technischer Entwicklung und

menschlichem Verhalten scheint für das Abendland spezifisch zu sein. Der Gedanke hat Marx beschäftigt. Er schreibt in seinen Notizen zur Einleitung der Schrift „Zur Kritik der politischen Ökonomie“ *: „6. Das ungleiche Verhältnis der Entwicklung der menschlichen Produktion, z. B. zur künstlerischen. Überhaupt der Fortschritt nicht in der gewöhnlichen Abstraktion zu fassen ... Der eigentlich schwierige Punkt, hier zu erörtern, ist der, wie die Produktionsverhältnisse als Rechtsverhältnisse in ungleiche Entwicklung treten ... 7. Diese Auffassung erscheint als notwendige Entwicklung. Aber Berechtigung des Zufalls. Wie. (Die Freiheit u. a. auch) (Einwirkung der Kommunikationsmittel. Weltgeschichte existierte nicht immer: die Geschichte als Weltgeschichte Resultat.) 8. Der Ausgangspunkt natürlich von der Naturbestimmtheit: subjektiv und objektiv. Stämme, Racen, etc. Bei der Kunst bekannt, daß bestimmte Blütezeiten derselben keineswegs im Verhältnis zur allgemeinen Entwicklung der Gesellschaft, also auch der materiellen Grundlage, gleichsam des Knochenbaus ihrer Organisation, stehn. Z. B. die Griechen verglichen mit den modernen ...“ In diesem Zusammenhang beschäftigt Marx auch das Griechentum im engeren Sinn: „... die Schwierigkeit liegt nicht darin, zu verstehen, daß griechische Kunst und Epos an gewisse Entwicklungen geknüpft sind. Die Schwierigkeit ist, daß sie für uns noch immer Kunstgenuß gewähren und in gewisser Beziehung als Norm und unerreichbare Muster gelten ...“ Und er schließt mit einem Aphorismus: „Warum sollte die geschichtliche Kindheit der Menschheit, wo sie sich am schönsten entfaltet, als eine nie wiederkehrende Stufe nicht ewigen Reiz aus-

* Karl Marx, *Zur Kritik der politischen Ökonomie*
Berlin 1974, S. 257 ff.

üben? Es gibt ungezogene Kinder und altkluge Kinder. Viele der alten Völker gehören in diese Kategorie. Normale Kinder waren die Griechen.“ Der Aphorismus ist ein Bild, in dem vieles vereinfacht erscheint. Auf der einen Seite steht die Kluft zwischen Bewußtsein und technischem Fortschritt, auf der anderen die Berufung auf das „griechische Erbe“. Kompliziert wird das Bild durch eine Tatsache, auf die Marx nicht eingeht; nämlich die historische Kontinuität der leibhaftigen Erben, die ein romantischer Philhellenismus zunächst als die auferstandenen Ahnen sehen wollte und sie schleunigst vergaß, als diese anarchischen, zügel- und maßlosen Kämpfer und Händler in kein abendländisches „Griechen-Konzept“ passen wollten. Die Kontinuität der Sprache im selben geographischen Raum läßt sich nicht leugnen. Was ist aber dann aus den „normalen Kindern“ geworden? Noch komplizierter wird das Ganze, wenn wir bedenken, daß die Träger der Entwicklung, die Abendländer, sich bis vor zweihundert, hundert, fünfzig Jahren noch ganz nach dem Muster der „ungezogenen“ und „altklugen“ Kinder benommen haben. Die Geschichte aber zeigt, daß die Griechen in keiner Phase die Verhaltensmuster der „ungezogenen“ und „altklugen“ Kinder wiederholten: Sie hatten weder ein auf erblichem Adel beruhendes Feudalsystem noch eine absolutistisch herrschende Dynastie, sie machten aus dem Erobern, Rauben und Morden keine Ideologie — nicht einmal zu einer Zeit, da sie es hätten können; sie kannten keinen Rassismus, auch nicht jenen gegenüber, die sie „Barbaren“ nannten. All das dürfte letztlich doch bedeuten, daß die Griechen den technisch hochentwickelten Abendländern, die nicht aufgehört haben, die Kontinuität der Völkerwanderungsbarbaren fortzusetzen, nach wie vor etwa tausend bis tausendfünfhundert Jahre voraus sind. Also vielleicht doch aus „normalen Kindern" zu „normalen Erwachsenen" geworden sind...

Gibt es so etwas wie einen Archetypus der Herrschaft? Ein Verhaltensmuster, das die Unterordnung bestimmt, aber auch das Verhalten der Herrschenden gegenüber den Untertanen? Ist dieser Archetypus letztlich das eigentliche Kennzeichen des Patriarchats und somit die Kristallisationsform *jedes Systems?* Jedes Systems, das bewußt gebildet wird und daher immer im Gegensatz zu jenen Systemen steht, die die „Natur" selbst *unbewußt* formt? Erscheint einem von diesem Archetypus bestimmten Bewußtsein Herrschaft als etwas *gegebenes,* von außen auferlegtes, als „Naturgesetz", dem man sich zu fügen hat? Wird dies sowohl vom Untertanen so empfunden als auch vom Herrschenden? Und wäre es denkbar, daß die alten Griechen in der Geschichte das *einzige* Volk waren, das diesen Archetypus überwunden hat? Daß für sie Herrschaft nur dann gegeben war, wenn und solange sie bewußt akzeptiert, ausgewählt, anerkannt wurde? Das Zeugnis der Geschichte spricht für diese Annahme. Nur so ist die griechische Form der Demokratie erklärbar, nur so wird die Auseinandersetzung zwischen Athen und Sparta verständlich. Aber auch die gesamte kulturelle Entwicklung, das friedliche Nebeneinander von Rationalismus und Mythos, und das Wichtigste, nämlich die Tatsache, daß sich bei den Griechen nie ein „offizielles" Denk- und Glaubenssystem etablieren konnte. Gerade das hat die abendländische Entwicklung völlig mißachtet, indem sie an die Stelle der entthronten mittelalterlichen Kirche den ebenso auf Glaubenssätze aufgebauten rationalistischen Staat setzte, mit seinem Schulsystem, mit der allgemeinen Wehrpflicht und mit der Gewaltentrennung, wobei dem Staatsbürger an der Gewaltausübung (*die* Grundvoraussetzung der antiken Demokratie) überhaupt keine Beteiligung eingeräumt ist. Diese säkularisierte „Staatskirche“ herrscht heute überall; auch die Revolution hat sie übernommen, wie sie ist.

Das Griechentum selbst hatte seit der Unterjochung durch die Römer nie mehr die Möglichkeit, sich selbst zu organisieren. Die ersten diesbezüglichen Versuche nach der Befreiung von den Türken wurden von Europa erstickt: man legte dem Land die abendländische säkularisierte „Staatskirche“ auf. Eine Grundlage für diese Staatsform gab es im Bewußtsein der Griechen nicht; sie empfanden sie — und empfinden sie weiterhin — als Fremdherrschaft. Freilich muß hervorgehoben werden, daß die Griechen nicht auf dem Stand geblieben sind, auf dem sie von den Makedonen und Römern „entmündigt“ worden waren. Abgesehen von den Fremdherrschaften, die sie nie akzeptierten, hat das Christentum eine bedeutende Veränderung bei ihnen bewirkt. Während das römische Reich von Konstantin und seinen Nachfolgern — insbesondere von Theodosius dem Großen und Justinian — immer mehr zum byzantinischen Staatskirchentum umgestaltet wurde, standen die Griechen abseits. Erst allmählich setzte sich das Christentum durch und nahm eigenartige Formen an: Es wurde einerseits durchsetzt vom heidnischen religiösen Bewußtsein, wie es in den Griechen lebendig blieb (die Heiligenverehrung löste den Götterkult ab, die antike Hades-Vorstellung wurde durch den platonistisch-christlichen Jenseitsglauben nicht beeinflußt); andererseits wurde das byzantinische Reichschristentum durch das fehlende Herrschaftsbild der Griechen in andere Bahnen gelenkt als im Abendland. Nur so sind Erscheinungsformen wie der Cäsaropapismus, die Unterordnung der Kirche unter den Staat, erklärlich, oder der Vorrang revolutionärer Veränderung vor der Heiligkeit der Person des Herrschers, allerdings ohne die Ideologie des „Umbringens“, die alle europäischen Revolutionen kennzeichnet.

Schließlich dürfte darin auch noch die seltsam ambivalente Haltung der Griechen gegenüber ihrem Reich wurzeln, das sie immer wieder als Fremdherrschaft empfanden: so die ägyptischen und syrischen Griechen, die, um ihre Form des Christentums vor dem Zwang der Reichsorthodoxie zu schützen, die Araberherrschaft vorzogen; so die Griechen des Mutterlandes, die bis ins 8. Jahrhundert an ihrem Heidentum festhielten; so auch schließlich die Bevölkerung der Reichshauptstadt Konstantinopel am Vorabend der Eroberung durch die Türken, da sie, anstatt dem auf den Westen hoffenden Kaiser bei der Verteidigung zu helfen, mit dem berühmten Schlagwort „lieber der türkische Turban als die lateinische Mitra“ der antiken Freiheitsidee den zeitgenössischen Ausdruck gaben, weil sie wohl erkannt hatten, daß die abendländische Barbarei einen perfekteren Unterdrückungsmechanismus entwickelt hatte als die türkische.

Das ist das fehlende Herrschaftsbild der Griechen: Es hinderte sie, irgendeinen ihrer Beherrscher anzuerkennen, einschließlich ihrer eigenen christlichen Kaiser. Und diese Haltung hat sich während der Türkenherrschaft, da die Kirche aufgehört hatte, Repräsentantin der Macht zu sein, auf eine bemerkenswerte Weise mit dem Christentum verbunden, in einer seltsamen „Volkstheologie“ der Identifikation des Griechentums mit dem leidenden Christus. „... Er (der Grieche) liebt Griechenland, weil es leidet. Vielleicht hätte er, ohne diese Spannung des Leidens, der Liebe zum Nächsten eine geringere Bedeutung eingeräumt. In seiner Ideologie wird Christus solcherart zur Nation, welcher von ihrem Schicksal bestimmt ist, ununterbrochen vergeblich geopfert zu werden ..." schreibt der griechische Soziologe Kostis Moskoff in seiner Studie „Das nationale und soziale Bewußtsein in Griechenland 1830—1909" (Thessaloniki 1972), ein durchaus antinationalistisches Buch, auf Grund marxistischer Analysen verfaßt.

Dieses Menschenbild, dem die Beziehung zur Idee der Herrschaft fehlt, und das nunmehr zur antiken Schicksalsidee — spät — auch die Idee des christlichen Leidens hinzufügt, ist der bestimmende Charakterzug der Griechen, der sich ebenso in der Auflehnung entladen kann wie im Dulden.

Dieser Charakterzug ist täglich an tausenderlei alltäglichen Verhaltensweisen zu beobachten, die dem Europäer fremd sind. Wie etwa, wenn der Taxifahrer, der von einem anderen Wagen fast gestreift wird, bei der nächsten Kreuzung den Sünder einholt: Der Taxifahrer ist vor Wut gebläht, rot im Gesicht und bereit, aus dem Wagen zu springen und eine Prügelei zu beginnen; als der andere mit einer Geste der „Demutshaltung" um Verzeihung bittet, weicht der Zorn fast sichtbar wie die Luft aus einem Ballon, und der Taxifahrer sagt bloß: „Sein Glück, daß er um Verzeihung gebeten hat! Ich hätte ihn sonst verprügelt. Aber Fehler können wir alle begehen." Und es folgt ein längerer Monolog über die Lehre und das Verhalten Christi. Oder ein Autobuspassagier, der mit dem Schaffner einen Streit beginnt, worauf dieser ihn anfährt: „Schrei nicht mit mir!" Darauf der Passagier: „Wer bist du, daß ich mit dir nicht schreien soll?" — also das Gegenteil der europäischen Formel: „Wer bist du, daß du mit mir schreist?", was bereits eine Anerkennung des Herrschaftsbildes bedeutet.

Daß „christliche" Verhaltensmuster, die in Europa meist als Ausdruck bewußter Anstrengung oder Selbstüberwindung zu beobachten sind und deshalb oft das peinliche Gefühl der Heuchelei erwecken, bei den Griechen als Spontanreaktionen möglich sind, scheint auf das Fehlen des Herrschafts-Archetypus zurückzuführen zu sein. Dies hat aber auch tiefenpsychologische Voraussetzungen: *Das Über-Ich der Griechen dürfte vom Bild der Mutter bestimmt sein, nicht vom Bild des Vaters.*

Die Fähigkeit zum natürlichen Pazifismus (die besteht, ohne daß dadurch die Fähigkeit zu kämpfen geschmälert würde) ist ein dialektisches Phänomen, das schon in der Antike zum Ausdruck kam: Bei keinem Volk der Welt wäre es möglich gewesen, daß mitten in einem Krieg defaitistische Antikriegsstücke aufgeführt würden, wie zum Beispiel Aristophanes' „Lysistrate", „Frieden" und insbesondere „Acharner" — beispiellose Verhöhnungen des Militärs, der Kriegspropaganda, der Kriegspolitik, bei denen noch dazu die im Zuschauerraum sitzenden Verantwortlichen dargestellt und mit Namen genannt wurden.

Wie steht es aber um den inneren Widerspruch bei Menschen mit einer pazifistischen Grundhaltung, die fähig sind, sich in fanatische Kämpfe zu verbeißen, wie es in der Geschichte der Griechen immer wieder vorgekommen ist, von den Termopylen bis zu den Schrecken des Bürgerkrieges? Es scheint sich um jene Grundhaltung zu handeln, die unter dem Druck der Umstände, wenn es keinen Ausweg mehr gibt, mit erstaunlichem Fatalismus umschwenkt und aus jemandem, der sich eben noch voll Angst vom Krieg abgewendet hat, einen Kämpfer, oft einen Helden, manchmal einen brutalen Schlächter macht. Dies entspricht ganz dem AORIST, jener Art zu leben, die nur den Augenblick kennt und aus dem Augenblick für den Augenblick lebt. Es ist das, was alle „systematischen“ Barbarenvölker an den Griechen stört, von den Römern bis zu den „zivilisierten“ Europäern: diese Haltung wird als „charakterlos“, „verlogen“, „unverläßlich“ abgeurteilt. Und dieses Urteil hat wohl alle Nachahmer des Griechischen daran gehindert, gerade in diesem Wesenszug den Urgrund all dessen zu erkennen, was sie nachgeahmt haben. Es ist im eigentlichen Sinne das, was der Existentialismus in seinem Freiheitsbegriff klarzumachen versuchte: daß nämlich Freiheit Entscheidung bedeutet, immer von neuem, und nicht die einmal getroffene Entscheidung, deren Sklave man wird, mit der Treue des Lehensmannes gegenüber dem Lehensherrn, des Parteimitgliedes gegenüber der „Parteilinie“, des gehorsamen Staatsbürgers gegenüber dem Obrigkeitsstaat: hier wurzeln die Ideale der „Disziplin“, des „Gehorsams“, der „Konsequenz“. Kein Grieche ist Ideen, Idealen, politischen Bewegungen und Richtungen gegenüber „konsequent“ (oder eben sehr konsequent — im Sinne einer klaren Überlegung). Sich selbst gegenüber ist er es, und er wird niemals eine persönliche Bindung „verraten“, wenn er nicht verraten wird.

Seit der Antike, deren Repräsentanten in der Renaissance zum Ursprung und Muster allen Denkens erhoben wurden, hat kein Grieche versucht, aus der unmittelbaren Realität seines Volkes, aus dessen Erleben, die Gesellschaft zu deuten oder gar eine Theorie des Staates, der Gesellschaft zu entwerfen, obwohl dies jeder Grieche in seinen persönlichen Vorstellungen tut: Jeder hat seine persönliche „Gesellschaftstheorie“. Daneben haben die

Griechen aber auch gläubig die europäischen Heilsbotschaften angenommen, von der Französischen Revolution bis zum Marxismus. Immer brachten sie aber auch ihre Vorbehalte geheim oder offen vor, und deshalb gibt es letztlich keine eindeutig griechische Form europäischer Muster, meistens spalten sie sich in Gruppen und Untergruppen buntester theoretischer Gliederungen. Auch darin zeigt sich der Mangel eines disziplinierenden Archetypus der Herrschaft. Aber auch dieser Mangel selbst läßt sich nicht in der Form eines „Anti-Systems“ festhalten. Aufgezählte Momente können höchstens eine Skizze ergeben.

Alle Nichtgriechen, die Griechenland auch nur ein wenig kennen, heben stets folgende, einerseits unangenehme, andererseits überraschende, manchmal direkt befreiende, manchmal ärgerliche Erfahrung hervor: Während im großen Zusammenhang alles funktioniert, herrscht im Detail ein nicht zu kontrollierendes Chaos. Das gilt für alle Organisationsformen: für den Staatsapparat, für die Exekutive, vielfach für die Justiz, für alle Unternehmen, für Verkehrsbetriebe, es gilt aber ebenso für den privaten Bereich, für Termine, Verabredungen, Pläne, gemeinsame Vorhaben. Das Erstaunliche dabei ist, daß wichtige Dinge trotz aller Unverläßlichkeit erledigt werden, daß inmitten der allgemeinen Desorganisation doch immer wieder augenblickliche Organisation zustande kommt, nicht etwa als letzte Rettung in der Ausweglosigkeit, sondern als spontane Reaktion auf die Erfordernisse des Augenblicks. (So etwa ist das Funktionieren der ganz auf spontanen Einsatz aufgebauten Widerstandstätigkeit während der deutschen Okkupation zu erklären.) In alldem kommen zwei wesentliche Gesichtspunkte des Verhaltens zum Ausdruck: die Weigerung des Individuums, sich über den Augenblick hinaus einem Organisationsplan gänzlich zu unterwerfen, und, was wohl wichtiger ist, praktisch die Nichtakzeptierung übergeordneter Organisationsformen als Herrschaftsstrukturen. Dies bezieht sich auch auf den eigenen Staat, den Mechanismus der Herrschaftsausübung. Das Märchen vom Contrat Social, das uns Europäern als Erbe des Feudalismus in der bürgerlichen Deutung Rousseaus und in der Gestalt des Obrigkeitsstaates in Fleisch und Blut übergegangen ist (was heißt übergegangen!, es ist aus unserem völkerwanderungsbarbarischen Untertanen-Fleisch und -Blut gebildet), ist für die Griechen unbegreiflich. Der Staatsapparat ist für sie ein Übel, nämlich jener Mechanismus der Reproduktion der Ausbeutung, der er ja tatsächlich ist, den man zu ändern zwar nicht in der Lage ist, den man höchstens durch persönliche Beziehungen und in einem geringeren Maß durch „demokratische" Wahlen beeinflussen kann, den man aber grundsätzlich mit allen Mitteln umgehen muß, um leben zu können. Auch der staatliche Apparat ist sich in seinen Trägern dessen bewußt, und so ist Verwaltung ein von beiden Seiten geführter regelrechter Kampf bis aufs Messer. In diesem Rahmen muß man auch die so oft verurteilte Korruption sehen, die nur dann als jenes Ungeheuer der Unmoral erscheint, wenn man an die Gerechtigkeit des Staates in seiner heutigen, in Europa entwickelten Gestalt glaubt, und die nichts, aber nicht das geringste mit der antiken Staatsvorstellung zu tun hat: diese sah im Staate die *unmittelbare* und *persönliche* Funktion des Zusammenlebens, und nicht die *übergeordnete* ordnende Instanz, die nur auf Grund des Wahlvorgangs als Funktion der Bürger erscheint. Daß dies nur im antiken Stadtstaat möglich war und nicht einmal im Versuch der regionalen Sowjets zu neuem Leben erwachte, entlarvt mehr als jede Analyse die Beschaffenheit der Herrschaftsstrukturen des industriellen Zeitalters. Die Griechen bekennen sich nicht zu einem Staat, und wenn sie es tun, ist es fraglich, ob sie es wirklich meinen.

In all dem spiegelt sich jenes höchste Maß an persönlicher Freiheit des Individuums wider — nicht schrankenlos ausgeübte Freiheit, sondern ein im Bewußtsein verwurzelter Anspruch —, das schon im AORIST, in der totalen Zuwendung zum Augenblick, zum punktuellen Leben und Handeln erscheint. Es ist die Freiheit von vorgezeichneten Linien, auferlegten Strukturen, vorgefaßten Plänen, ewigen Prinzipien und Idealen, Ideologien, Theorien, ja vom Terminkalender und vom Fahrplan, kurz von allen abendländischen Ersatzformen und Abkömmlingen des Lehenswesens und des Untertanenstatus. Die Griechen waren in den letzten zweitausend Jahren immer untertan, aber niemals in freiwilliger, innerer Unterordnung. Der Maßstab der Anerkennung eines politischen Führers war immer das persönliche Vertrauen: Wenn sie ihn *persönlich liebgewonnen* hatten, akzeptierten sie ihn als Führer *auf Zeit.* Seit der Antike kennen wir den griechischen Brauch, den gefeierten Politiker sehr bald wieder davonzujagen — wohl die weiseste, ja *demokratischste* Maßnahme, aus der Erkenntnis, daß *Macht immer korrumpiert.* Die Entscheidungen darüber sind immer Entscheidungen des *subjektiven Faktors,* der in seiner kollektiven Erscheinung stets unfehlbarer funktioniert als jede rationale Disziplin gegenüber irgendwelchen objektiven mythischen Faktoren. Diese Sicherheit subjektiver Reaktionen im Kollektiv ist den Griechen in Fleisch und Blut übergegangen, sie ist ein unbewußt motiviertes Verhaltensmuster. Der auf dem Boden abendländischer Lebensvorstellungen gewachsene Vorwurf des Undanks gegenüber „verdienstvollen" Politikern gilt nicht, weil ja der Politiker mit den gleichen psychischen Voraussetzungen handelt: Aus der gleichen unbewußt motivierten Selbstverständlichkeit ergibt sich das Gegenmuster des ins Exil gehenden Politikers, der auf die Gelegenheit seiner Rückkehr wartet. Der Archetypus aus der Mythologie ist wohl der zürnende Achilles der Ilias, und die Wiederholung des Musters hört nicht auf: die Peisistratiden, Themistokles, Alkibiades, byzantinische Kaiser, Kapetane des Befreiungskrieges, Charilaos Trikoupis, Eleftherios Venizelos, und in jüngster Zeit Konstantin Karamanlis und Andreas Papandreou — alle wiederholen das gleiche, ewige Muster. Das war das Wesen der Athener Demokratie und ist Wesenszug des griechischen Bewußtseins; das subjektive Prinzip der permanenten Revolution.

Das Verhaltensmuster selbst ist moralisch wertfrei: menschliches Versagen, Negativität, Bosheit können sich darin ebenso verwirklichen wie in allen anderen menschlichen Verhaltensformen. Aber dadurch, daß es die Freiheit als primäre Voraussetzung des Lebens postuliert, als Voraussetzung auch für die Strukturen, ist es wohl dasjenige, welches am ehesten die Bezeichnung *„menschlich"* verdient, als positive Bezeichnung. Als Kontrastmittel zu den abendländischen unbewußten Motivationen, in denen die Herrschaftsstrukturen begründet sind, ist wohl das „Griechische" eine der wenigen Möglichkeiten revolutionärer Bewußtseinsbildung. Das ist der Sinn des „anarchischen" Seins der Griechen, im Wesen von der Mutter geprägt, die den patriarchalischen Vater immer in Schach hält.

Keine europäische Sprache hat jenes Wort, das gleichsam die Zusammenfassung der Motivationen der Griechen ergibt: PHILOTIMO.

Von der Wortbildung her ist es etwa der PHILOSOPHIE, der PHILANTHROPIE ähnlich, der WEISHEITSFREUNDLICHKEIT und der MENSCHENFREUNDLICHKEIT. (Es wäre gut, wenn Nichtgriechen insbesondere beim Begriff „Philosophie“ bedächten, daß damit nie ein System gemeint war, sondern eine persönliche Haltung, die freundliche Gesinnung gegenüber der Neugier, dem Nachdenken, dem Erkennen; und die Theologen sollten bedenken, daß PHILANTHROPOS THEOS eine der häufigsten Bezeichnungen Gottes in der byzantinischen Liturgie ist: DER MENSCHFREUNDLICHE GOTT.)

Übersetzt würde PHILOTIMO also soviel wie EHRFREUNDLICHKEIT heißen. Aber die Übersetzung gibt den Sinn ebenso wenig wieder wie bei dem Wort PHILOSOPHIE. Der Inhalt muß umschrieben werden.

Zunächst eine Besonderheit der griechischen Sprache (schon in der Antike): das Wort für Ehre, TIMI, bedeutet zugleich auch Kaufpreis. Wiederum ein Ausdruck der bereits im unbewußten Nährboden der Sprache vorhandenen Haltung, die man einen „anarchischen Spontan-Marxismus“ nennen könnte: die Erkenntnis, daß den gesellschaftlichen Standesbegriffen Warencharakter zukommt, daß menschliche Ehre letztlich käuflich ist. Deshalb scheinen die Griechen eine Verhaltensweise zu pflegen, die ganz subjektiv, unbestechlich, unverletzlich und höchster Ausdruck des persönlichen Bewußtseins ist: PHILOTIMO.

Philotimo wird meist zum eigenen Schaden zum Ausdruck gebracht, wenn es als Akt der Selbstverteidigung erscheint. Es kann aber ebenso Ausdruck der Liebe sein, bis zur höchsten Selbstaufopferung. Es kommt vor, daß ein Verkäufer, dessen Ehrlichkeit zu Unrecht angezweifelt wurde, dem Käufer mit der Ware zusammen auch den bezahlten Preis hinwirft (oder umgekehrt: wird ein Verkäufer beim Betrugsversuch ertappt, ist er nicht beleidigt: der Käufer hat sich als schlau erwiesen, was ebenso das gute Recht des Käufers ist wie das Betrügen dasjenige des Verkäufers). Dazu eine Episode aus der Zeit der letzten Diktatur: Ein Taxifahrer muß in einem Verkehrschaos, das vom Polizeigefolge des Diktators Papadopoulos verursacht worden war, lang warten. Er steigt aus, um sich bei einem Verkehrspolizisten zu erkundigen, dieser fährt ihn grob an. Dem Fahrer platzt plötzlich der Kragen, er greift in die Tasche und wirft dem Polizisten ein Bündel Tausenddrachmenscheine vor die Füße: „Da! Nimm! Bestraf mich! Ich will endlich frei schimpfen: Wie lange werden solche Dreckskerle auf uns herumtrampeln? ...“ und so fort, in einer langen Kanonade.

Philotimo war die Haltung aller Gegner des Diktators Metaxas, als sie sich einmütig hinter ihn stellten, gegen Mussolini; Philotimo leitete den Widerstand gegen die deutsche Okkupation. Das Philotimo verletzte der König, als er sich am 21. April 1967 vom Putsch der Obristen einschüchtern ließ, und weil sein Putschversuch am 13. Dezember eindeutig seinen eigenen Interessen gedient hatte und deshalb nicht im Zeichen des Philotimo stand, folgte ihm fast niemand.

Von Philotimo kann man aber auch sprechen, wenn eine Bäuerin einem vorübergehenden Fremden eine Traube schenkt, oder wenn ein thessalischer Bauer den Hippies, die seine Tomaten stehlen, Brot und Salz bringt.

Philotimo ist alles, was mit Selbstachtung, Menschlichkeit, ja mit Liebe zusammenhängt, in der Erfüllung überlieferter, aber frei akzeptierter Gesetze, in der freien Entscheidung, im Einfall des Augenblicks, gleichsam in einer Laune, in der der Handelnde ganz aufgeht, sich ganz als Mensch weiß.

All das mag dem abendländischen Leser als schiere Romantik, als Schönfärberei und Übertreibung (oder als Idealismus und Subjektivismus, je nach Couleur) erscheinen. Bei „nüchterner" Betrachtung meint er vielleicht, würde sich das alles als Zeichen der „Unterentwicklung" herausstellen und mit der zunehmenden Industrialisierung und der Verbreitung der Lebensformen der Leistungsgesellschaft ohnehin verschwinden.

Das wäre nur möglich, wenn die Griechen das Herrschaftsbild, den Archetypus der Herrschaft des europäisch-amerikanisch-sowjetischen Leistungssystems, akzeptierten. Und gerade das scheint nicht so recht zu funktionieren. Nicht einmal im Rahmen rationalisierter Unternehmen. Zwei Beispiele: In einem ausländischen Betrieb haben die Arbeiter die Forderung nach höherer Leistung gegen höhere Bezahlung abgelehnt, diese höhere Leistung aber für den Fall in Aussicht gestellt, daß man ihre Arbeitszeit verkürzen würde; in der griechischen Fabrik eines multinationalen Konzerns kamen die Arbeiter am Vortag des Sturzes der Diktatur geschlossen zur Direktion und meldeten, daß sie nach Hause gehen müßten, „weil etwas im Gang" sei; als man ihnen mit Entlassung drohte, zuckten sie die Achseln und bestanden darauf, nach Hause zu ihren Frauen und Kindern zu gehen. Solche Verhaltensformen souveräner Freiheit sind für das rationalisierte Leistungsschema untragbar.

Aber was will man mit einem Volk anfangen, dessen Sprache neben den erwähnten Eigenheiten noch folgende spezielle Köstlichkeit besitzt: Der Begriff KOMISCH (in den abendländischen Sprachen mit diesem *griechi-*

schen Wort ausgedrückt) heißt auf Griechisch ASTEIOS, und das bedeutet schlicht und einfach STÄDTISCH, BÜRGERLICH, wie auch der BÜRGER auf griechisch ASTOS heißt und die BÜRGERLICHE KLASSE soviel wie ASTIKI TAXIS. Und für LEISTUNG gibt es überhaupt kein entsprechendes Wort: es wird mit APODOSIS ersetzt, was ERGIEBIGKEIT bedeutet.

Ich glaube — und hoffe —, daß die Griechen ein hoffnungsloser Fall für das Abendland sind.

EXKURS ÜBER DIE REVOLUTION

Eine der Mythen des bürgerlichen Zeitalters ist die *Revolution,* in der Form des Begriffs, den die Französische Revolution geprägt hat: die Revolutionen des 19. Jahrhunderts, die Oktoberrevolution, die erhoffte Weltrevolution.

Es hat nun den Anschein, als hätten jene zwei Prozesse, die außer den geplant-spontanen gesellschaftlichen Umwälzungen mit dem Namen Revolution bedacht wurden, die *Neolithische* und die *Industrielle* Revolution, wesentlich mehr zur Veränderung der Welt beigetragen als die geplanten Aktionen.

Die als Prozeß auftretende Revolution ist nicht punktuell festzulegen, der Verlauf ist allmählich, die Veränderung tiefgreifend, und die Veränderungen erfolgen ausschließlich vom Bereich der Produktion her; die revolutionäre Aktion hingegen, die punktuell zu bestimmen ist und gewaltsame Änderungen anstrebt, läuft letztlich, bei nur teilweise herbeigeführten Änderungen, gerade auf die Verfestigung jener Strukturen hinaus, die sie ändern wollte. Dies liegt grundsätzlich wohl daran, daß im ersten Fall die nicht im Zusammenhang des Ganzen analytisch überlegte *tatsächliche* Änderung den Prozeß bedingt, im anderen Fall die auf das Ganze gerichtete *Absicht* der Änderung, die notgedrungen Interpretation ist. In beiden Fällen ist der subjektive Faktor das Entscheidende: im ersten die objektive Fähigkeit des Subjekts, Teilerkenntnisse so miteinander zu verbinden, daß das Ergebnis tatsächlich bedeutende Änderungen herbeiführt (etwa der Pflug, die doppelte Buchhaltung, die Dampfmaschine, der Computer), im zweiten die zum Aktionsprogramm zusammengefaßten subjektiven Interpretationen objektiver Erkenntnisse, die aber als Bewußtseinsvorgänge immer nur die Spiegelung der Verhältnisse sind.

Dies dürfte der Grund dafür sein, daß die beiden grundsätzlichen Veränderungsprozesse der Menschheitsgeschichte gleichsam unbeabsichtigt entstanden sind und als unkontrollierbare Entwicklung erscheinen, während die gezielten Aktionen sich als teilweise Perpetuierung jener Strukturen erweisen, deren Änderung ihr erklärtes Ziel war.

Die *Französische Revolution,* die „Freiheit, Gleichheit, Brüderlichkeit“ herbeiführen wollte, durch die Abschaffung der privilegierten Klasse der Aristokratie, setzt eine neue, noch viel stärker privilegierte Klasse ein, weil ihre „Privilegierten“ nun frei sind, nicht mehr von einem strengen Gesetz in Schranken gehalten werden.

Die *Oktoberrevolution,* die ebenfalls gegen den Feudaladel gerichtet ist und dementsprechend die Ziele der bürgerlichen Revolution verfolgt, erklärt sich in der Folge zur proletarischen Revolution, mit dem Ziel, die Produktionsverhältnisse zu ändern, die Lohnarbeit abzuschaffen und den Kommunismus einzuführen. Es wurden aber nur die Ziele der bürgerlichen Revolution erreicht, und über deren Rahmen hinaus wurden die Produktionsverhältnisse nicht geändert: Lohnarbeit und Klassenstruktur blieben erhalten, werden aber nun nicht mehr von den Besitzverhältnissen geregelt, sondern vom Partei- und Staatsapparat, die jedoch im Rahmen des Staatskapitalismus die Funktion des Besitzers ausüben. (Der so entstandene Zwangsstaat erinnert an den spätantiken Zwangsstaat, wie er von Diokletian und Konstantin errichtet wurde: Dort spielten die Kirche und ihre Lehre, mit dem Staatsapparat aufs engste verbunden, die Rolle der Partei und ihrer Theorie. Auch die „demokratische" Form der Ämtersukzession, das Fehlen der Erblichkeit, ist für beide Systeme charakteristisch. Aber gerade die Verbindung des nicht erblichen Amtes mit einer „Orthodoxie" schafft doch wiederum einen eigenen Klassencharakter. Es wäre zu untersuchen wert, wie weit die Eigenart des Zwangsstaates in beiden Fällen durch die Vermengung von Elementen des orientalischen Despotismus mit höherentwickelten Produktions- und Gesellschaftsformen bestimmt wird.

Die bisherigen Formen der marxistischen Revolution (die chinesische ausgenommen, die in diesem Rahmen zu beurteilen nicht möglich ist) dürften aber noch aus einem anderen Grund reaktionär sein: wegen der vielen Mängel der dogmatisch aufgefaßten, nicht wissenschaftlich überprüften Theorie. Der wichtigste dieser Mängel ist wohl die Einseitigkeit des cartesianischen Denkens, die der Marxismus mit allen Formen des bürgerlichen Rationalismus teilt. Die Ausschaltung des „mythischen" Gesichtswinkels führt in der Einengung der Theorie auf das Menschenbild des Rationalismus zur stillschweigenden Annahme jener Abstraktion des „Menschen", die Marx so heftig bekämpft hat (etwa bei Stirner). Erst zwei Jahrhunderte nach der Aufklärung hat das „wissenschaftliche Denken“ vom Subjekt her (Tiefenpsychologie) und vom Objekt her (Kernphysik und Relativitätstheorie) die Relativität des notwendig im Subjekt gegebenen rationalen Erkennens aufs Tapet gebracht. Schließlich haben die Humanwissenschaften und die Verhaltensforschung mehr Licht auf die Eigenart des Menschen geworfen, und man kann daher heute sagen, daß die Menschheitsgeschichte als einmaliger Entwicklungsprozeß trotz mancher wiederkehrender Parallelen in ihren einzelnen Abschnitten keiner „Naturgesetzlichkeit“ gehorcht, ähnlich derjenigen der „geschichtslosen“ Tierarten. Die Fähigkeit, Abläufe durch neue Faktoren bewußt zu verändern, ist eben das spezifisch Menschliche, die Rolle des Bewußtseins, das das Sein der Art bestimmt. Die Schwierigkeit liegt allerdings darin, daß das verändernde Subjekt die Wirkung auf das Ganze nie ermessen kann, weil es nicht in der Lage ist, das Ganze und sich selbst als Teil des Ganzen *zugleich* zu erfassen. Diese „Gesetzlichkeit“ der Beschränkung des Bewußtseins — wenigstens im rationalen Bereich —, nicht im dialektischen Modell mitzudenken, ist der Grundfehler der üblichen marxistischen Analysen: Durch diese „unwissenschaftliche“ Unterlassung wird der Wissenschaftsbegriff selbst mythologisiert.

Schon diese Überlegungen deuten darauf hin, daß eine „Weltrevolution“ im herkömmlichen Sinn kaum wahrscheinlich ist. Dies scheint die Entwicklung selbst zu demonstrieren: Das technologisch-organisatorische Niveau der heutigen entwickelten Industrieländer, insbesondere die Informations- und Waffentechnik, macht es unmöglich, jene Revolutionsmodelle anzuwenden, die im Kampf gegen mittelalterliche Formen entstanden sind. In diesem Sinn ist Weltrevolution ein hoffnungsloser Romantizismus.

Aber auch die konkrete Veränderung der Struktur der „arbeitenden Massen“ (und wer gehört im unermeßlich großen Lager von Bürgern und Kleinbürgern nicht dazu?) durch die „revolutionären“ Bewegungen erscheint im gegebenen Rahmen nicht möglich: Sie sind nicht in der Lage, den Arbeitenden zu helfen, ihre Systemintegrierung als „Selbstausbeuter“ im Konsumzwang bewußt zu machen. Die letztlich undialektische Haltung der Revolutionstheorie gegenüber dem einzelnen und die Einschränkung der Praxis auf die „Ideologie des Umbringens“ im Namen des Kollektivs ist auch nicht geeignet, den Prozeß der Bewußtseinsbildung zu fördern. Hier dürfte auch der wichtigste psychologische Grund dafür liegen, daß die „arbeitenden Massen“, die ja aus lauter isolierten Individuen bestehen, vor dem anonymen Kollektiv der Revolutionstheorie Angst bekommen. Sie sehen nur den Zwangsstaat, die „Ideologie des Umbringens“, als Bedrohung ihrer individuellen Existenz, und sie sehen nicht, daß ihr eigenes System mit anderen Mitteln den gleichen Zwang ausübt, so daß sie im gleichen anonymen Kollektiv leben, weil beide die Form der Gewalt repräsentieren, die den Produktionsverhältnissen entspricht: der irrationalisierten Rationalisierung im Zeichen des Kapitals.

Diese beiden Aspekte, die Perpetuierung der Herrschaftsformen durch die revolutionäre Gewalt und die zunehmende Unmöglichkeit, revolutionäre Gewalt überhaupt anzuwenden, werfen die Frage nach der Gewalt überhaupt auf, nach dem Ursprung der Herrschaftsformen.

Eine direkte, gleichsam „naturgesetzliche“ Ableitung der Gewalt gibt es nicht, es sei denn die Selbstverständlichkeit des Rechts des Stärkeren. Außer dieser sehr handgreiflichen Legitimation existieren nur mythische Begründungen. (Deshalb ist das Problem der strafenden Gewalt innerhalb der zeitgenössischen Gesellschaft ein so absurdes Phänomen, insbesondere in Systemen, die sich auf die Revolution berufen: Die strafende Vergeltung gegenüber dem in der Tat zwar souverän scheinenden „Täter", der in Wirklichkeit aber der Schwächere ist, bedeutet ja die Beibehaltung des für überwunden erklärten Herrschaftsbildes. Letztlich ist es das feudalistisch-bürgerliche Muster, das verewigt ist, und in diesem leben wiederum die Vorstellungen frühester Gesellschaftsformen weiter, des Alten Testaments, des Codex Hammurabi und noch älterer, unzugänglicher Zeiten. Es ist die „Ideologie des Umbringens". Wenn man Rechtssysteme als jeweiligen Ausdruck der wirtschaftlichen und gesellschaftlichen Systeme ansieht, ist die Strafjustiz und -moral des Neolithikums und der Bronzezeit im 20. Jahrhundert wohl der größte Unsinn, den man sich vorstellen kann. Das gleiche gilt für die militärische Organisation, für das Schulsystem, für die Arbeitsbedingungen, um nur einiges anzuführen. Bei allem, was für völlig selbstverständlich gehalten wird, handelt es sich letztlich um Einrichtungen, die sich mit dem Bild, das der Mensch von sich selbst entwickelt hat, nicht vereinbaren lassen: dabei geht es nicht nur um die Entfremdung, sondern in erster Linie um die Prinzipien ihrer Bewußtmachung.)

Die Hypothese vom ursprünglich „guten Menschen", von der Entfremdung im Rahmen der Arbeitsteilung und der Entwicklung der Produktionsverhältnisse führt letztlich zu der Frage nach dem „Sündenfall" des Menschen. Es geht um jenen Punkt, an dem der Mensch, auf dem Weg der Bewußtwerdung, die Instinktschranke verlor, die das unbewußte Tier reguliert. Wie die vom Fruchtbarkeitszyklus zeitlich geregelte Sexualität durch den nunmehr freien Trieb ersetzt wurde, so hat der Mensch dem Artgenossen gegenüber die Fähigkeit erworben, ihn zu töten, auch wenn er unterlegen ist und sich durch die „Demutshaltung“ als Unterlegener zu erkennen gibt. Auf diese Weise ist der Mensch das einzige „mordende“ Tier geworden. Es scheint, daß in dieser Tatsache alle Deformationen der Gewalt, alle Herrschaftsstrukturen und Unterdrückungsmechanismen wurzeln, zusammen mit dem Archetypus der Herrschaft, als Entfremdung jener ebenfalls von Instinkten geregelten Funktionen wie die Rolle eines „Leittiers“, der „Hackordnung“ und anderer mehr. In jeder Form der Gewalt, gerade auch in der mythisch-moralisch legitimierten, lebt dieser Ursprung weiter.

Auch diese Überlegung weist nur darauf hin, daß Strukturveränderungen, die keine grundsätzliche Änderung der Subjekte einschließen, bloß auf die Erhaltung der Strukturen hinauslaufen: weil der Mensch nicht nur Produkt seiner Geschichte ist, sondern auch ihr Produzent.

EXKURS ÜBER DAS CHRISTENTUM

Weil es heute kein revolutionäres System gibt, das nicht vom Christentum beeinflußt wäre, und weil insbesondere das Griechentum — vielleicht mehr als irgendein Volk der „Christenheit“ — vom Christentum gekennzeichnet ist, erscheint es nützlich, auch einige Überlegungen über das Christentum anzustellen.

Vom Griechentum ausgehend können wir folgendes festhalten: Da die griechische Orthodoxie während der Türkenherrschaft einer der wichtigsten Faktoren des nationalen Bewußtseins und des Widerstandes gegen die

Fremdherrschaft war, kam der Kirche — wenigstens in dieser Phase — nicht die klassische Funktion des religiösen Überbaus als systemerhaltende Kraft zu. Christentum war hier wieder die Religion der Unterdrückten, Ausgebeuteten und Verfolgten.

Aber auch in Byzanz war das Verhältnis Religion—Gesellschaftsstruktur nicht eindeutig wie im Westen. Der oft verschriene Cäsaropapismus, die Unterordnung der Kirche unter den Staat, hat die Kirche zwar in die Stellung einer „Reichs-Partei“ und „Reichs-Ideologie“ versetzt, sie aber zugleich stets in einem potentiellen Widerstand gegen den Staat belassen, der sehr oft auch in die Tat umgesetzt wurde. Im Westen ging die Kirche den entgegengesetzten Weg: Im Sinne des hierarchischen Denkens des Feudalismus beanspruchte sie die oberste Gewalt, auch über die Staatsmacht, was zu einer viel stärkeren Verquickung beider führte. So erhielt die Kirche im Westen jene Überbaufunktion, die etwa den Religionen der frühen, bronzezeitlichen Hochkulturen entspricht. Dabei fällt im Gegensatz zur Ostkirche folgendes auf: Das westliche, feudalistische Verständnis des Christentums, das dem Religionsverständnis der Bronzezeit entspricht, verschleiert die Grundtatsache, daß das Christentum schlechthin als Anti-Religion angelegt ist.

Im bronzezeitlichen Sinn war schon das Judentum Anti-Religion. Die Juden sind das erste Volk der Weltgeschichte, das sich mit dem Problem der Herrschaft auseinandersetzte: Sie stellten dem Archetypus des göttlichen Herrschers die herrschende Gottheit entgegen. Spätestens seit den Propheten ging es den Juden nicht um den Wettstreit von Gottheiten — wer der Stärkere ist —, sondern um die Negation jeder religiösen Form, außer der Anbetung Jahwes. Dabei ist es besonders interessant, daß der Herrschaftsanspruch Gottes als Revolution im Namen Gottes gegen das offizielle Establishment Gottes von den Propheten vorgetragen wird, und zwar zum Schutz der Unterdrückten und Armen. Es handelte sich um ein Element der permanenten Revolution, wie es in keinem anderen System der Weltgeschichte zu finden ist, und das bei aller Ausschließlichkeit des Gottesbegriffs den Menschen in den Mittelpunkt stellte. Erst als Israel unter der Fremdherrschaft des Hellenismus sich im Sinne eines nationalen Weltherrschaftsanspruches selbst bedingungslos mit der Herrschaft Gottes zu identifizieren begann, ging der revolutionäre Impuls verloren.

Besser gesagt, er ging nicht verloren, sondern wandte sich in einer völlig neuen Form gegen das „Establishment Gottes": in der Gestalt des Jesus von Nazareth. Seine Lehre — und seine Praxis — bedeuten die qualitative Veränderung des revolutionären Moments. Jesus stand in der Tradition der Propheten, er handelte aber nicht im Auftrag, sondern in eigener Machtvollkommenheit. Und in seiner Lehre — wie in seiner Praxis — erfolgte die radikalste Korrektur jedes Herrschaftsbildes; dadurch, daß als die einzig legitime Erscheinung der Herrschaft Gottes in der Welt die totale Niederlage aufgezeigt wurde: in dem als Verbrecher von den Machthabern gekreuzigten Jesus, der von seinen Jüngern als Gott verkündet wurde — als der Gott des Alten Bundes.

Das zweite Volk der Menschheitsgeschichte, das sich mit dem Problem der Herrschaft auseinandersetzte, waren die Griechen: sie hatten den autonomen Menschen in der nahezu anarchischen Gemeinschaft als Lösungsbild erfunden. Dieses Menschenbild war eine notwendige Voraussetzung für die Formulierung des Christentums. Die anarchische Negierung jeder von „oben" gegebenen Herrschaft, jeder „auferlegten“ Unterdrükkung, machte es den Griechen leichter, die Form der Negation der Herrschaft, wie sie im gekreuzigten Gott ausgedrückt ist, zu akzeptieren. Die abendländischen Völker konnten dies ebensowenig akzeptieren wie die Juden. Es ist falsch, sich über die „Hellenisierung“ des Christentums zu beklagen: ohne sie wäre es noch viel unverständlicher geblieben. Der Kern des Christentums ist letztlich die Manifestation des alttestamentlichen, außerweltlichen, unbegreiflichen „Vaters“ im innerweltlichen „Sohn“ und in allen, mit denen sich dieser solidarisch erklärt hat: in den Schwachen und Beleidigten, Unterdrückten und Verfolgten. Besondere Bedeutung hat die Tatsache, daß er selbst diese Solidarität nicht durch „Führerschaft“ oder durch „Organisation“ bekundete, um sie mit Gewalt durchzusetzen, sondern in der praktischen und subjektiven Solidarisierung, im selbst Schwach-Sein, bis zum Tod. Die Lehre, die von ihm überliefert wurde, entspricht ganz diesem Scheitern: es ist die Lehre der Nachgiebigkeit, der Liebe gegenüber dem Feind, sozusagen die permanente „Demutshaltung“ gegenüber dem mordenden, unterdrückenden, strafenden, herrschenden Menschen, mit der gleichzeitigen Kompromißlosigkeit gegenüber jeder Ideologie des Mordens, Unterdrückens, Strafens, Herrschens.

Keine der verschiedenen Formen des Christentums hat sich an diese Lehre gehalten. Seitdem sich das Christentum unter Konstantin mit dem Establishment verbündete, wurden die Voraussetzungen für die Lehre auf ein Minimum reduziert und sind in der westlichen Entwicklung zeitweise völlig verschwunden. Dennoch wurde die Lehre selbst mit erstaunlicher Hartnäckigkeit verteidigt und beibehalten. Allein das ist schon viel. Vielleicht bleiben — auch im Einklang mit der Verhaltensforschung und der Anthropologie — die Lehre und die Praxis Jesus' von Nazareth der einzige Weg, durch die permanente „Demutshaltung" gegenüber dem Gewalt ausübenden Subjekt und durch die gleichzeitige kompromißlose Ablehnung jeder ideologischen Begründung solcher Gewalt, jene Änderung des Menschen herbeizuführen, in welcher der „Sündenfall", der erste bewußte Mord am Schwächeren, der bewußte Mißbrauch der Freiheit von Instinktsteuerung, wieder aufgehoben wird. Eine Revolution, die tatsächlich nicht interpretiert, sondern ändert, die durch den einzelnen die Gesamtheit erfassen, durch das Subjekt zur Objektivität werden kann.

9

Eros

8. Grüner Tag

Sonniger, strahlend grüner Tag, gute Saat auf dem Hügel.
Blöken der Herde und Geläut, roter Mohn und Myrten.

Das Mädchen stickt das Hochzeitskleid, der Junge flicht Körbe,
die Böcke ziehn den Strand entlang, das weiße Salz zu weiden.

Wenn die Entwürfe der Revolution und des Christentums nicht mitten in die Frage der Liebe führten, wäre es eher zu unterlassen, sie zu stellen. Das Zeitalter hat sie auf seine Weise beantwortet: mit Auschwitz, Hiroshima und Vietnam für die Allgemeinheit, mit der Einschränkung des Begriffs „Liebe" auf den Konsum-Geschlechtsverkehr für die private Sphäre. Öffentlicher Faschismus und privater Konsum-Faschismus sind die Antworten des Zeitalters auf die Frage der Liebe.

Die nachfolgenden Überlegungen müssen sich mit Wenigem begnügen, wobei das Griechische — außer einigen anekdotischen Einzelheiten — nicht viel zu sagen hat. Es gibt keinen griechischen Kinsey-Report. Und wenn es einen gäbe, würde er nichts besagen: Griechen pflegen auf Umfragen meistens falsche Antworten zu geben — prinzipiell. Aus zwei Gründen: Sie beantworten Fragen meistens so, wie sie glauben, daß es der Fragende gerne möchte; erst in der Diskussion, in der freien Gegenüberstellung der Meinungen, sagt der Grieche die Seine offen; und zweitens wird er auch beim Meinungsaustausch über seine intimsten Angelegenheiten höchstens zu Freunden sprechen. Fragen, die diesen Bereich betreffen, wird er wohl kaum beantworten: Sie gehen den Fragenden überhaupt nichts an, auch nicht „wissenschaftlich". Die Griechen haben auch darin eine viel größere Freiheit und Souveränität bewahrt als der wissenschaftsgläubige Westen.

Das Wort „Liebe" ist heute zu einer fast bedeutungslosen Chiffre geworden, die im Sprachgebrauch zunehmend vom Wort „Sex" verdrängt wird, von einem der übelsten Wortbastarde der Sprachgeschichte. Darin drückt sich jener Konsumwarencharakter aus, den das Geschlechtsleben durch die sogenannte sexuelle Revolution bekommen hat. Das Widersprüchliche an der ganzen Entwicklung ist, daß der Begriff Liebe, der ursprünglich aus dem Geschlechtsleben stammt, verdrängt wurde, während das Geschlecht, das seit unvordenklichen Zeiten in der Prostitution *auch* Warencharakter hatte, als Konsumgut die persönlichsten, intimsten Beziehungen, die wenigstens rudimentär stets damit verbunden waren, immer mehr zur Ware entfremdet. Die Ursachen dieser Entwicklung sind komplex: Für den Mann in der geschichtlichen Zeit war die Geschlechtlichkeit immer schon Herrschaftssymbol, Vergewaltigung geradezu Ritus des Sieges; der Geschlechtsakt als „Unterjochung" der Frau ein uralter Emotionsinhalt; aber auch das Gegenteil ist weiter lebendig: Die mütterliche Frau, die den Mann besiegt, die Frau, bei der der Mann wieder zum Kind werden darf. Dieser dialektische Widerspruch wurde erst in der „Liebes"-Ideologie der bürgerlichen Gesellschaft verdeckt und somit das Gleichgewicht letztlich zugunsten des Mannes verschoben. Bahnbrechend war dabei der Puritanismus mit seiner allgemeinen Verteufelung der Geschlechtlichkeit und der besonderen Betonung der Verderbtheit der Frau. Aber auch der ins „Platonische" spielende Gefühlskult der Romantik hat durch die sentimentale Verklärung des Mannes, die gleichsam das Gegenteil des „Frauendienstes" mittelalterlicher Feudalherren darstellt, das Seine zu der Entwicklung beigetragen.

Die Doppelmoral, die im 19. Jahrhundert entstand, wurde aber durch die Befreiung vom puritanischen Druck nicht etwa entlarvt, sondern als praktischer Libertinismus erst voll in Kraft gesetzt. Der bürgerliche

Herrschafts- und Konsumgedanke, der unter dem Deckmantel der Wohlanständigkeit herrschte, ist als Maßstab des „Sex-Konsums“ in voller Geltung. „Sex“ ist mehr denn je Statussymbol, er ist der letzten Reste persönlicher emotionaler Bindungen beraubt, jene Ware, zu deren „Wegwerfpackung“ und „Einwegflasche“ die Person geworden ist. Tausendundeine Nacht des unverbindlichen Geschlechtsverkehrs. Die Gleichberechtigung der Geschlechter ist nur oberflächlich vorhanden: So wie in der Werbung der nackte Frauenkörper den Vorrang hat, bleibt die Frau auch im geschlechtlichen Bereich reines „Objekt“, gerade in der Mißachtung (und Leugnung) des „Weiblichen“ als psychische Realität, wodurch der Frau im Sinne der patriarchalischen Herrschaft letztlich „männliches“ Verhalten aufgezwungen wird — als sexuelles „Emanzipationsideal“. Solange die Trennung zwischen „Weiblichkeit“ und „Mutterschaft“ aufrecht bleibt, in der die Herrschaft des Mannes begründet ist, weil durch die Trennung die Frau als „Konsumgut“ wie als „Produktionsmittel“ dem Mann zur Verfügung steht, sind auch die bewußtesten und freiesten „Emanzen“ bloß Agenten des Patriarchats. Solange der Mann — und sei es bloß mittelbar — bestimmen kann, ob die Frau ein Kind bekommen soll oder nicht, solange die Frau eine rein vom Mann geprägte Konsum-Sexualität vertritt und das Gebären verweigert, bleibt die Männerherrschaft an ihrer Wurzel unversehrt.

Daß auf Grund dieser Entwicklung die „Liebesromantik“ des frühen Bürgertums über Bord geworfen wurde, ist selbstverständlich: sie selbst war ja bereits ein Mißbrauch von Verhaltensformen zur Festigung des bürgerlich-patriarchalischen Herrscherideals. Deshalb ist in dieser Liebesromantik auch immer wieder der Zwiespalt zwischen „geistiger“, „reiner“ und „fleischlicher“,

„schmutziger" Liebe enthalten, die aus Platons Gedanken über die griechische Homophilie in die bürgerlich-puritanischen Vorstellungen übergegangen sind, während die Homophilie selbst, im Sinne des absoluten Patriarchats, mit dem stärksten gesellschaftlichen Tabu aller Zeiten belegt wurde (dieses Tabu wurde letztlich auch von der sogenannten sexuellen Revolution nicht beseitigt, auch wenn die Strafverfolgung abgeschafft wurde, ja es wurde durch die nunmehr „offizielle" Absonderung von Homosexuellen in ihren Reservaten noch mehr gefestigt).

All das zeigt, daß alle „Befreiung", aller Abbau von Tabus, nicht den wirklichen Inhalt der Einschränkungen, der Tabus getroffen hat: den herrschenden Patriarchen als „Sexkonsumenten". Der Abbau der Tabus hat eher andere Folgen gehabt: das Verschwinden jenes Spannungsraumes, in dem noch Werbung, Liebesspiel möglich waren, als Voraussetzung jener persönlichen Beziehung, die man Liebe nannte. Jetzt gibt es nur noch die tragikomische Bezeichnung „Zweierbeziehung".

Das Gedicht „Grüner Tag" zeichnet die Szenerie der Neolithischen Revolution: Feldbau und Viehzucht. Es ist gleichsam die komprimierte Form des Hohen Liedes aus dem Alten Testament. Es ist bedeutungsvoll, daß die Archetypen der Verliebtheit in allen Epochen und bei allen Völkern mit dem Frühling, der Aussaat, mit den Stimmungsbildern des „Bukolischen" verbunden sind. Ist die gesellschaftliche *und* persönliche Funktion des vom Instinktzwang befreiten Geschlechtstriebs, in der Form des gegenseitigen „Erkennens" zweier Menschen (das Wort „erkennen" steht im Alten Testament für den Geschlechtsverkehr), im prähistorischen Milieu der Neolithischen Revolution, im Strahlungsbereich des Matriarchats, zum erstenmal als „Liebe“ bewußt geworden? Ist das die andere, die positive Seite der vielgeschmähten, monogam-patriarchalischen Ehe?

An der Schwelle der Industriellen Revolution zeigt die sterbende Aristokratie einen gespenstischen Zug: sie flüchtet in den Wahn der Schäferspiele und der Gärtnerinnenidylle. Bereits im Würgegriff des Bürgertums, zitiert sie die Neolithische Revolution. Jenes Bauerntum, das das Bürgertum trotz aller Landleben-Romantik zutiefst verachtet hat, auf das auch der Marxismus seinen ganzen bürgerlichen Haß ablädt (ausgenommen die Chinesen, die in ihrer Revolution den Bauern wiederentdeckt haben); weil ja trotz Industrieller und Technologischer Revolution die Lebensgrundlagen der Menschheit nach wie vor in der landwirtschaftlichen Produktion hergestellt werden. Die Errungenschaften der Neolithischen Revolution konnten durch die Industrielle Revolution vervollkommnet, aber nicht ersetzt werden. Daß das „Künstliche“ die Natur des Menschen ist, ist nicht zweifelhaft, aber es ist es eben im Rahmen jener „Natur“, deren Teil der Mensch bleibt. Diese Erkenntnis hat die Menschheit bis zum bürgerlichen Rationalismus trotz aller Entfremdung wenigstens in unmittelbar-mythischer Form gelebt; erst das abendländische Barbarentum, das seinem Entwicklungsstand entsprechend für den Rationalismus wahrscheinlich noch gar nicht reif war, hat diese Erkenntnis durch die Irrationalisierung (und solcherart Mythologisierung) seines verfehlten Rationalismus verschüttet. In dem Maß, in dem der aufgeklärte Bürger seine Beziehung zur Welt in der industriellen Produktion und im Warenverkehr entfremdete, verlor er auch die Beziehung zu sich selbst und zu den anderen.

Das ist aber nichts anderes als das bekannte Ergebnis marxistischer Analyse. Nur nimmt sich niemand die Mühe, sie vom Subjekt her aufzurollen, dem „subjektiven Faktor" in seinem geschichtlichen Werdegang nachzugehen, um so die wahren Mysterien der Geschichte und der Urgeschichte aufzudecken, den Mythos verstehen zu lernen. Weil die Entmythologisierung selbst zum Mythos des Rationalismus geworden ist.

Das Zeitalter steht im Zeichen des entmythologisierten Mythos: Das ist geradezu das Stigma der Jugend des Konsumzeitalters geworden — selbst wenn sie im Rauschgift oder im Yoga Mythenersatz sucht, weil alles immer „konsumiert" wird — als Ware. Die Jugend, die vom Werbemechanismus in einer fratzenhaften Verkehrung jener Vergöttlichung der Jugend verehrt wird, die wir nur in der griechischen Antike antreffen, ist vergreist wie das System selbst und seine Gesetzmäßigkeit, die nichts von Jugend an sich hat. Alles trägt den Stempel des „Alten", den Stempel dessen, was die Jugend so leidenschaftlich ablehnt, während sie bedenkenlos die Welt akzeptiert, so wie sie von den „Alten" geprägt und nach wie vor beherrscht ist. Das ist das vornehmliche Zeichen der Jugend in Ost und West, so wie sie sich in den letzten zwanzig Jahren herauskristallisiert hat. Der berühmte „Generationenkonflikt" dürfte seine eigene Umkehrung sein.

Der Widerspruch läßt sich so gut wie überall aufspüren: die Eltern werden abgelehnt, aber man läßt sich von der Welt der Eltern das Konsumverhalten aufschwätzen. Man versucht auszubrechen, liefert mit diesem Versuch der Konsumindustrie Modevorlagen und läßt sich diese dann verkaufen. Um Vater und Mutter zu entgehen, trägt man Urgroßvaters bürgerlichen Spitzbart und zieht Urgroßmutters puritanischen bodenlangen Rock an. Alles kauft man von den Verkäufern, die man haßt.

Diese Jugend des „rebellischen Kompromisses" — würdiger Widerpart der Eltern, die den Zweiten Weltkrieg gemacht haben — spiegelt in Wahrheit die vorweggenommene Vergreisung des technologischen Zeitalters, auch wenn sie als jugendliche Erfolgsgeneration auftritt. Sie alle — Integrierte und Außenseiter — sind bereit, jeden Streß der Unterdrückung auf sich zu nehmen, und sie alle — egal, ob Marxisten oder „Unpolitische" — sind die leibhaftige Konterrevolution. Gerade die Tatsache, daß sich ein großer Teil dieser Jugend dem Marxismus an den Hals geworfen hat, ohne die marxistische Analyse ein einziges Mal gegen sich selbst zu kehren, bestätigt den zutiefst konterrevolutionären Charakter dieses Bewußtseins und seines Unbewußten. Deshalb ist diese Jugend in ihrer spät-kleinbürgerlichen Widersprüchlichkeit letztlich privatfaschistisch, Ausdruck des Widerspruchs zwischen Konsumfreude und Unsicherheit, zwischen Herrschaftsgefühl des Konsumenten und der totalen Ausgeliefertheit an den Produktionsmechanismus.

Damit scheinen diese Jugendlichen auch zu nichts anderem fähig zu sein, als in beleidigten Intimzirkeln dem Traum der Kommunikation nachzuhängen, oder in ebenso beleidigten Revolutionszirkeln von der Erhebung der Massen zu träumen, wobei sie die Massen, denen sie gerade in ihrer isolierten Anonymität repräsentativ angehören, am liebsten ausrotten würden. Die letzte Konsequenz dieser Widersprüche sind dann Erscheinungen wie die Baader-Meinhof-Leute: der reine Privatfaschismus.

Allerdings kann diese Form des Privatfaschismus wenigstens noch eines für sich ins Treffen führen: daß sich darin, wenn auch in noch so absurder und krankhafter Form, wenigstens die Erkenntnis spiegelt, daß diese Welt so nicht zu ertragen ist, während die meisten sie nicht nur ertragen.

Letztlich dürfte sich in alldem nur eines ausdrücken: die Gesellschaft des freien Geschlechtsverkehrs hat das „Lieben" verlernt.

Das Gesicht der heute Zwanzig- bis Fünfundzwanzigjährigen ist erschreckend. Die verrückte Fröhlichkeit der Hippies war schön, gerade wegen der Ungewaschenheit und der zerfetzten Kleider. Die Blasiertheit ihrer Nachfolger, die Ungewaschenheit und Abgerissenheit als Mode und Konsumattitüde, ist schmutzig. Besonders kraß ist die Häßlichkeit jener Paare, die wie eine schlechte Kopie bürgerlicher Ehepaare auftreten. Bürgerlicher Ehepaare, die von der Konvention, vom Besitz, in die Institution gezwungen wurden, und die den Haß, der in solchen Ehen unfehlbar keimt, in Gleichgültigkeit sublimieren. Den gleichen Eindruck erwecken jugendliche Paare in „Urlaubsehen": sie werden ebenfalls von einer Institution beisammengehalten, durch den genormten Sex-Konsum, den man als Statussymbol ebenso braucht wie zur Befriedigung der Triebansprüche (falls man nicht schon so vergreist ist, mit zwanzig impotent zu sein), ansonsten haben sie einander nichts zu sagen. Man kann sich kaum vorstellen, daß sie zur Leidenschaft fähig wären.

Das ist eines der deprimierendsten Zeugnisse jener Entfremdung, der die bürgerliche Gesellschaft ihre Kinder untergezogen hat: weil sie ein Jahrhundert lang die Liebe romantisiert, das Geschlecht mit Tabus belegt und dann plötzlich unter dem Motto der „Sexuellen Revolution“ das Geschlecht enttabuisiert und zur eigentlichen Liebe erklärt hat — ein Wechselbad, das kaum heil überstanden werden kann.

Es ist schwer, angesichts dieser Phänomene das Wort „Liebe“ überhaupt auszusprechen. Das Wort ist zu Tode strapaziert: die größte Weltreligion hat in allen ihren Spaltungserscheinungen an diesem Begriff als ihrem Fundament festgehalten. Dabei hat sie ihrerseits das meiste dazu beigetragen, das Wort zu entwerten (nicht durch die Tabuisierung der Sexualität, wie es der moderne Vorwurf weismachen will, das hat die bürgerliche Moral ohne und gegen die Religion besser fertiggebracht, sondern durch den institutionalisierten Haß im Namen der Liebe). Das Bürgertum hat aber über die Entfremdung des Geschlechts hinaus durch die Apotheose der Konkurrenz, mit der es alles durchdringt, die Grundlage jeder Liebe in den menschlichen Beziehungen zerstört. Hilflose, isolierte, von Zwängen kommandierte Individuen stehen einander gegenüber: Warum sollen sie einander lieben? Es genügt, wenn sie miteinander leben, den Konkurrenzkampf bestehen (auch wenn er zur Abwechslung Klassenkampf genannt wird), miteinander schlafen, in seltenen Fällen sogar Kinder zeugen — aber „lieben“?

Zu den Leitbildern der touristischen Werbung, von denen die Urlaubsvorstellungen des Konsumenten geprägt sind, gehören auch verschiedene vage, oft unterschwellige Formen sexueller Exotik. Insbesondere der „sonnige Süden“ erzeugt solche Assoziationen. Während aber für den männlichen Konsumenten — und dieser ist in erster Linie angesprochen — Italien, Spanien und Frankreich bestimmte Reizvorstellungen liefern, ist Griechenland auf diesem Gebiet ziemlich unergiebig. Dafür ist Griechenland als ein Land verschrien, in dem Mädchen und Frauen, die allein reisen, viel unverschämter belästigt werden als etwa in Italien, und allgemein gilt es als ein Land, in dem alleinstehende Touristinnen sehr leicht ihren „Tröster“ finden.

Hinter all dem steckt die einfache Tatsache, daß griechische Mädchen und Frauen nicht einfach „zu haben“ sind. Zynische Soziologen sagen: die griechische Frau ist noch nicht emanzipiert, sie will noch immer bloß geheiratet werden. Das stimmt zum Teil. Die griechische Frau ist bestimmt nicht zum Sexual-Konsum emanzipiert; sie verbindet die Begriffe „Liebe“ und „Sexualität“ mit der Mutterschaft, in der sie ihre Wesensgrundlage sieht. Das weiß jeder griechische Mann, und deshalb hält er sich — wie ehedem an die Prostitution — an den europäischen Konsumartikel „Touristin“, während er Ausschau nach dem Mädchen hält, das er heiraten wird.

Wie sich die jüngste Generation entwickelt, kann man schwer abschätzen. Zwei Beobachtungen verdienen festgehalten zu werden: Ein Athener Psychologenteam hat 1976 in einer Untersuchung an mehreren Schulen festgestellt, daß die Sechzehn- bis Siebzehnjährigen beiderlei Geschlechts in Griechenland viel weniger über „Sex“ sprechen als ihre europäisch-amerikanischen Altersgenossen; und in den gleichen Altersgruppen sind jene Verhaltensmuster zu beobachten, die in Europa selten geworden sind, nämlich das Verhalten der „romantischen Verliebtheit“. Daß es im Fall der griechischen Jugend — gerade auch im Zeichen der gefallenen Sexualtabus — noch immer jene „Verklärung“ des Beisammenseins „Zweier, die einander lieben“, gibt — hat es eine Bedeutung für die Zukunft? Oder handelt es sich bloß um ein Zeichen verspäteter Entwicklung, die in den kommenden Jahren ausgeglichen werden wird?

Die Frage läßt sich nicht beantworten. Jedenfalls hatte das Fallen des Sexualtabus in Griechenland noch eine andere Seite; die europäisch-amerikanische Pornowelle hat Griechenland nicht ganz überschwemmen können. Es gibt eine Art Zensur der Öffentlichkeit (letztlich der Konsumenten), die den Aufführungsverboten, mit denen die Staatsanwaltschaft Filme wie „Emmanuelle“ oder „Deep Throat“ belegte, stillschweigenden Beifall zollt und dem Geschrei „Freiheit der Kunst“ einiger europatoller Berufs-Emanzipierer (meistens ältere Journalisten) das für den Erfolg notwendige Echo verweigert. Diese Haltung verbindet sich ohne Schwierigkeit mit der herrschenden weitgehenden sexuellen Freizügigkeit. Man könnte diese Haltung am besten mit der Aussage eines griechischen Vaters illustrieren: „Ich habe meine Tochter die Schule der katholischen Nonnen besuchen lassen. Diese Schule ist die beste in ganz Griechenland! Hier lernen die Mädchen Zucht und Ordnung. Sie kommen nicht als Huren heraus. Da gibt es keine Freunde! Eine Generalstochter wurde *einmal* mit einem Jungen gesehen und ist hinausgeflogen, obwohl ihr Vater Himmel und Erde in Bewegung gesetzt hat, damit sie bleiben kann. Nein, aus der Schule der Nonnen kommen keine Huren!“ (Ein ganz typischer „Patriarch“, dachte ich mir, als ich diese Tiraden hörte.) „Jetzt ist meine Tochter an der Universität und studiert Medizin“, fuhr der Vater fort. „*Natürlich* hat sie jetzt einen Freund, wie jedes Mädchen, aber den hat *sie* sich ausgesucht, weil sie nun weiß, was sie will. Die Nonnen haben sie gut erzogen.“

Es scheint, daß die griechische Jugend die Enttabuisierung der Sexualität in einer anderen Freiheit erlebt hat als ihre europäischen Altersgenossen. In erster Linie dürfte dies an der großen Verschiedenheit zwischen den griechischen und den europäischen Tabu-Vorstellungen liegen. Eine puritanische schuldhafte Abscheu vor der Geschlechtlichkeit hat es hier im großen und ganzen nie gegeben, nur eine sehr strenge Herrschaft der Schamhaftigkeit. Damit verbunden herrschte immer großer Respekt vor der privaten Sphäre (eine Scham-Kultur, im Gegensatz zu einer Schuld-Kultur). Das geht so weit, daß in Griechenland der Begriff des „Sex-Skandals" unbekannt ist. Das Privatleben eines jeden, und stünde er auf einem noch so hohen öffentlichen Posten, ist unantastbar. Selbst wenn ein Politiker jede Woche dreimal die Freundin wechselte oder ein Minister homosexuell wäre, so ginge das die Öffentlichkeit nichts an. Keine Zeitung, nicht einmal das letzte Boulevardblatt, auch nicht die Zeitung des extremen gegnerischen Lagers, würde es wagen, einen Politiker wegen solcher Dinge anzuprangern: sie würde bei ihren eigenen Lesern unmöglich werden. Das behindert freilich die üppig wuchernde Klatschsucht der Griechen nicht — aber der Klatsch gehört zur privaten Sphäre, er hat in der Öffentlichkeit nichts zu suchen.

In einem solchen Milieu gedeihen weder der Puritanismus noch ein System von gestürzten und neuerrichteten Tabus, wie sie die europäisch-amerikanische und neuerdings die Ostblock-Szene aufweist. Wahrscheinlich zeigt sich auch darin der tiefe Einfluß der Frau und Mutter auf die Gesellschaft, anscheinend *das* entscheidende Charakteristikum Griechenlands.

10

Ausblick: Griechenland und Europa

12. Schlanke Mädchen

Schlanke Mädchen auf dem Strand lesen weißes Salz auf,
verbittert, tief, und tief gebückt, das Meer erblicken sie nicht.

Ein Segel hell, ein Segel weiß, winkt ihnen aus der Bläue,
und weil sie es nicht sehen können, wird es schwarz vor Kummer.

Griechenland steht vor der Eingliederung in die Europäische Gemeinschaft. Es war bis vor kurzem „Entwicklungsland“ und ist es in gewissem Sinn noch immer. Die Zugehörigkeit zum geographischen Raum Europa steht außer Zweifel. Dennoch empfinden die Griechen Europa als etwas „Fremdes“, und die Europäer blicken immer wieder mit schlecht verhohlener Verachtung auf das „Balkanvolk“.

Europa und die Griechen. Wie war das nur?

Da gab es zuerst den großangelegten Versuch des Römischen Reiches, der an den Mängeln und Fehlern des Riesenorganismus kläglich scheiterte — eines Organismus, der dann von den Griechen wenigstens im östlichen Teil des Reiches wieder halbwegs funktionsfähig gemacht wurde. Dann kamen nacheinander die verschiedenen Völker der Völkerwanderung und versuchten, ins Reichsgebiet einzudringen. Zuerst wehrte sich das Reich erbittert gegen sie, dann aber nahm es sie auf, ja es verpflichtete die bodenständige Bevölkerung sogar gesetzlich, mit den Neuankömmlingen Hab und Gut zu teilen: ausdrücklich bezog sich das Gesetz auf die Produktionsmittel der Landwirtschaft (Kaiser Theodosius der Große). Die Hauptstadt des Reiches, die auch von den im Westen eingedrungenen Völkern anerkannt wurde, hieß nicht mehr Rom, sondern Konstantinopel. Dort saß der Kaiser, der den Fürsten der Neuankömmlinge das Prägerecht byzantinischer Goldmünzen gewährte (Merowinger). Man fügte sich aus wirtschaftlichen Interessen ins Machtgefüge, versuchte aber immer wieder Raubzüge gegen das Reich zu unternehmen.

Man wußte, daß die Griechen in Byzanz den Krieg lieber vermieden und es vorzogen, zu zahlen, anstatt „ihren Mann zu stellen". Man nahm das Geld und man verachtete die Griechen. Man nannte sie „feig", weil sie nichts vom Kampfideal rüstiger Germanen hielten. Manchmal verbündete man sich mit anderen Völkern gegen das Reich (Franken mit den Awaren im 8. Jahrhundert). Wenn dann die Byzantiner, statt sich dem Kampf zu stellen, lieber die beiden Völker gegeneinander aufwiegelten, nannte man sie mit Entrüstung „falsch". Als dann der Papst in Rom und der Frankenkönig darangingen, ein „Gegenreich" zu gründen, suchte man jede Gelegenheit, die eigene „Rechtmäßigkeit" zu stützen, indem man die der „Griechen" leugnete. So wurden die Griechen aus den Verwaltern des Reichs allmählich zum „Erbfeind" des Abendlandes. Der Minderwertigkeitskomplex gegenüber den wirtschaftlich und kulturell überlegenen Griechen war mittlerweile recht stark geworden. Um ihnen zu zeigen, wie mächtig man sei, veränderte man sogar eigenmächtig das gemeinsame Credo (Karl der Große). So lebten die beiden Reiche in zäher Rivalität nebeneinander, in der angenommenen Einheit der Religion. Es konnte nicht lange dauern, bis auch diese zerbrach. Die letzte große Spaltung im Jahr 1053 nahm Byzanz nicht allzu ernst: Wenige Jahre später wandte sich Kaiser Alexios Komnenos an den Papst um Hilfe gegen die Seldschukentürken. Diese Bitte wurde zum Anlaß jener Kette von Katastrophen, die Kreuzzüge hießen und sich von Anfang an auch gegen die „feigen und falschen" Griechen wandten. Von seinen diplomatischen Fachberatern bewogen, verlangte Kaiser Alexios den Führern des Ersten Kreuzzuges den Lehenseid ab, um so sicherzustellen, daß sie die zurückeroberten byzantinischen Gebiete nicht für sich behielten. Die Lehenseide halfen nichts. Damit sie ruhig gebrochen werden konnten, hielt man sich an das bewährte Märchen von den „falschen und verräterischen“ Griechen. Diese waren aber zugleich auch die stärksten Handelsrivalen der aufstrebenden Handelsstädte wie Venedig, Genua oder Florenz. Deshalb war es notwendig, daß Konstantinopel von der Bildfläche verschwand. So mietete der Doge Enrico Dandolo das Heer des Vierten Kreuzzuges und machte mit ihm einen kleinen Umweg: anstatt ins „Heilige Land“ zog es gegen Konstantinopel. Die verhaßten Griechen wurden besiegt, und „abendländischer Geist“ wütete in der Stadt: alles, was an antiken Statuen vorhanden war, wurde kurz und klein geschlagen. So endete die erste Begegnung der Griechen mit Europa.

Bald darauf entdeckte man in Europa die alten Griechen und gefiel sich darin, sie zu den eigenen Ahnen zu ernennen. Aus dem Schimpfnamen „Grieche“ wurde ein kultureller Ehrentitel; die ehrenrührige Bedeutung ging auf „Byzantiner“ über. Dann kamen die Türken und löschten den Rest des griechischen Byzanz aus.

Die Türken waren für Europa eine schlimme Bedrohung. Mehrmals versuchte man gegen sie „Kreuzzüge“ zu organisieren, aber die Idee war nicht mehr modern, und so überließ man es den bedrohten Staaten, sich selbst zu schützen: die „Christenheit“ war an der Sache nicht interessiert. Frankreich, „die älteste Tochter der Kirche“, lag weit vom Schuß und paktierte als erster europäischer Staat mit den Türken. Dann folgten England und im 18. Jahrhundert schließlich Österreich, nachdem es seine Gebiete von den Türken zurückgeholt hatte. Nur die Russen, die Konstantinopel und die Meerengen haben wollten, lebten mit der Türkei nach wie vor in Feindschaft.

Das war die allgemeine Situation, als die Griechen nach über dreihundert Jahren des Schweigens sich zu regen begannen. Die Russen versuchten sofort, sie für ihre Ziele auszunützen: Sie wollten aus den orthodoxen Untertanen der Türkei, in erster Linie aus den Südslawen und den slawisch sprechenden Bulgaren, eine Art fünfte Kolonne machen. Die Griechen, die kein russisches, sondern ein griechisches Byzanz haben wollten, verloren bald die Sympathien Rußlands (die Bevölkerung Istanbuls war zu dieser Zeit zu zwei Dritteln griechisch).

Inzwischen war in Frankreich die Revolution ausgebrochen, und in Deutschland feierte Winckelmann seine Triumphe. Die Jugend Europas, von der Revolution wie von Winckelmann begeistert, hörte von den unterdrückten Griechen. Franzosen, Engländer, Deutsche begannen nach Griechenland zu reisen. Der große Modedichter der Zeit, Lord Byron, lenkte die Aufmerksamkeit noch stärker auf das geknechtete Land der verlorenen und in Europa nunmehr wiedergeborenen Klassik. Eine neue Mode entstand: Philhellenismus.

Der große Aufstand der Griechen von 1821 war dem Europa der Heiligen Allianz äußerst unangenehm. Um das Gleichgewicht der Interessen zu wahren, brauchte man eine starke Türkei. Aber zum Völkermord konnte man es wegen der Philhellenen auch nicht kommen lassen.

Aus diesem Dilemma wurde 1827 von Englands, Frankreichs und Rußlands Gnaden das Neue Griechenland geboren. Die Griechen jubelten den „weisen und erleuchteten philhellenischen Herrschern“ zu, die ihnen die erkämpfte Freiheit „schenkten“ und als Draufgabe die absolute Monarchie mit einem bayrischen Prinzen als „König von Hellas“.

Das war die zweite Begegnung der Griechen mit Europa. Sie, die ihren eigenen Weg gehen wollten, wurden auf den „europäischen“ Weg gedrängt, als „Krypto-Kolonie“ der Großmächte. Die Griechen hatten den verhängnisvollen Fehler begangen, in den Philhellenen deren Staaten zu sehen, so wie sie sich selbst als ihren eigenen Staat begriffen — begreifen wollten. Deshalb hielten sie die Großmächte für philhellenische Konsortien.

Aber auch der echte Philhellenismus verebbte bald. Nach Byron kam Fallmerayer: Da man sich von den alten Griechen ein ganz genaues Bild gemacht hatte und die neuen Griechen diesem Bild so gar nicht glichen, konnten diese keine Nachfahren sein. Sie seien bloß ein „Balkanvolk“, ein slawisches Gemisch, verschmitzte Händler, unzuverlässig, faul (falsch und verlogen, hieß es bei den Kreuzfahrern), das wahre Griechentum befinde sich im bürgerlichen Europa; vielleicht würde es mit viel Mühe und viel Nachsicht gelingen, diese „Griechen“ zu Europäern zu machen.

Aber auch dafür interessierten sich nur wenige. Das einzige, worauf es ankam, war, die Machtinteressen gut abzusichern. Der Balkan war das „Pulverfaß“ Europas, und die Türkei „Europas kranker Mann“. Dementsprechend wurden die Griechen wie Schachfiguren herumgeschoben. Mitte des 19. Jahrhunderts durften sie nichts unternehmen, um die noch unter türkischer Herrschaft lebende Majorität des Volkes zu befreien. Am Vorabend des Ersten Weltkrieges erlaubte man ihnen, Nordgriechenland zu besetzen. Und nach dem Krieg, den die Türkei an der Seite Deutschlands und Österreichs verloren hatte, war die Entente sogar bereit, den Griechen im Sinne von Wilsons Vierzehn Punkten die griechisch besiedelten Gebiete Kleinasiens zu überlassen (die britische Kolonie Zypern freilich nicht). Da brach aber die Revolution Kemal Atatürks aus, der „kranke Mann“ war gar nicht mehr so krank, und plötzlich sahen Engländer und Amerikaner ihre Interessen am irakischen Erdöl und am einzigen Verbindungsweg dazu, an der Bagdad-Bahn, durch Griechenlandfreundlichkeit ernstlich gefährdet. Die Griechen wurden fallengelassen. Das Ergebnis: Anderthalb Millionen Menschen wurden aus den kleinasiatischen Gebieten vertrieben, die dreitausend Jahre lang griechisch gewesen waren.

Als der Zweite Weltkrieg ausbrach, war Griechenland faschistisch: Der Diktator, General Metaxas, ein in Deutschland ausgebildeter Offizier, wollte das Land nach dem Muster Hitlers und Mussolinis regieren, während der König an der traditionellen Englandfreundlichkeit festhielt. Die faschistischen Tendenzen Metaxas' hinderten Mussolini nicht daran, 1940 über Griechenland herzufallen. Als die Griechen ihn zu besiegen drohten, kam ihm Hitler zu Hilfe und besetzte 1941 das Land. So geriet das faschistisch gewesene Griechenland unter faschistische Besetzung.

Das Volk im besetzten Land begann sich sofort zu organisieren. Der stärkste Faktor des Widerstandes wurde die kommunistisch kontrollierte EAM (Griechische Befreiungsfront). In Jalta und bei der Moskauer Konferenz (Oktober 1944) wurde Griechenland der englischen Interessenssphäre zugeteilt. Churchill setzte alles daran, den König ins Land zurückzubringen, aber die Majorität der Griechen versuchte dies zu verhindern. Ein kommunistischer Aufstand im Winter 1944/45 wurde von den Engländern niedergeschlagen. 1946 kehrte der König zurück, und es folgte die zweite Runde des Bürgerkriegs. Die Kommunisten wurden von Jugoslawien, Albanien und Bulgarien unterstützt, die Monarchisten von England und ab 1947 von den USA. In Wirklichkeit standen nicht Griechen den Griechen gegenüber, sondern Vertreter der Großmachtinteressen. (Es ist nicht klar, inwieweit Stalin tatsächlich mit einer möglichen Abspaltung Griechenlands vom Westen gerechnet hatte. Manches spricht für die Richtigkeit der Behauptung einiger kommunistischer Führer, daß Stalin den Griechen im Sinne der Moskauer Konferenz vom Aufstand abgeraten habe, daß aber die Führer der KPG stalinistischer gewesen seien als Stalin und auf eigene Faust die Situation in Griechenland als „revolutionär" interpretiert hätten, um den Kampf zu wagen.) Nach Verkündigung der „Truman-Doktrin" und dem Eingreifen der USA wurde der Bürgerkrieg 1949 beendet. Griechenland wurde endgültig zur Krypto-Kolonie.

Von da an ist die Entwicklung bekannt. Nach einer langsamen Demokratisierung, die die parastaatlichen Kräfte der extremen Rechten immer mehr alarmierten, kam es 1967 zum Militärputsch, der von den USA vermutlich gefördert, von den westeuropäischen Staaten wohlwollend geduldet wurde. 1974 brach die Diktatur kläglich zusammen.

Nun sucht Griechenland bei Europa Zuflucht — vor den Früchten Europas.

Während die „europäische Kultur" von den Griechen als das wahre Heil tief verehrt wird, sind sie der politischen Realität Europas gegenüber kritisch geworden. Den alten Fehler, griechenfreundliche Europäer mit ihren Staaten zu verwechseln, begehen sie kaum mehr — auch wenn die Regierung offiziell diese Haltung einnimmt. Die Griechen möchten ein von allen unabhängiges Griechenland haben — etwas, das sie immer haben wollten. Ein Wunschtraum allerdings, der angesichts der Machtkonstellationen in diesem geographischen Raum unerfüllbar ist.

Karamanlis, der nach dem Zusammenbruch der Diktatur als der einzig mögliche Garant einer Normalisierung von 54 Prozent der Wähler gewählt wurde, hat die Parole „Griechenland gehört zum Westen" ausgegeben. Sein schärfster Gegner, Andreas Papandreou (13 Prozent), ist Repräsentant eines etwas verworrenen Nationalmarxismus und tritt für die völlige Unabhängigkeit des Landes ein, meistens mit äußerst demagogischen Mitteln. Die KP des „Auslands" (zusammen mit allen Fraktionen der KP 8 Prozent) setzt sich gegen die KP des „Inlands" für die Interessen Moskaus ein. Die starke Partei der ehemaligen Zentrumsunion ist sehr zusammengeschmolzen und stellt eine Mischung aus Liberalen und Sozialdemokraten (24 Prozent) dar. Quer durch alle Parteien und Wählerschichten kann man etwas mehr als ein Drittel der Bevölkerung als „links" einstufen.

Was bedeutet in diesem Zusammenhang überhaupt politische Partei, politisches Bewußtsein? In erster Linie gilt nach wie vor, daß sich die Griechen nicht einem Programm verschreiben, sondern einer Person. Diese Haltung bestimmt auch jetzt die politische Szene, selbst wenn heute nicht nur die Person, sondern auch deren Programm genauer angesehen wird. Vertritt aber die falsche Person ein auch noch so richtiges Programm, hat sie keine Chancen. Dieses Grundverhaltensmuster dürfte so sehr mit der psychischen Struktur der Griechen identisch sein, daß es sich kaum ändern wird.

In der gegebenen Situation wird das politische Bewußtsein den Griechen — wie allgemein in den letzten zweitausend Jahren — das Abwarten und Lavieren diktieren — falls nicht Unvorhergesehenes eintritt, etwa ein türkischer Angriff. Wie dann griechisches Philotimo reagiert, kann man leicht abschätzen. Wenn aber wieder eine Diktatur eingesetzt werden sollte, dürfte sie kaum mehr so leichten Erfolg haben wie die Obristen im Jahr 1967.

Den Gärungsprozeß verfolgen alle Griechen mit äußerster Spannung. Die allgemeine Lage — sowohl im Maßstab des Landes als auch der Weltpolitik — ist allen, selbst den Bewohnern der fernsten Insel, des entlegensten Gebirgsdorfes, völlig bewußt. Radio und Fernsehen, so sehr sie auch Regierungspolitik betreiben, tragen zur allgemeinen Information wesentlich bei, nicht zuletzt durch die Berichte über die Parlamentsdebatten, in denen die Verquickung griechischer Interessen mit jenen der beiden Großmächte, die Rolle der Geheimdienste, der Militärbündnisse und des ausländischen Kapitals von den Oppositionsparteien oft behandelt werden. All das ist praktisch *jedem* Griechen bewußt. Es gibt wohl kaum ein anderes Land in Europa, in dem man mit dem „ungebildetsten" Landarbeiter oder mit einem analphabetischen Fischer die Fragen der Politik auf einem solchen Niveau der Informiertheit und der Einsicht diskutieren könnte. Aber trotz aller Diskussion scheinen die Griechen Realisten zu sein. Die 54 Prozent Stimmenanteil galten nicht dem Programm Karamanlis', auch nicht seiner Partei, sondern ausschließlich seiner Person.

Wie wird aber in einem Land, das vom Bewußtsein her keine Klassenunterschiede anerkennt, in keiner Form Klassenbewußtsein erlangt hat, die soziale Ungerechtigkeit abgeschafft — in einem Augenblick, da all der Streß der Konsumgesellschaft im Begriffe ist, sich über das Land zu ergießen? Das Problem, das die gesamte Menschheit betrifft, kann nicht vom Gesichtspunkt Griechenlands aus isoliert betrachtet werden. Die Tatsache, daß die psychische Struktur der Griechen nicht leicht zu beeinflussen ist, läßt den Kampf zwischen Konsumgesellschaft und Griechentum überaus bedeutungsvoll erscheinen. Ein westlicher Diplomat, entsetzter Gegner der griechischen Lebensform und besonders der griechischen Haltung gegenüber Organisationsformen, Staatsapparat und Funktionalität, prophezeite gallig, daß durch die Eingliederung Griechenlands eher die Europäische Gemeinschaft ins Chaos gestürzt als Griechenland „geordnet" werden würde. Es wäre zu wünschen.

Die Frage, ob die Griechen dem Ansturm des Spätkapitalismus in westlicher oder östlicher Form standhalten werden können, bleibt offen. Daß ihre Bewußtseinsform standhalten wird, lassen jene beiden Namen vermuten, die just in der Blütezeit des anonymen Kapitals, im Zeichen der Technokraten und Manager und der multinationalen Konzerne, die größten persönlichen Reiche im Stil des Frühkapitalismus errichtet haben, und das weltweit: Onassis und Niarchos — zwei Griechen. Auch das ist ein Ausdruck der zügellosen Individualität. Vielleicht steckt dahinter die Rücksichtslosigkeit der Besitzenden, die gewissermaßen als Perversion des „politischen Bewußtseins" erscheint und jedenfalls eine schonungslose Aufrichtigkeit bezeugt: Die griechischen Kapitalisten, die Besitzenden und Reichen, schützen nicht vor, dem Allgemeinwohl zu dienen; sie entwickeln keine „kapitalistische Ideologie", sondern sagen brutal, daß sie reich sein wollen, weil ihnen der Reichtum, der Besitz gefällt. Der Marxismus hat wahrscheinlich recht, erklären sie, aber uns interessiert das nicht. Eine Welt, die so wäre, wie es das Evangelium predigt, wäre schön, aber wir können sie nicht verwirklichen. Wir wollen reich sein, und wenn wir nicht reich sein können, wollen wir lieber sterben. Auch das ist griechisch. Zweimal wurde mir das ins Gesicht gesagt — beide Male von Frauen. Matriarchinnen.

Jährlich kommen viele Millionen Fremde — vornehmlich Europäer —, angelockt vom Klima und von der Antike, aber auch von den noch immer billigen Preisen: eine moderne barbarische Völkerwanderung ... des alten Dranges nach dem Süden. Ist es die Sehnsucht nach dem verlorenen Paradies? Klingt das Fernweh nach der verlorenen Mutter mit, durch Lebens- und Kommunikationsformen, in denen das Matriarchat der Vorgeschichte weiterzuwirken scheint? Ist das die Lokkung, welche die eingefleischten Patriarchen und ihre gehorsamen Frauen mit Abscheu erfüllt?

Die Griechenland-Reisenden sollten sich darüber Gedanken machen. Jene, die sich abgestoßen fühlen, mögen lieber daheim bleiben, auch wenn sie sich als Erben der Akropolis fühlen. Andere, die zwar vom Charme der Griechen berührt werden, aber bloß konsumieren wollen, ohne auf die Kommunikation einzugehen, mögen bedenken, daß sie das zerstören, was sie bewundern. Die Griechen, die nicht aufhören, sich als Individuum für jedes Individuum zu interessieren, sehen in den Massen — zu Recht — reine Ausbeutungsobjekte. Ein Grieche, der einem armen Hippie zu essen gibt und ihn unentgeltlich in seinem Haus schlafen läßt, wird einer Horde, die nur billig leben will, die Haut über die Ohren ziehen.

Aus einem Gespräch mit einem Bauern von einer Kykladeninsel: „Ich werde Ihnen etwas erzählen: Bei der Kirche der Panayitza zelten immer wieder Touristen. Ich kann sie nicht verstehen. Das sind doch alles Europäer, gebildete Leute, sie haben Kultur. Warum gehen sie her und scheißen gleich neben das Zelt, urinieren alles um das Zelt herum voll? Die ganze Gegend ist voll Papier und den weggeworfenen Binden der Mädchen. Früher ist man an der Kirche vorbeigegangen und hat den wilden Rigani und den Salbei gerochen, heute muß man sich die Nase zuhalten."

Ich wußte nicht, was ich ihm sagen sollte. Ich konnte ihm nicht erklären, daß diese jungen Leute vielleicht Revolutionäre sind, die gerade die Ekelschranke der analen Fixation zu überwinden suchen, dieses böse Zeichen der kapitalistisch-bürgerlichen Gesellschaft.

(Ich konnte ihm das nicht sagen, weil ich selber nicht ganz davon überzeugt bin. Daß das Bürgertum den Reinlichkeitswahn tatsächlich im Sinne Freuds als Komplex gepflegt hat und daß darin die kapitalistische Geldverbundenheit zum Ausdruck kommt, das glaube ich schon. Aber ich glaube nicht, daß es damit getan ist, wenn man von diesem Wahn zum verfilzten Schmutz der Kreuzritter oder des Hofes des Sonnenkönigs zurückkehrt. Ich glaube im Gegenteil, daß jene Änderung, die mit der Neolithischen Revolution begonnen hat und auf die wohl verschiedene Hemmungsmechanismen zurückgehen, nicht nur Schlechtes gebracht hat. Das wäre dann doch nichts anderes als ein moderner Aufguß von Rousseaus „Zurück zur Natur". Ich glaube daher nicht, daß man Kinder in antiautoritären Kindergärten dazu ermuntern soll, die Wände mit ihrem Kot zu beschmieren. Allerdings glaube ich, daß die Art der Überwindung der Ekelschranke, wie sie in China gepflegt wird, sinnvoller, eher im Sinne der Neolithischen Revolution ist: Die chinesischen Bauern arbeiten die menschlichen Fäkalien mit der Hand in den Ackerboden ein; und an dieser Arbeit müssen sich auch Studenten und Professoren beteiligen.) All das konnte ich dem Inselbauern nicht erklären. Ich konnte mich nur schämen, daß ich Europäer bin, daß die Griechen noch immer wie betört auf die „europäische Kultur" blicken, anstatt, wie ihre Vorfahren von Ägyptern und Persern, von Europa einfach das zu übernehmen, was ihnen gefällt, ohne auch nur einen Augenblick lang zu vergessen, daß es sich bei den Europäern um Barbaren handelt. Weil Barbarei nicht durch den Mangel an „Zivilisation" gekennzeichnet ist, sondern durch das Fehlen des Bewußtseins der Freiheit. Und was Freiheit bedeutet, dürften in der ganzen Menschheitsgeschichte allein die Griechen begriffen haben.

16. Der Bau

Wie wird das Haus hier aufgebaut, wer wird die Türen fügen?
Wo viel zu wenig Hände sind, die Steine schwer zu heben?

Schweig! In der Arbeit mehren sich die Hände und erstarken,
und denk daran, daß jede Nacht, die Toten alle helfen.

17. Der Verschworene

Hier schweigen alle Vögel, verstummen auch die Glocken,
verbittert schweigt der Grieche selbst, mit allen seinen Toten.

Und auf dem Stein des Schweigens wetzt er jetzt seine Krallen,
verlassen, jeder Hilfe bar, der Freiheit ganz verschworen.

18. Das Griechentum beweine nicht

Das Griechentum beweine nicht, weil es sich krümmt und windet,
das Messer tief, bis ins Gebein, den Strick fest um den Nacken.

Sieh, es springt auf, erhebt sich hoch, wird mutig, stark und mächtig,
und es durchsticht das wilde Tier mit der Harpune der Sonne.

Nachwort:

Exkurs über Mythos und Wissenschaft

Zum Abschluß möchte ich zwei mögliche Vorwürfe vorwegnehmen und zum Anlaß für Klarstellungen nehmen: den Vorwurf, daß ich, um den alten „Griechenland-Mythos“ abzubauen, einen neuen Mythos errichte, und den Vorwurf, daß meine Ausführungen „unwissenschaftlich“, „oberflächlich“, „verallgemeinernd“ und „dilettantisch“ seien; daß sie den Anforderungen der Fachwissenschaft nicht entsprächen.

Die Begriffe „Mythos“ und „Wissenschaft“ werden seit der Aufklärung als einander ausschließende Gegensätze empfunden. Aber gerade die Tatsache, daß dieser Gegensatz selbst den Charakter eines Mythos angenommen hat, daß „Wissenschaft“ und „Vernunft“ selbst zu mythischen Chiffren geworden sind, macht es notwendig, ihn näher zu untersuchen, um ihn als dialektische Einheit sehen zu lernen.

Es scheint, daß das menschliche Bewußtsein selbst, als jenes Grundphänomen, ohne das „nichts ist“, weil nichts „bewußt ist“, zwiespältig ist: Spontanes, primäres Bewußtsein ist unmittelbares Leben, dagegen sind reflexives Bewußtsein, analytisches Denken und Begreifen die bewußte Auseinandersetzung mit dieser Tatsache. Unmittelbares Fühlen und mittelbares Begreifen sind die beiden Seiten ein und desselben Bewußtseins. Aber diese dialektische Einheit kann nicht zum Gegenstand der analytischen, beschreibenden Vernunft gemacht werden: Sie läßt sich nur unmittelbar „sein“ oder höchstens in „mythischen“ Bildern fassen.

Kern eines jeden Mythos ist letztlich das Bild, das sich der Mensch jeweils von sich selbst in der Welt macht; er ist die Übersetzung des unmittelbaren Existenz-Bewußtseins in Begriffe, in zusammenhängende Gedanken, in Systeme. Jedes philosophische System läßt sich auf diesen Kern zurückführen, und dieser Kern wird sich immer als „Mythos" erweisen. *Es gibt keine menschliche Existenz ohne Mythos.*

In großen — verallgemeinernden — Zügen kann man von drei „Grundmythen" sprechen: von den verschiedenen vorchristlichen religiösen Mythen, vom christlichen Mythos und vom Mythos des bürgerlichen Rationalismus.

Grundcharakteristikum der nichtchristlichen religiösen Mythen ist eine gewisse „Resignation" gegenüber den negativen Seiten der menschlichen Existenz, vom Versuch magischer Bewältigung bis zu Fluchttendenzen. Das antike Griechentum nimmt hier eine Ausnahmestellung ein, weil es — abgesehen von verschiedenen Formen der Mysterienkulte — keinerlei Lösungsversuch anstrebt, sondern Sinn und Glück in der Konzentration auf das Hier und Jetzt zu erlangen sucht. In diesem Sinn ist Plato gar nicht spezifisch griechisch. Die griechische Dichtung, die bildende Kunst, die Hinwendung zur Jugend als dem einzigen lebenswerten Abschnitt des Lebens, sind wesentlich „unplatonisch". Daher auch der Versuch Platos, das Flüchtige durch „ewige" Ideen einzudämmen. Aber die Griechen sind in ihrem Verhalten nie Platoniker gewesen. In dieser nahezu „anarchischen" Konzeption der menschlichen Existenz wurzelt der griechische wissenschaftliche Rationalismus, immer in bewußter Verbindung mit dem Mythos.

Der jüdisch-christliche Mythos vom göttlichen Gesetz und dem freien Menschen, der, ausgespannt zwischen Gut und Böse, von der Liebe Gottes getragen wird und das Böse nur durch die Liebe überwinden kann, ist zunächst in Verbindung mit dem griechischen Mythos und seinem Menschenbild zur Religion der Spätantike geworden.

Als dann diese — bereits vielfach verdunkelte — Form mit dem Menschenbild der Völkerwanderungsstämme verschmolz, wurde daraus ein straffes Herrschaftssystem mit dem Anspruch, Ausdruck der Liebe Gottes zu sein, gegründet auf mythisch-magische Begriffe wie „Rechtgläubigkeit", „Herrschaft", „Gehorsam". Diese mythischen Begriffe stellte das Bürgertum unter Berufung auf die „Vernunft" und auf die „Freiheit" in Frage. Zugleich aber übernahm das Bürgertum die Gefühlsinhalte der bekämpften Begriffe, und so wurde aus der „Vernunft" eine neue „Rechtgläubigkeit" und aus dem Begriff der „Freiheit" wurden neue Zwangssysteme des Gehorsams. Während die religiösen Formen des Mittelalters gerade in ihrer Irrationalität noch ein gewisses Korrektiv enthielten (zum Beispiel das Asylrecht der Kirchen), hat der Mythos des Rationalismus, indem er den Menschen als absolute Größe gesetzt hat, sich selbst irrationalisiert und damit jegliche Korrekturmöglichkeiten abgebaut: Kritik, die auf dem mythischen Menschenbild des Rationalismus fußt, führt nur wieder zur Entwertung der Kritik und zur Verewigung des Kritisierten. Der Teufelskreis ist geschlossen.

Letztlich erweist sich das Problem als religiös, weil die Frage der spontanen Beziehung des Menschen zu sich selbst und zur Welt in erster Linie religiös ist. Daß immer mehr Menschen das spüren, beweisen sowohl verschiedene Bewegungen in der Jugend (Jesus-People, Beschäftigung mit fernöstlichen Religionen) als auch naturwissenschaftlich-religiöse und marxistisch-religiöse Versuche. Für das erste stehen Bestrebungen, eine rationalistisch-naturwissenschaftliche Mystik aufzubauen, die in einem gnostischen Pantheismus das christlich gesehene Subjekt und die marxistisch gesehene menschliche Gesellschaft ausschalten will. Für das zweite sind Erich

Fromm und Roger Garaudy bezeichnend: Auch sie verfallen jenem „wissenschaftlichen Objektivismus", dessen Grundlage sie bekämpfen (E. Fromm, „Sein oder Haben", R. Garaudy, „Pour un dialogue des civilisations"). Trotz aller richtiger Diagnosen von den falschen Strukturen des Abendlandes, von der patriarchalischen Gesellschaft, von den Herrschafts- und Unterdrückungsstrukturen, bleibt der Rahmen des Rationalismus, des „wissenschaftlichen Denkens" unangetastet, und somit siegt wiederum der „objektiv erkennende", von Natur aus „gute" Mensch des Rationalismus, während das Mysterium der Subjektivität, letztlich das „Böse", die „Sünde", ignoriert werden, wie es ja auch für die moderne Theologie keinen schlimmeren Stein des Anstoßes gibt als die „Sünde" oder gar die „Erbsünde". Und das im Zeitalter von Auschwitz, Hiroshima und Vietnam. Dadurch geht aber aus einem solcherart „ethisch" verwässerten Christentum das einzig wirklich Großartige des christlichen Entwurfs verloren: daß im leidend, elend sterbenden Christus sich Gott, Ursprung und Ziel des Universums manifestieren; die einzig mögliche Antwort auf die Frage nach dem Sinn der Subjektivität. In einer einzigen Publikation habe ich den Teufelskreis durchbrochen gefunden: in P. Feyerabends „Wider den Methodenzwang, Skizze einer anarchistischen Erkenntnistheorie". Hier versucht ein Wissenschaftstheoretiker „durch Hinwegräumen von intellektuellem Mist" eine neue Philosophie zu unterstützen, überzeugt „von der Wichtigkeit eines neuen, *theoretisch umfassenden* und *emotional befriedigenden* Standpunktes, also eines neuen Mythos".

Mein Anspruch kann nicht so weit gehen. Es wäre auch falsch anzunehmen, ich wollte einen neuen „Griechen-Mythos" entwerfen. Ich habe bloß versucht, durch die kritische Annäherung zweier getrennter Gesichtspunkte eine neue Sicht unseres „mythischen Chaos“ zu gewinnen: durch die Zusammenschau der für die abendländischen Denk- und Verhaltensmuster fremdartigen und oft irritierenden Formen der Griechen mit dem „griechischen“ Anspruch, der in den abendländischen Grundmustern enthalten ist. Der Rahmen für ein solches Unterfangen konnte nicht „wissenschaftlich“ sein. Es ist wie beim Betrachten eines Mosaiks: Zahl und Größe der Steinchen, ihre Farben und vielleicht noch ihre Anordnung in einem kleinen Ausschnitt können in „wissenschaftlichen“ Einzeluntersuchungen behandelt werden, doch sind diese nicht in der Lage, das ganze Bild zu vermitteln. Ich habe versucht, meine von der „wissenschaftlichen Betrachtungsweise“ ans Mosaik gedrückte Nase ein wenig vom Bild wegzuheben, um das ganze Bild besser zu sehen. Wenn ich dabei „verallgemeinernd“ und „oberflächlich“ bin, muß zu meiner Rechtfertigung dienen, daß es eben um das Allgemeine, ja um die Oberfläche geht, weil das spezialisierte Fachwissen für das Allgemeine keinen Blickwinkel hat, und tiefschürfende Untersuchungen die Oberfläche vergessen.

Hier geht es natürlich um meinen Mythos, der nicht „griechisch“ ist, zu dessen Formulierung mir aber die Griechen geholfen haben: um den Mythos des LEBENS. Es ist wohl selten ein verfänglicherer Satz geschrieben worden, als „der Güter höchstes ist das Leben nicht“. Ich glaube, daß es kein höheres Gut gibt als das Leben. Mein Mythos ist kleinlich: Ich möchte leben. Ich möchte keine Angst davor haben, daß mich eines Tages Mörder oder Soldaten umbringen, daß ein Messer, eine Kugel oder die Wasserstoffbombe meinem Leben ein Ende setzen. Ich möchte nicht einer im Foltern geschulten Polizei in die Hände fallen, egal welcher Couleur. Und deshalb möchte ich auch nicht, daß mein Leben, meine Existenz ein System unterstützt, in welchem anderen das regelmäßig zustößt, damit ich leben kann. Weil es dann durchaus möglich ist, daß morgen ich an der Reihe bin.

Man wird sagen, daß das egoistisch und feige ist. Daß Christus gesagt hat: „Niemand liebt mehr seine Freunde, als wer sein Leben für sie hingibt." Aber so einfach ist das nicht. Ich weiß nicht, ob ich so viel Liebe aufbringen könnte, um mein Leben für meine Freunde hinzugeben. Ich weiß aber, daß Liebe tatsächlich die einzige Fülle des Lebens ist. Ich habe kein Vertrauen zu jenen, die ihr Leben verachten und bereit sind, es wegzuwerfen. Sie geben es nicht hin, sie werfen es weg: für ein „höheres Gut", für ein „Ideal", und sie sind jederzeit bereit, dafür auch anderen das Leben wegzunehmen. Und das hat mit Liebe nicht das geringste zu tun. Nur wenn man das Leben liebt, kann man vielleicht an einem bestimmten Punkt die Kraft gewinnen, das Leben tatsächlich „hinzugeben".

Um die Richtigkeit dieser Ahnung zu verstehen, die ich immer schon hatte, doch im Sinne der herrschenden Vorurteile für „egoistisch" und „feige" gehalten habe, mußte ich in die Schule der Griechen gehen. Nicht jenes Griechentums, das wir Abendländer, verfälscht, zur unbewußten Grundlage unseres Menschenbildes und unseres Wertsystems gemacht haben, sondern des lebenden Griechentums, das ein sinnvolleres Wort für „menschlich" hat, das weiß, was „Menschenwürde" bedeutet. In diesem Sinn ist das Griechentum die letzte Handbreit Hoffnung für mich in unserer Welt. Kein anderes Volk gibt mir Hoffnung. Die großen, erfolgreichen schon gar nicht: Es sind jene Mächte, die die Welt immer mehr in die Sackgasse führen, egal, ob von der Blindheit des Kapitalismus oder der Revolution geschlagen. Auch die vielen anderen Völker, junge und ältere, der ersten, zweiten und dritten

Welt, geben mir keine Hoffnung: von den gleichen Mächten in die Sackgasse gezerrt, scheinen sie bloß deren Ziele zu verfolgen und geraten immer tiefer in die Sackgasse. Nur die Griechen scheinen es fertiggebracht zu haben, nie ganz in die Sackgasse zu gehen, sondern etwas von ihrem anarchischen und irrationalen Verhalten höchst bewußt zu bewahren. Sie haben es verstanden, immer sie selbst zu bleiben, mit einer Frivolität, die nicht ihresgleichen hat. Und das bedeutet sehr viel in einer Welt, die am Ernst zugrunde zu gehen droht.

Es bedeutet allerdings *nicht*, daß am „griechischen Wesen" die Welt genesen könnte. Es bedeutet bloß, daß wir mit seiner Hilfe die falschen „griechischen Muster" in unserem System aufspüren, sie bewußt machen und so zu einem neuen Mythos gelangen. Daß dieser Mythos nur das von Herrschaftsformen nicht verfälschte Christentum sein kann, und weder eine „wissenschaftliche" Gnosis noch ein „humanistischer Rationalismus", aber auch kein „wissenschaftlicher Zufallsmythos" à la Monod, steht für mich fest.

Dies zu vermitteln, versuchten die vorausgegangenen Überlegungsversuche, deren Unzulänglichkeiten ich mir bewußt bin — in erster Linie der Tatsache, daß es subjektive Überlegungen sind. Aber hinter diesen Überlegungen stehen Räusche, für deren Visionen sich die Welt willig darbietet; es stehen Alpträume der Angst dahinter, die erst jene Hölle begreiflich machen, zu der der Mensch die Welt seit jeher gemacht hat. So kann sich das SUBJEKT in seinem Menschen als das losgelöste, von allem isolierte Individuum erfahren, in dem aber die ganze Gesellschaft gegenwärtig ist, in dem unvordenkliche Ahnenreihen erbittert Klassenkampf führen und so die Psyche mit Wünschen, Begierden, Riten und Ängsten erfüllen, in denen sie die Welt erfährt. So wird die

Psyche zu jenem unheimlichen Ort finsterer alchimistischer Prozesse, die in ihrem absurd-dialektischen Verhältnis von „ökonomischer Basis“ und „Überbau“ die Welt bestimmen. Und in alldem wird es mit panischem Entsetzen bewußt, daß jeder Mensch das Opfer aller Morde der Weltgeschichte ist und zugleich auch derjenige, der alle Morde der Weltgeschichte begeht. Diese letzte und totale Schizophrenie des Menschseins, die man mit so lahmen Worten wie „Frustration“ und „Schuldkomplex“ zu erfassen und unschädlich zu machen versucht, muß wieder bewußt werden.

Solange der Mensch im Mythos der Welt gegenüber irgendwie offen blieb, waren diese Dinge bewußt. Erst das Bürgertum, das mit seinen Mythen vom „guten Menschen“, von der „Vernunft“, vom „Fortschritt“ und nicht zuletzt von der „Wissenschaft“ den Mythos „entmythologisierte“, hat dem Individuum, dem konkreten Menschen, den Zugang verschüttet.